サピエンティア

国際金融

小川英治 / 岡野衛士

東洋経済新報社

はしがき

　現代の経済を考察する際に，国際貿易取引や国際金融取引などの経済取引を外国と行っていないという閉鎖経済を想定することは非現実的となっている．たとえば，われわれ消費者は日本国内で生産された生産物のみでは暮らしていくことができず，iPhone にしてもユニクロのヒートテックにしても外国で生産された生産物を購入し，消費している．一方，日本の企業は，日本国内で生産物を生産し，国内向けに販売するだけではなく，外国向けに輸出を行っている．さらには，日本国内で生産するには円高傾向も相まってコストが高いという理由から，生産拠点を海外に移転して，外国で生産し，外国から輸出したり，日本へ逆輸入するという動向がこの数十年にわたってみられる．すなわち，経済取引を外国と行っているという開放経済を想定して，現代の経済を考察しなければならなくなっている．

　この点は，前述した実物経済においてのみならず，金融経済においても同様に閉鎖経済を想定することはできない．外国為替管理や資本管理によって金利などの金融面での外国からの影響を完全に遮断することはむずかしくなっている．むしろ世界中の多くの国は，資本市場を開放して，積極的に外国からの資本を取り入れて，経済成長を遂げてきている．そのため，時には資本流入の突然の停止や資本の逆流が発生して，危機的状況に陥る場合もある．アメリカで連邦準備制度理事会が政策金利の引上げを決めれば，瞬く間にその影響が世界中に及び，アメリカのみならず世界各国の金利や為替相場が影響を受ける．かつては原油価格が上昇すると，日本経済はインフレと景気停滞のスタグフレーションに直面したが，昨今の原油価格の下落は産油国の経済のみならず，原油価格の下落が石油消費国の経済に影響を及ぼすことからそれらの株価が下落するとともに日本の株価にも同様の影響を及ぼしている．

　このような国際貿易取引や国際金融取引は，各国通貨間の交換レートである

為替相場の影響を受けるとともに，マクロ的にはこれらの取引の集計が為替相場に影響を及ぼしている．したがって，現代の経済を考察する際には，国際貿易取引や国際金融取引および相互に依存しあう為替相場を無視することができない．このように，現代の経済が開放経済の上に成り立っていることを踏まえて，本書は，国際貿易取引や国際金融取引に相互に影響を及ぼしあう為替相場を中心として，国際金融をめぐる様々な問題について考察することをそのねらいとしている．

　本書においては，現実に起こった出来事を考察することを想定して，国際金融論および為替相場決定論の理論的フレームワークを丁寧に説明している．各章のなかでは，これらの理論的フレームワークが解説されている．その一方，各章の「コラム」においてはその理論的フレームワークを応用すべき出来事について，たとえば，アメリカの財政赤字や経常収支赤字の問題，中国の国際金融のトリレンマの変容，ギリシャのユーロ圏離脱に関する議論，ビットコインなどについて考察を加えている．

　〈サピエンティア〉シリーズは大学の学部2～3年生を対象とした初級から中級にかけてのテキスト・シリーズであることから，本書も同様の読者層を対象としており，大学の授業の多くが15コマ2単位であることを前提として，コンパクトなテキストに作り上げている．一方でまた，授業以外の時間に独習できるようなスタイルのテキストを目指している．そのため，各章には，その章の目的（「この章で学ぶこと」）を明らかにし，高度なモデル数式を避け，比較的平易に各章の内容を理解することができるようにレベルを統一している．また，現実の出来事を考察するために書かれた国際金融論のテキストであることから，各章の理論的フレームワークを利用して現実の出来事へアプローチすることについて書き加えられている．さらに，自学自習できるように各章末には当該の章で学んだ内容を理解できているかどうかを確認するために「練習問題」を設けている．

　本書の構成は以下のとおりである．第1章（「国際収支と為替相場」）において国際収支と為替相場の基礎的な概念を学ぶ．第2章（「経常収支と国際貸借」）においては現在と将来の2期間モデルを利用して経常収支と国際貸借の

関係を考察する．第3章（「国際経済におけるマクロ経済政策」）においてはマンデル＝フレミング・モデルを利用して変動・固定為替相場制度下における金融政策と財政政策の効果を考察する．第4章（「国際金融のトリレンマ」）においては前章で学んだマンデル＝フレミング・モデルを利用して「国際金融のトリレンマ」を理解する．第5章（「マクロ経済政策の国際協調」）では国際的な相互依存を考慮した2国モデルを利用して，国際政策協調の意義と限界を考察する．第6章（「為替相場の決定要因」）においては為替相場決定としての購買力平価と金利平価を学ぶ．第7章（「為替相場決定モデル」）では前章で説明した購買力平価と金利平価を発展させる．第8章（「為替介入と外貨準備」）においては為替介入の効果とそのメカニズムを理解する．第9章（「通貨統合と最適通貨圏の理論」）では通貨統合のメリット・デメリットとともに最適通貨圏の理論について学ぶ．その際にはユーロを代表例として考察する．第10章（「国際通貨体制」）においては国際通貨の機能に注目して国際通貨体制の特徴を学ぶとともに，2期間モデルを利用して基軸通貨の慣性を考察する．第11章（「通貨危機の類型とその応用」）においては通貨危機を3つに類型化するとともに，通貨危機の伝染効果を学ぶ．世界金融危機からユーロ圏危機へのプロセスについても考察する．そして第12章（「国際金融アーキテクチャー」）ではIMFおよび地域金融協力について展望しながら，通貨危機の予防・解決のための国際金融アーキテクチャーを考察する．

　本書は，実際に起こった国際金融の出来事を踏まえて，その発生メカニズムを考察し，理解するために理論的フレームワークを提示するものとなっている．そのため，それらの理論的フレームワークを理解するためには，あらかじめマクロ経済学やミクロ経済学をある程度理解している必要がある．そのためには，〈サピエンティア〉シリーズの『マクロ経済学』や『ミクロ経済学』を活用してほしい．また，国際経済の実物面に焦点を当てた『国際経済学』も同時に読まれることを推奨したい．
　なお，本書は，いくつかの共同論文を執筆して，共同作業を手掛けてきた小川と岡野の二人が各章を分担執筆したものであるが，本書を通じて全章に統一感を持たせるべく，頻繁に打合せを行いながら，完成されたものである．した

がって，1冊の書物としての流れは維持されているものと理解している．一方で，われわれ二人の研究に対する嗜好が現れているところもあり，それらについてはわれわれ二人のアカデミックな嗜好と思って，読み進めていただきたい．また，本書のうち，岡野が担当した章については名古屋市立大学経済学部3年生の前村耕太郎君にゲラに目を通してもらい，いくつかの助言を得た．ここに記して感謝したい．

　最後になったが，本書の出版にあたり，東洋経済新報社の皆様に大変お世話になったことに心からお礼申し上げたい．

　　2016年2月

小川　英治
岡野　衛士

[サピエンティア]

目次

国際金融

はしがき……iii

第1章 国際収支と為替相場　　1

1.1 国際収支……2
- 1.1.1 経常収支……3
- 1.1.2 資本移転等収支……4
- 1.1.3 金融収支……5
- 1.1.4 誤差脱漏……5
- 1.1.5 国際間取引の例……5
- 1.1.6 金融収支と対外純資産残高……7
- 1.1.7 日本の経常収支……8

1.2 国際収支と為替相場……11
- 1.2.1 為替相場……11
- 1.2.2 財・サービスの国際取引と外国為替取引……12
- 1.2.3 生産要素，資本の国際取引と外国為替取引……13
- 1.2.4 為替相場の決定要因……14
- 1.2.5 外国為替市場と取引参加者……15
- 1.2.6 名目為替相場と実質為替相場……16

練習問題……18

コラム：日本の経常収支黒字の縮小の原因……9

第2章 経常収支と国際貸借　　19

2.1 国際貸借と経常収支……20
- 2.1.1 経常収支の定義……20

2.2 消費と経常収支……21
- 2.2.1 家計の問題と消費の決定……22
- 2.2.2 経常収支，予算制約と2期間モデル……25

- **2.3 政府支出の導入** ……… 27
- **2.4 投資の役割** ……… 29
    - 2.4.1 企業の最適化問題と投資 ……… 29
    - 2.4.2 投資と経常収支および国民所得勘定 ……… 30
    - 2.4.3 投資の存在と家計の効用最大化問題 ……… 31
    - 2.4.4 生産可能性フロンティアと均衡 ……… 32
    - 2.4.5 財政赤字と消費 ……… 35
- **練習問題** ……… 36
    - **コラム**：ITバブルと経常収支赤字 ……… 34

第3章 国際経済におけるマクロ経済政策　37

- **3.1 マンデル＝フレミング・モデル** ……… 39
- **3.2 変動為替相場制度下のマクロ経済政策** ……… 44
    - 3.2.1 変動為替相場制度下における金融政策の効果 ……… 44
    - 3.2.2 変動為替相場制度下における財政政策の効果 ……… 46
- **3.3 固定為替相場制度下のマクロ経済政策** ……… 49
    - 3.3.1 固定為替相場制度下における金融政策の効果 ……… 49
    - 3.3.2 固定為替相場制度下における財政政策の効果 ……… 50
- **3.4 まとめ** ……… 52
- **練習問題** ……… 53
    - **コラム1**：マサチューセッツ・アベニュー・モデル ……… 43
    - **コラム2**：アメリカの双子の赤字 ……… 47

第4章 国際金融のトリレンマ　55

- **4.1 国際金融のトリレンマとは？** ……… 56
- **4.2 マンデル＝フレミング・モデルにおける「国際金融のトリレンマ」** ……… 57
    - 4.2.1 自由な国際資本移動のもとでの金融政策の自律性と為替相場の乱高下 ……… 60
    - 4.2.2 自由な国際資本移動のもとでの為替相場の安定と金融政策の自律性の喪失 ……… 61
    - 4.2.3 資本管理のもとでの金融政策の自律性と為替相場の安定 ……… 62
- **4.3 各国が直面する「国際金融のトリレンマ」** ……… 64
- **練習問題** ……… 68

コラム：中国の国際金融のトリレンマの変容………66

第5章　マクロ経済政策の国際協調　71

5.1　ケインジアン・モデルでの議論と問題点………72
5.2　ニュー・ケインジアンの2国モデル………77
5.2.1　家計の問題と消費の決定………77
5.2.2　企業の最適化問題………80
5.2.3　市場の清算条件………82
5.2.4　総需要曲線と総供給曲線………82
5.3　ニュー・ケインジアンと政策協調の効果………84
5.3.1　ミクロ経済学的基礎に裏付けられた損失関数………84
5.3.2　政策協調の効果………85
5.3.3　本節での結論………89
練習問題………90

コラム：G7からG20へ移る国際政策協調の舞台………88

第6章　為替相場の決定要因　91

6.1　購買力平価………92
6.1.1　国際商品裁定………92
6.1.2　絶対的購買力平価………94
6.1.3　相対的購買力平価………94
6.1.4　購買力平価の限界………95
6.2　バラッサ＝サミュエルソン効果………97
6.2.1　非貿易財部門………98
6.3　金利平価………100
6.3.1　金利裁定………102
6.3.2　金利平価による為替相場の決定………104
練習問題………104

コラム：ビッグマック・レート………96

第7章　為替相場決定モデル　107

7.1　マネタリー・アプローチ………108
7.1.1　伸縮価格マネタリー・モデル………109
7.1.2　オーバーシューティング・モデル………111

- **7.2 ポートフォリオバランス・モデル**………115
  - 7.2.1 危険回避的な投資家………115
  - 7.2.2 ポートフォリオバランス・モデルでの為替相場決定………119
- **7.3 ニュースの理論**………119
  - 7.3.1 効率的市場仮説………120
  - 7.3.2 ニュースと為替相場………122
- 練習問題………122
  - コラム：ポートフォリオバランス・モデルと米国の財政赤字………117

第8章 為替介入と外貨準備　　125

- **8.1 為替介入**………126
  - 8.1.1 為替介入と外貨準備………126
  - 8.1.2 不胎化政策………127
  - 8.1.3 不胎化政策を伴わない為替介入の効果………130
  - 8.1.4 不胎化政策を伴う為替介入の効果………131
- **8.2 為替介入の実際**………133
  - 8.2.1 日本の通貨当局の為替介入………133
  - 8.2.2 1992年8月までの円買い介入………133
  - 8.2.3 円売り介入のはじまり………134
  - 8.2.4 ふたたび円売り介入………135
  - 8.2.5 為替介入の再開………136
- **8.3 外貨準備保有：原因と動機**………137
  - 8.3.1 外貨準備と為替介入………137
  - 8.3.2 バッファーストック・モデル………138
  - 8.3.3 通貨危機と外貨準備保有………141
- 練習問題………142
  - コラム：増加を続ける中国の外貨準備………140

第9章 通貨統合と最適通貨圏の理論　　143

- **9.1 通貨同盟の便益と費用**………145
  - 9.1.1 通貨統合の便益………146
  - 9.1.2 通貨統合の費用………147
- **9.2 最適通貨圏の理論**………149
  - 9.2.1 ショックの対称性………149

9.2.2　労働の移動性………150
　9.2.3　貿易面における経済の開放度………152
　9.2.4　財政移転………152
9.3　ユーロ導入に至るまでの道のり………153
9.4　欧州通貨同盟における欧州中央銀行制度………155
9.5　ユーロ導入後の経済収斂条件の達成状況………156
9.6　財政規律を求めた「安定成長協定」から「財政協定」へ………160
9.7　EU拡大に伴うユーロ導入国………163
　練習問題………164
　　コラム：ギリシャのユーロ圏離脱………161

第10章　国際通貨体制　　165

10.1　国際通貨の機能………167
10.2　交換手段としての機能とネットワーク外部性………169
10.3　基軸通貨の慣性………171
10.4　ガリバー型国際通貨システム………175
　練習問題………181
　　コラム：ビットコインは基軸通貨となりうるか？………177

第11章　通貨危機の類型とその応用　　183

11.1　ファンダメンタルズに基づく通貨危機モデル（第1世代モデル）………184
　11.1.1　基本モデル………184
　11.1.2　投機攻撃のタイミング………188
　11.1.3　外貨準備と通貨危機………190
11.2　自己実現的通貨危機モデル（第2世代モデル）………191
　11.2.1　投機家と通貨当局のゲーム………191
　11.2.2　自己実現的投機と複数均衡………192
11.3　金融危機・通貨危機相互依存モデル（第3世代モデル）………194
11.4　通貨危機の伝染効果………197
11.5　世界金融危機からユーロ圏危機へのプロセス………199
　11.5.1　世界金融危機から財政危機へ………199
　11.5.2　ギリシャの財政危機からユーロ圏危機へ………202
　11.5.3　ユーロ圏危機に対する対応………203

練習問題………207
    コラム：This time is different?………204

第12章 国際金融アーキテクチャー　209

12.1 金融のグローバル化と資本規制………210
12.2 為替投機と規制・監督………214
12.3 国際収支危機管理の国際機関としての国際通貨基金（IMF）………217
12.4 アジアにおける地域金融協力………221
12.5 頑健な国際金融アーキテクチャーに向けて………227
 練習問題………231
    コラム：サーベイランスのための地域通貨単位………225

参考文献・引用文献………233
索引………237

練習問題の解答は，下記アドレスにて公開予定．
  http://store.toyokeizai.net/books/9784492654774

図表目次

〈図〉

図1-1　日本の経常収支（1985-2014年）　9
図1-2　日本の対外純資産残高（1986-2013年）　11
図1-3　外国為替相場の決定　14
図1-4　外国為替取引の主要国・地域のシェアと世界取引高　16
図2-1　異時点間の消費と経常収支　26
図2-2　生産可能性フロンティアと消費の決定　33
図2-3　政府支出と経常収支　35
図3-1　マンデル＝フレミング・モデル　42
図3-2　変動為替相場制度下における金融政策の効果　45
図3-3　変動為替相場制度下における財政政策の効果　47
図3-4　アメリカの双子の赤字（1981-2013年）　48
図3-5　固定為替相場制度下における金融政策の効果　50
図3-6　固定為替相場制度下における財政政策の効果　51
図4-1　マンデル＝フレミング・モデル　59
図4-2　金融政策の自律性と為替相場の変動　61
図4-3　為替相場の安定と金融政策の自律性の喪失　62
図4-4　資本管理下の金融政策の自律性と為替相場の安定　63
図4-5　国際金融のトリレンマ　64
図4-6　人民元／ドル相場と中国のインフレ率（2000-2015年）　67
図6-1　円／ドル相場の実績値および相対的購買力平価に基づく推計値（1972-2013年）　96
図6-2　円建て資産での運用とその収益　101
図6-3　ドル建て資産でのカバー付き運用とその収益　101
図6-4　ドル建て資産でのカバーなし運用とその収益　102
図7-1　オーバーシューティング・モデル　113
図7-2　伸縮価格マネタリー・モデルとオーバーシューティング・モデルの動学　114
図8-1　中央銀行のバランスシート　128
図8-2　為替介入（外貨買い介入）と中央銀行のバランスシート　128
図8-3　不胎化政策を伴う為替介入（外貨買い介入）と中央銀行のバラン

スシート　*129*
図8-4　円売り・ドル買い介入額と対ドル円相場（1991-2015年）　*134*
図8-5　日本と中国の外貨準備残高の推移（2000-2014年）　*141*
図9-1　ユーロの名目実効為替相場〔1999Q＝100〕
　　　　（1999-2015年）　*145*
図9-2　ユーロ圏12カ国のHICPインフレ率（1996-2015年）　*157*
図9-3　ユーロ圏諸国の長期金利〔10年物国債〕(1999-2015年)　*158*
図9-4　ユーロ圏12カ国の財政赤字〔対GDP比〕(1995-2014年)　*159*
図9-5　ユーロ圏12カ国の政府債務〔対GDP比〕(1995-2014年)　*159*
図10-1　世界の外国為替準備の通貨構成（公表ベース）　*167*
図10-2　基軸通貨の効用への貢献度 γ の効果　*175*
図10-3　ドル／ビットコイン相場の推移（2009-2015年）　*179*
図11-1　ファンダメンタルズに基づく通貨危機のタイミング　*189*
図11-2　LIBORと信用スプレッド（LIBOR − TB）の動向
　　　　（2005-2015年）　*200*
図11-3　ユーロの動向（1999-2015年）　*201*
図11-4　ユーロ圏国債利回り（2001-2013年）　*205*
図12-1　AMUのドル・ユーロに対する為替相場（2000-2015年）　*226*
図12-2　アジア諸国通貨のAMU乖離指標（2000-2015年）　*226*

〈表〉
表1-1　日本の国際収支（2014年）　*4*
表1-2　本邦対外資産負債残高（2014年末）　*8*
表1-3　国際経済取引と外貨への需要および供給　*14*
表2-1　財政赤字と経常収支　*36*
表3-1　変動為替相場制度・固定為替相場制度下における金融・財政政策の効果　*52*
表9-1　ユーロ導入直前（1998年）の収斂条件　*155*
表11-1　ペイオフ表　*192*
表12-1　IMFの金融支援プログラム（2005-2014年）　*218*
表12-2　CMIMにおける各国の貢献額と買入可能総額　*223*

第1章

国際収支と為替相場

この章で学ぶこと

* 国際収支勘定のルールを理解する．

* 経常収支が金融収支に等しくなることを理解する．

* 名目為替相場と実質為替相場の関係を理解する．

わが国の財務省は，国際通貨基金（IMF）が統一基準として定めた『国際収支マニュアル』（IMF（2009b））にしたがって，経常収支，その他の財・サービスや金融取引の記録を**国際収支勘定**（Balance of Payments Account）として計算している．国際収支の動向が頻繁に報道されることは国際収支勘定が多くの人々の関心を集めていることを示している．しかし，報道機関はしばしば国際間の資金に関して誤解を招くような報道をしている．「日本は国際収支の大幅な黒字を記録した」という報道に対して，われわれは勇気づけられるべきか，それとも不安を感じるべきだろうか．国際収支勘定を理解することで，国際間の財・サービスや金融取引について正しく認識できるようになる．

1.1 国際収支

　国際収支勘定は，外国への支払いと受取りの二つの側面から成り立っている．外国からの受取りを伴う取引は「貸方」に記載され，外国への支払いを伴う取引は「借方」に記載される．初歩的な複式簿記のルールを理解していれば混乱することなく複雑な国際収支勘定が理解できる．すべての国際間の取引は自動的に借方，貸方の2個所に同一の金額が記載される．したがって，借方，貸方の総額は必ず等しくなる．この国際収支勘定の単純なルールは，すべての取引が二つの側面を持っていることに依拠する．もし外国人から何かを購入すれば，必ずその対価を支払わなければならず，この外国人も必ずその受け取った対価を何かに使うか蓄えるかする．なお，貸方，借方という言葉は「貸す」とか「借りる」という言葉とは無関係である．

　国際収支勘定には大きく分けて3種類の取引が記録される．その一つは，貿易・サービス収支や雇用者報酬，投資収益など**経常収支**（Current Account）勘定に含まれる取引である．もし，オーストラリアの消費者が日本製の自動車を輸入すると，この取引は経常収支勘定における貸方として国際収支勘定に計上される．外国から給与や利子，配当を受け取っても経常収支勘定の貸方に記帳される．

　二つめに，国際間で行われる対価を求めない資産の無償取引や，土地，特許権，著作権などの非金融非生産資産の取引がある．こうした取引は**資本移転等**

収支（Capital Account）勘定に計上される．

　三つめは，金融資産の購入や販売といった取引や，そのほかの富の移転を伴う取引である．こうした取引は**金融収支**（Financial Accounts）勘定に計上される．さらにこうした取引は，直接投資，証券投資，金融派生商品，その他投資，外貨準備に分類される．資産は富として，貨幣，株式，工場，国債といった形で保有される．金融収支勘定は資産の購入や売却といった国際間の取引を記録する．そして，その貸方には金融資産の減少あるいは金融負債の増加が記帳され，借方には金融資産の増加あるいは金融負債の減少が記帳される．たとえば，日本のメーカーがフランスのガラス・メーカーの株式を購入すると，この取引は株式という金融資産の増加をもたらすため借方に記帳される．あるいは日本のメーカーが輸出代金を受け取れば，この取引は金融資産を増加させるため，借方に記帳される．

　ここで，注意を要するのは国際収支勘定は複式簿記のルールに則っているということである．日本のメーカーがフランスのガラス・メーカーの株式を購入すれば同時に購入代金の支払いという取引が生じる．この取引は銀行口座の残高等の減少といった金融資産の減少を伴うため，金融収支勘定の貸方にも記帳される．輸出代金の受取りも，そもそも日本のメーカーによる輸出という取引を伴っているため，経常収支勘定の貸方にも記帳される．

　経常収支や金融収支は取引の性質によりさらに細かく分類される（表1-1）．また，統計上の不備や，政府や中央銀行が保有する外貨についても考慮する必要がある．以下ではより詳しくそれぞれの項目についてふれよう．

1.1.1　経常収支

　表1-1から，2014年の貿易収支は輸出約74兆円と輸入約84兆円の差の約－10兆円，貿易・サービス収支は貿易収支約－10兆円とサービス収支約－3兆円の和の約－13兆円，経常収支は貿易・サービス収支約－13兆円，第1次所得収支約18兆円，第2次所得収支約－2兆円の和の約3兆円であることがわかる．

　経常収支勘定では，輸出と輸入のそれぞれは財の輸出入とサービスの輸出入に分類されている．財の輸出入は貿易収支に，サービスの輸出入はサービス収支に記帳される．この二つの収支を合計したものを**貿易・サービス収支**

表1-1 日本の国際収支（2014年）

(単位：億円)

経常収支			26,266
	貿易・サービス収支		−134,817
		貿易収支	−104,016
		輸出	741,016
		輸入	845,032
		サービス収支	−30,801
	第1次所得収支		181,203
	第2次所得収支		−19,929
資本移転等収支			−1,987
金融収支			54,991
	直接投資		118,134
	証券投資		−49,502
	金融派生商品		36,396
	その他投資		−58,935
	外貨準備		8,898
誤差脱漏			30,520

(出所) 財務省.

(Goods and Services) と呼ぶ．外国からの給与，利子や配当などの受取り，支払いは**第1次所得収支**（Primary Income）に記帳される．外国からの給与，利子や配当の受取りが支払いを超過した場合は第1次所得収支は正に，逆に支払いが受取りを超過した場合は負になる．個人間の所得移転は**第2次所得収支**に記帳される．たとえば，外国人労働者による本国への送金が海外からの日本の家族等への送金を超過すれば第2次所得収支は負になる．最終的に，貿易・サービス収支に第1次所得収支，第2次所得収支を加えたものが経常収支である．

1.1.2 資本移転等収支

対価を伴わない政府間の資金援助や資金協力の収支は，資本移転等収支勘定に計上される．たとえば，日本が途上国向けの債権を放棄したとする．これは日本が途上国に資金を引き渡したことになる．そして，このときの債権放棄が外国政府からの資金協力や送金よりも大きければ，資本移転等収支は負になる．

1.1.3 金融収支

金融収支勘定は，外国での子会社設立のためや既存の企業の株式などへの投資といった議決権の割合が10%以上となるような投資である**直接投資**（Direct Investment），資産運用目的の株式および債券投資である**証券投資**（Portfolio Investment），金融派生商品の受払未済残高額である**金融派生商品**（Financial Derivatives），そして**その他投資**（Other Investment）および**外貨準備**（Reserve Assets）からなる．表1-1が示すように，2014年の金融収支は約5兆円である．これは日本の対外純資産が2014年中に約5兆円増加したことを意味している．あるいは，金融収支勘定では外国の金融資産を購入すれば借方に記帳され，売却すれば貸方に記帳されるので，借方に約5兆円の記帳があるということでもある．外貨準備には，政府と中央銀行が保有する金や外貨資産の増減額が示されている．外貨準備はかつて大部分が金で保有されていたが，現在ではその多くがアメリカ財務省が発行する財務省証券で占められている．表1-1が示すように，2014年末の日本の外貨準備は約9,000億円である．これは借方に約9,000億円の記帳があり，1年間に外貨準備としての金融資産が約9,000億円増加したということを意味している．

中央銀行はマクロ経済に何らかの影響を及ぼすために，しばしば外貨準備の売買を金融市場で行う．こうした取引は「外国為替介入」と呼ばれる．外国為替介入が行われることにより，貨幣供給量の増減を通じてマクロ経済にさまざまな影響が及ぶことになる．外国為替介入が及ぼす影響については第8章で議論する．

1.1.4 誤差脱漏

国際収支勘定の借方と貸方は，国際間のさまざまな取引の記録の情報源が異なることを主な原因として，しばしば食い違うことがある．この統計上の食い違いを**誤差脱漏**（Net Errors and Omissions）で調整している．

1.1.5 国際間取引の例

ここでは複式簿記の原理がどのように国際収支勘定に応用されているかを例

示する.いま中国で生産されたレノボのパソコンを家電量販店から10万円で購入したとする.これは外国の居住者からの財の購入,つまり外国への支払いを伴う取引なので,経常収支の借方に計上される.一方,購入代金10万円は家電量販店を通じて日本の銀行のレノボの銀行口座に振り込まれる.これはレノボが日本の金融資産たる預金を購入する一方,日本の銀行が預金を売却したことにほかならない.預金は銀行にとっては負債なので,対外金融負債が増加したことになる.したがってレノボによって預金された10万円はそのまま金融収支の貸方に計上される.この取引は日本の国際収支勘定に以下のように記帳される.

	貸方	借方
パソコンの購入(経常収支)		100,000
銀行による預金の売却(金融収支)	100,000	

ロンドンを旅行中にラトリエ・ドゥ・ジョエル・ロブションで食事をして,円に換算して2万円を支払ったとする.このとき,現金ではなくJCBカードで支払ったとする.これは日本からの旅行者による支払いなので,日本によるサービスの輸入にほかならず,経常収支の借方に計上される.レストランでサインをすることで,レストランはJCBを通じて2万円相当額を(おそらくポンド建てで)受け取り,JCBはこの旅行者の銀行口座から2万円を引き落とし,レストランへの支払いに充当する.これはこの旅行者の資産がイギリスに売却されたことになる.つまり対外金融資産は減少したことになる.この場合は以下のように記帳される.

	貸方	借方
レストランでの食事代の支払い(経常収支)		20,000
JCBによる銀行口座からの引き落とし(金融収支)	20,000	

千葉に住む花子おばさんはマイクロソフトが発行した新株を野村證券を通じて購入した.野村證券には購入代金として95万円を支払わなければならないが,この代金は花子おばさんの三菱東京UFJ銀行の東京のとある支店の預金口座から引き落とされた.花子おばさんの95万円のマイクロソフトの新株購入は金融収支の借方に記載される.これは,資産を外国企業であるマイクロソフトから購入し,対外金融資産が増加したためである.一方で,マイクロソフトの東

京での銀行の残高は95万円増加し，対外金融負債は増加した．この取引は共に金融収支勘定に次のように記帳される．

	貸方	借方
マイクロソフトの新株の購入（金融収支）		950,000
マイクロソフトの預金残高の増加（金融収支）	950,000	

最後に，日本の政府がある途上国政府に5億円の資金援助を行った場合を考えよう．これは5億円の日本から途上国への対価を伴わない移転支払いであり，資金援助という支払いを伴う取引を行ったため，資本移転等収支の借方に5億円が記帳される．一方で金融収支には貸方に5億円が記帳される．これは日本の対外資産が減少したか対外負債が増加したためである．

	貸方	借方
日本の資金援助（資本移転等収支）		500,000,000
途上国の資産の増加（金融収支）	500,000,000	

これらの例は，あらゆる取引が国際収支勘定において相殺されることを示している．

いずれの国際間の取引も自動的に国際収支勘定の2カ所——一方は貸方，一方は借方——に相殺されるように記帳される．そして，経常収支勘定，資本移転収支勘定では貸方－借方がそれらの収支として計上されている．また，金融収支勘定では資産の増加分－負債の増加分がその収支として計上されている．資産の増加分－負債の増加分は金融収支勘定における借方－貸方に等しいので，経常収支と資本移転収支等の和は以下のように，金融収支に等しくなる．

$$経常収支 + 資本移転等収支 = 金融収支 \tag{1.1}$$

誤差脱漏を考慮すると，経常収支＋資本移転等収支＋誤差脱漏＝金融収支，となる．

1.1.6 金融収支と対外純資産残高

国際収支に加えて，財務省は対外的な債権・債務の残高を「本邦対外資産負債残高」として公表している．表1-2は，2014年末の日本の対外資産負債残高を示している．対外資産残高から対外負債残高を差し引いたものを**対外純資産残高**（Net Foreign Assets）という．表1-2から，2014年末の日本の対外純資

表1-2 本邦対外資産負債残高（2014年末）

(単位：10億円)

	資産	負債
直接投資	143,940	23,344
証券投資	410,056	285,228
金融派生商品	56,342	59,183
その他投資	183,854	210,661
外貨準備	151,080	NA
合計	945,273	578,416
純資産	NA	366,856

(出所) 財務省．

産残高が約367兆円であることがわかる．先に述べたとおり，対外資産の減少は金融収支の貸方に，対外資産の増加は金融収支の借方にそれぞれ記帳される．したがって対外純資産残高と金融収支には以下の関係がある．

$$\text{金融収支} = \text{期末対外純資産残高} - \text{期首対外純資産残高} \quad (1.2)$$

ここでは単純化のため，資本移転等収支を無視している．期末の対外純資産が期首の対外純資産残高を上回る場合，資産と負債を差し引きした純資産が増加したことを意味し，それはただちに金融収支の黒字となる．一方，期末の対外純資産が期首の対外純資産残高を下回る場合，金融収支は赤字となる．比喩的にいえば，国際収支と対外資産負債残高はそれぞれ企業会計の損益計算書と貸借対照表に相当する．これは国際収支がフローを示すのに対して対外純資産がストックを示すためである．フロー変数はストック変数の変化分であることから考えても（1.2）式が成立することは明らかである．さらに，(1.1) 式に (1.2) 式を代入することで，次式が得られる．

$$\text{経常収支} = \text{期末対外純資産残高} - \text{期首対外純資産残高} \quad (1.3)$$

(1.3) 式は，経常収支の黒字は対外純資産の増加に等しいことを意味している．このことは，(1.1) 式は経常収支の黒字は金融収支の黒字に等しく，(1.2) 式は金融収支の黒字は対外純資産の増加に等しいことから考えても容易に理解できよう．

1.1.7 日本の経常収支

図1-1には1985年から2014年までの日本の経常収支を，図1-2には1986年から

図1-1　日本の経常収支（1985-2014年）

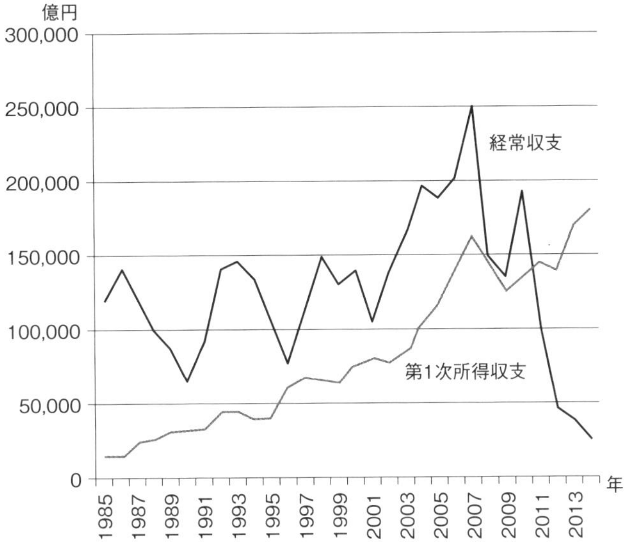

(注)　1995年末以前と1996年末以降では，統計作成方法の変更により不連続．1995年末以前は，IMF『国際収支マニュアル　第5版』に準拠．また，1995年末以前の所得収支を第1次所得収支に読み替えている．
(出所)　財務省．

2013年までの日本の対外純資産残高がそれぞれ示されている．図1-1，図1-2それぞれから，一貫した経常収支の黒字は膨大な対外純資産残高につながることがわかる．また，経常収支の黒字は貿易収支の黒字が主な原因と考えられることがあるが，図1-1が示すように2008年には経常収支の黒字の約96％が第1次所得収支の黒字で占められている．2011年以降，第1次所得収支の黒字は経常収支の黒字を大幅に上回っている．

コラム　日本の経常収支黒字の縮小の原因

2011年，日本の経常収支の黒字は前年比で46.3％減少した．この大幅な減少は新聞やテレビで大きく報じられた．1986年から2010年までで最大の減少率は2008年の40.4％であったことや，経常収支黒字の変化率の平均が5.3％であったことからすると，このニュースは衝撃的であったに違いない．この経常収支黒字の大幅な減少は，2011年3月の東日本大震災によっ

て東北地方の生産拠点が壊滅的な打撃を受けたことに端を発する貿易収支の赤字が原因である，と説明された．実際，2011年に輸入は前年比15.3%上昇し，貿易収支は前年の約10兆円の黒字から約6兆円の赤字に転じている．

2011年の国際収支が発表された当初，貿易収支の赤字は一時的な現象で，震災の復興が進めば黒字に転じ，経常収支の黒字幅もふたたび上昇に転じると考える向きがあった．しかし貿易収支は2012年約−4兆円，2013年約−9兆円，2014年約−10兆円と連続して赤字を記録し，貿易収支と轍を同じくして，経常収支黒字も2011年約10兆円，2012年約5兆円，2013年約4兆円，2014年約3兆円と黒字幅の縮小が進んだ．これは東北地方の生産拠点の復興の遅れを意味しているのか，あるいは，復興が進んだとすれば日本の技術力が低下し，世界市場で日本製品が相手にされなくなったためだろうか．

結論を急ぐ前に第1次所得収支に着目する必要がある．第1次所得収支は外国からの給与，利子，配当の受取りと支払いの差である．第1次所得収支黒字の1986年以降の変化率の平均はプラス9.7%で，2011年から2014年の黒字はそれぞれ約15兆円，約14兆円，約17兆円，約18兆円であった．日本の対外直接投資が少なくとも2000年以降一貫して上昇し続けていることと照らし合わせると，日本の製造業が海外に生産拠点を移転させた結果，外国からの給与，所得，配当の受取りの増加を通じて第1次所得収支黒字を増加させ，一方で生産拠点を移転させた結果これまで日本製だった製品が外国製品となって日本に輸入され，これが貿易収支減少の一端となって表れ，ひいては経常収支黒字の縮小につながっている，という推論も成り立つ．実際，輸出は2011年約63兆円，2012年約62兆円，2013年約68兆円，2014年約74兆円と推移しており，減少基調にあるとは言い切れない．そうすると，経常収支が貿易収支と轍を同じくしてその黒字幅を縮小させていることを日本の技術力の低下の現れと結論づけるにはまだまだ議論の余地があるといえよう．

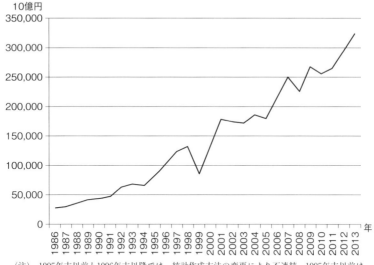

図1-2 日本の対外純資産残高（1986-2013年）

(注) 1995年末以前と1996年末以降では、統計作成方法の変更により不連続．1995年末以前は、IMF『国際収支マニュアル 第5版』に準拠．
(出所) 財務省．

1.2 国際収支と為替相場

1.2.1 為替相場

　他の通貨で測ったある通貨の価格を**外国為替相場**（Foreign Exchange Rate）または単に**為替相場**という．よく，80円／1ドルという表現を目にするが，これはまさに，他の通貨である円で測ったドルの価格が1ドルあたりで80円であることを示している．そうすると，為替相場とは外貨の自国通貨建て価格であるといえる．これは同時に通貨間の交換比率であり，1ドルが80円で，あるいは80円が1ドルと交換可能であるということを示している．また，1ドルあたりに基準化したドルの円に対する価格であるため，ドルの円に対する相対価格でもある．

　為替相場は国際貿易において重要な役割を果たす．為替相場のおかげで2国間の財・サービスの価格の比較が可能になるためである．消費者は430万円の

トヨタ・レクサスと400万円の日産フーガを比較して，トヨタ・レクサスのほうが高価であるということは容易に理解できる．しかし，33,000ユーロのBMW3シリーズと430万円のトヨタ・レクサスを比較して，どちらが高価であるかは，このままでは判断できない．この両者の価格を比較するためには為替相場を知っておく必要がある．いま，120円/1ユーロであるとする．これは円で測ったユーロの価格，円とユーロの交換比率，そして，円に対するユーロの相対価格が120円であることを意味している．そこで，33,000×120＝3,960,000を計算することで，33,000ユーロのBMW3シリーズは日本円では396万円に相当することがわかり，トヨタ・レクサスのほうが高価であることが理解できる．

1.2.2 財・サービスの国際取引と外国為替取引

　財・サービスの取引が行われた際，商取引だけではなく金融取引も同時に行われている．これは，商品を受け取ったときにその代金を支払うという取引が同時に行われているためである．このことは国内だけではなく国際間の取引についてもいえる．ただし，国際間取引においては「外国為替取引」と呼ばれる通貨の取引が伴う．たとえば，アメリカの自動車ディーラーからトヨタ・レクサスの代金をトヨタがドルで受け取った場合，トヨタはこのドルを売却して円を購入する，あるいはドルを円に交換するという外国為替取引を行う．逆に，三井物産が小麦をアメリカの穀物メジャーであるカーギル社から購入した場合，その代金を準備するために手持ちの円をドルに交換するという外国為替取引を行う．このように，国際間での財・サービス取引には外国為替取引が伴う．

　国際間の財・サービス取引が外国為替取引を伴う以上，国際間の財・サービス取引は必然的に外貨への需要と供給に影響を及ぼすことになる．トヨタがアメリカの自動車ディーラーからトヨタ・レクサスの代金を得たのはトヨタが輸出を行ったためである．このとき，トヨタはドルで受け取った代金を円に交換している．つまり，財・サービスを輸出した場合にはドル売り・円買いが行われ，外貨が供給されている．一方，三井物産の小麦のアメリカからの購入は輸入であり，このとき円売り・ドル買いが行われ，外貨が需要されている．したがって，財・サービスの輸出と輸入の差，つまり貿易・サービス収支は外貨需

給を表していることになる．貿易・サービス収支が黒字であるということは，同時に外貨供給がその需要を上回っていることを意味し，逆に赤字であるときは，外貨需要がその供給を上回っているということを意味している．

1.2.3　生産要素，資本の国際取引と外国為替取引

　財・サービスの国際取引と同じく，生産要素に対する報酬や資本の国際取引にも外国為替取引が伴う．生産要素に対する報酬の一つ，利子の国際間での取引についてみてみる．アメリカからドル建てで利子を受け取ると，その受け取った利子は円に交換される．ここでドル売り・円買いという外国為替取引が生じることから，生産要素に対する報酬の受取りは外貨の供給を招くということになる．一方，利子をアメリカに支払う場合，手持ちの円が売られドルに交換される．つまり円売り・ドル買いという外国為替取引が生じる．したがって生産要素報酬の外国への支払いは外貨需要を生み出すことになる．生産要素の報酬の受取りや支払いは第1次所得収支に記帳されることから，第1次所得収支も外貨需給の一面を表していることになる．

　同様のことは資本の国際取引についてもいえる．資本の輸入，つまり外国企業による日本への投資は，外国企業が持ち込んだ資本が円に交換される．このとき外貨が売られ円が買われるため，資本輸入は外貨供給を生みだしている．一方，資本が輸出されたとき，つまり日本から外国へ投資が行われたとき，資本は外貨に交換される．このとき外貨買い・円売りが行われているため，資本輸出は外貨需要を生み出しているといえる．資本の輸入は対外金融資産の減少あるいは対外金融負債の増加，資本の輸出は対外金融資産の増加あるいは対外金融負債の減少でもあり，対外金融資産および対外金融負債の増減は金融収支に記帳されるため，金融収支も外貨需給の一面を表している．

　基本的なミクロ経済学が教えるように，財・サービスの価格と取引量はその財・サービスの需要と供給によって決定される．この基本的なミクロ経済学の原理をこれまでの議論に当てはめると，外国為替の価格は，図1-3が示すように外貨への需要と供給によって決定される．したがって，国際収支勘定のそれぞれの収支が外貨需給を表していることから，国際収支と為替相場が密接に関連していることになる．

図1-3 外国為替相場の決定

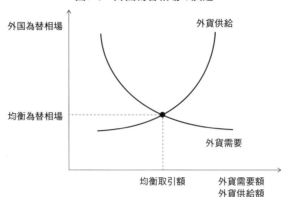

表1-3 国際経済取引と外貨への需要および供給

外貨に対する需要	外貨に対する供給
(1) 外国商品の購入	(1) 自国商品の販売
(2) 外国サービスの購入	(2) 自国サービスの販売
(3) 外国生産要素に対する報酬の支払い	(3) 自国生産要素に対する報酬の受取り
(4) 外国実物資産の購入	(4) 自国実物資産の売却
(5) 外国金融資産の購入	(5) 自国金融資産の売却
(6) 通貨当局の外国為替市場での外貨買い介入	(6) 通貨当局の外国為替市場での外貨売り介入

1.2.4 為替相場の決定要因

　表1-3には，国際経済取引と外貨への需要および供給がまとめて示されている．こうした経済取引は実物部門の取引，つまり国際貿易取引および国際資本取引や国際金融取引といった金融部門の取引とに大別される．すでに述べたように，こうした取引は為替相場の決定要因であり，基本的な為替相場決定モデルでは，こうした取引と為替相場の決定が説明されている．国際貿易取引において商品裁定が行われることに着目したモデルとして購買力平価モデル，国際資本取引や国際金融取引における金利裁定に着目した金利平価モデルがそうした基本的な為替相場決定モデルである．これらは第6章でそれぞれを詳しく取りあげることにする．

1.2.5 外国為替市場と取引参加者

　外国為替の価格，つまり外国為替相場は外貨への需要と供給で決まることは先に述べたとおりである．それでは，外貨を需要する，あるいは外貨を供給する経済主体，つまり外国為替市場の取引参加者は一体どういう人たちなのだろうか．

　まず第 1 に，三菱東京 UFJ 銀行などの市中銀行があげられる．国際間の財・サービスの取引には市中銀行の預金口座がロンドン，ニューヨーク，東京など多くの国際金融市場で，さまざまな通貨建てでその決済に用いられている．たとえばコスモ石油がサウジアラビアの国営石油会社，サウジアラムコに 160,000 ドルを支払うとしよう．このとき，コスモ石油は，たとえば，みずほ銀行といった市中銀行の自らの預金口座から 160,000 ドルを引き出してサウジアラビアの銀行に振り込むよう依頼する．このとき，みずほ銀行から提示された為替相場が 120 円／1 ドルであれば 19,200,000 円がコスモ石油の預金口座から引き出される．そして 160,000 ドルがサウジアラムコの預金口座に振り込まれる．市中銀行はつねに外国為替市場で顧客の外貨需要を満たす，あるいは顧客に外貨を供給しようとしている．そのため，市中銀行は他の銀行に外貨を売ってもらえる，あるいは外貨を買ってもらえる建値の提示を行っている．そしてその建値が受け入れられれば取引が成立し，同時に外国為替相場が決定する．

　外貨の銀行間の取引は外国為替市場でもっとも活発な取引である．外貨の銀行間取引は直接銀行同士が取引する以外に，外国為替ブローカーがその仲立ちを行うことがある．海外で事業を行う事業会社も外国為替市場を利用している．たとえば，パナソニックはマレーシアの工場で働く従業員に給料を支払うために，マレーシア・リンギットを用意しなければならない．このときパナソニックは，市中銀行を通じて外国為替市場で円を売却して，マレーシア・リンギットを購入する．一般にノンバンクと呼ばれる非銀行金融機関も外国為替取引を行う．また，第 8 章でも述べるが，中央銀行も取引参加者の一つである．その取引額そのものはそれほど大きくないが，中央銀行による取引の外国為替相場への影響は無視し得ない．

　このように外国為替市場には市中銀行などが取引に参加し，日本銀行による

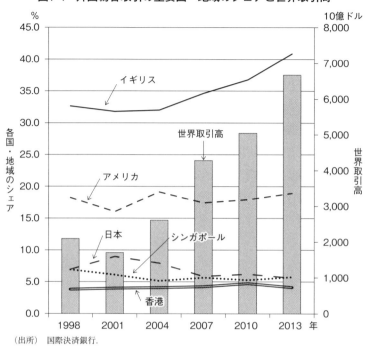

図1-4 外国為替取引の主要国・地域のシェアと世界取引高

（出所）国際決済銀行．

と東京外国為替市場での2014年の1営業日あたり取引額は円・ドル取引は5兆6,511億ドル，円・ユーロ取引は1兆9,961億ドルであったと報告されている．図1-4にあるように，国際決済銀行（BIS）は3年おきに世界の外国為替取引高を公表している．国際決済銀行によると，日本の2013年4月の1営業日あたり外国為替取引高の世界全体の取引高に占めるシェアは約5.6%で，シンガポールに次いで世界第4位であった．なお，2013年4月の1営業日あたりの世界全体の外国為替取引高は6兆6,710億ドルであった．

1.2.6 名目為替相場と実質為替相場

GDPや貨幣供給量といったマクロ経済変数が名目変数と実質変数とに厳密に区別されるように，為替相場も**名目為替相場**（Nominal Exchange Rate）と**実質為替相場**（Real Exchange Rate）とに区別される．先ほど例であげた80円/1ドル，120円/1ユーロというのは名目為替相場の一例であった．これ

に対して2国間の財・サービスの相対価格を実質為替相場と呼ぶ．財・サービスの輸出や輸入に対する需要は，この2国間の財・サービスの相対価格に依存する．実質為替相場は異なる通貨建てで表現される財・サービスの相対価格での比較を可能にする．

実質為替相場と名目為替相場の関係を先ほどの例を用いて説明しよう．日本車であるトヨタ・レクサスは430万円，ドイツ車であるBMW3シリーズは33,000ユーロで，120円/1ユーロであれば396万円であった．したがって日本車とドイツ車の価格を比較すると，ドイツ車は日本車の約0.92倍の価格であり，ドイツ車1台につき日本車約0.92台と交換できるということになる．これは以下の計算で求められる．

$$実質為替相場 = \frac{120円/1ユーロ \times 33{,}000ユーロ}{430万円}$$
$$= 0.921$$

この式の右辺の分子はドイツ車の円建て価格，分母は日本車の円建て価格である．つまり，実質為替相場は自国財1単位に対する外国財の交換比率を表している．より一般的に，この式はつぎのように表現される．

$$Q_t = \frac{S_t P_t^*}{P_t} \tag{1.4}$$

ただし，Q_tは実質為替相場，S_tは名目為替相場，P_tは自国の物価，P_t^*は外国の物価である．添え字のtはその変数の任意の時点tでの値であることを示す．外国財と自国財が交換される比率は，それぞれの国内通貨で測った財の価格と交換比率に依存することを（1.4）式は示している．実質為替相場が1を上回るとき，つまり$Q_t > 1$のときは外国財価格が自国財価格を上回っており，このとき外国財価格は自国財価格より相対的に高くなっている．逆に$Q_t < 1$のときは外国財価格が自国財価格を下回っており，このとき外国財価格は自国財価格より相対的に安くなっている．$Q_t = 1$のとき，自国財価格と外国財価格は等しい．

練習問題

問題1
日本人旅行者がフランスで100ユーロのワインを現金で購入したとき，日本企業が韓国に工場を設立するため100万ドルの資金を送金したとき，それぞれの取引が借方，貸方にどのように記載されるか答えよ．

問題2
経常収支が期末対外純資産残高と期首対外純資産残高の差に等しくなることを示せ．

問題3
財・サービスの輸出や輸入に対する需要は，この2国間の財・サービスの相対価格に依存する理由を述べよ．

第2章 経常収支と国際貸借

この章で学ぶこと

* 経常収支と国際貸借の関係を理解するために2期間モデルを学ぶ.

* 経常収支の変化は国内支出である政府支出や投資の変化と密接に関連することを学ぶ.

* 国際貸借は国際貸借のないときよりも消費を増加させることを学ぶ.

開放経済の閉鎖経済との大きな違いは，資金や物資を海外から借り入れたり海外に貸し出せる点にある．海外に資金を貸し付けることで，経済の現時点の所得の減少は消費や投資を減少させる．同様に，十分な貯蓄を保有する国は海外に貸し付けたり，海外の投資計画に参加することができる．こうした国内の支出は経常収支と密接に関連している．これは，たとえば中国では2008年に家計の貯蓄率は28.8%に達し，経常収支の黒字は GDP 比では9.8%であったのに対して，アメリカでは2007年に家計の貯蓄率は2.1%にまで下落，経常収支赤字の GDP 比は5.3%におよんだことからも理解できよう．つまり，支出が抑制されている中国では経常収支は黒字に，反対に支出が盛んなアメリカでは経常収支は赤字になっているのである．

開放経済での多くの経済活動は，国際収支の一つ，経常収支で測られる時間をまたがる資源や物資の交換，つまり**異時点間取引**と関連している．本章では異時点間取引の決定について議論する．この議論において，消費や投資，ひいては利子率を決定する要因について明らかにする．単純化のために，本章では異時点間の価格の変化を考慮せずに国際的な資源や物資のフローに焦点を絞るため，経済には時間を通じて一つの財のみが存在することを仮定して議論を行う．

2.1　国際貸借と経常収支

2.1.1　経常収支の定義

第1章で述べたとおり，経常収支は対外純資産の変化分でもある．そして，資本蓄積を考慮しないかぎり，第1期の経常収支はただちに貯蓄に等しくなる．経常収支が黒字であれば外国へネットで貸し付けていることになり，赤字であれば外国からネットで借り入れていることになる．経常収支が対外純資産の増加分と等しいということは，正の財・サービスの純輸出（ここでサービスの輸出には自国資本の海外での活動の対価，つまり対外純資産保有による利子などの受取りを含む），つまり財・サービスの輸出超過には必ずそれと等しいだけの対外資産の増加を伴うことを意味している．これは財・サービスの外国への

販売額が外国からの購入額を上回るためである．同様に，負の財・サービスの純輸出，つまり財・サービスの輸入超過には必ずそれと等しいだけの対外資産の減少を伴う．資産の外国へのネットの販売は金融収支に記帳される．自国が外国に財・サービスを輸出すると外国から支払いを受けるため，正の純輸出はそれに等しいだけの金融収支の黒字を伴う．したがって第1章で説明したように，純輸出と金融収支の差は必ずゼロになる．このため対外資産の純増は金融収支の黒字となる．

経常収支の概念を具体的に示すため，ここで t 期末の対外純資産残高を B_{t+1} とおこう．経常収支は対外純資産の変化分に等しく，また，財・サービスの純輸出に等しいため，次式で示される．

$$\begin{aligned} CA_t &= B_{t+1} - B_t \\ &= Y_t + r_t B_t - C_t \end{aligned} \quad (2.1)$$

ただし，CA_t は t 期の経常収支である．2行目の $r_t B_t$ は対外純資産保有による利子の受取りを示している．また，(2.1) 式は経常収支が所得の合計と消費 C_t の差に等しいことを示している．これは Y_t が**国内総生産**（Gross Domestic Product; GDP）に相当し，$r_t B_t$ が対外純資産保有による利子の受取りであり，したがって $Y_t + r_t B_t$ は国民所得のもう一つの概念である**国民総生産**（Gross National Product; GNP）に相当することから明らかである．ただし (2.1) 式の2行目は資本蓄積と政府支出を考慮しないときにのみ成立する．後に議論するが，これらを考慮すると (2.14) 式の2行目のように書くことができる．

2.2 消費と経常収支

ここでは一つの財を2期間にわたって消費する**小国開放経済モデル**（Small-open Economy Model）を考える．小国開放経済の仮定のもとでは，自国は小国で外国からの影響を受ける一方，外国には何ら影響を及ぼさない．このモデルはきわめて単純だが，後のより現実的かつ複雑なモデルを考えるうえできわめて有用である．本節では，一国が国際間の借入や貸付を通じて消費のタイミングを変更することで一国の効用が上昇することを示す．

2.2.1 家計の問題と消費の決定

家計の**効用関数**（Utility Function）は次式で与えられるとする．
$$U_1 = u(C_1) + \beta u(C_2) \tag{2.2}$$
ただし，U_1 はこの家計の生涯効用，C_1, C_2 はそれぞれ第1期，第2期の消費，$u(\cdot)$ は効用関数を示す演算子，$\beta \equiv \dfrac{1}{1+\delta}$ は**主観的割引因子**（Subjective Discount Factor）と呼ばれる，時間を通じて一定のパラメータ，δ は時間選好率（Rate of Time Preference）という家計の消費を我慢できない程度を示す尺度である．時間選好率が高いとき，主観的割引因子は低い値をとる．このとき，家計は第2期の消費からあまり高い効用を得ない．このことは家計が将来よりも現在の消費を選好する場合に時間選好率が高くなることを示している．ここで，効用関数は厳密に原点に対して凸である消費の増加関数である．

家計の第1期の**予算制約式**（Budget Constraint）は次式で示される．
$$C_1 = Y_1 - B_2^P$$
ただし，Y_1, B_2^P はそれぞれ第1期の産出と第1期末の家計の貯蓄である．家計は産出を手に入れるとその一部を貯蓄に回し，残りを消費することをこの式は示している．家計の第2期の予算制約式は次式で示される．
$$C_2 = Y_2 + (1+r)B_2^P$$
ただし，r は第1期の借入または貸付に用いられる実質利子率，Y_2 は第2期の産出である．このモデルには第3期はないため，第2期には新たに貯蓄せず，利子の付いた第1期の貯蓄と産出を消費に回す．この経済は小国開放経済であり，自国経済は世界経済と比較すると無視されるほど小さい経済である．したがって自国経済は世界経済に何ら影響を与えることがない一方，自国経済は外国経済の影響を受ける．さらに，資本移動は完全であることを仮定すると，自国の実質利子率はつねに世界の実質利子率に等しくなる．つまり小国開放経済の実質利子率は外生的に与えられている．ここでは単純化のために世界の実質利子率は時間を通じて一定であることを仮定する．

第1期と第2期の予算制約式を組み合わせることで，家計の異時点間の予算制約式が次式で示される．

$$C_1 + \frac{C_2}{1+r} = Y_1 + \frac{Y_2}{1+r} \tag{2.3}$$

(2.3) 式は，家計の消費の割引現在価値が産出の割引現在価値に等しいことを示している．

ここでは家計は将来起こりうることをすべて見通せる，つまり**完全予見**（Perfect Foresight）であることを仮定する．これは極端な仮定であるが，取って付けたように，つまりアドホックに家計の期待形成過程を与えるよりはモデルがもつ本来の性質に忠実な仮定である．

家計は (2.3) 式の制約の下で (2.2) 式を最大化するように，第 1 期，第 2 期の消費を決定する．この問題は次式で与えられる．

$$\max_{C_1, C_2} [u(C_1) + \beta u(C_2)]$$

この問題は典型的な**制約付き最適化問題**（Constraind Optimization Problem）である．この問題は (2.3) 式をこの問題に代入することでも容易に解くことができるが，ここではこの問題を**ラグランジュ未定乗数法**（Lagrange Multipliers Method）で解く．

ラグランジュアン（Lagrangean）は次式で定義される．

$$L \equiv u(C_1) + \beta u(C_2) + \lambda \left(Y_1 + \frac{Y_2}{1+r} - C_1 - \frac{C_2}{1+r} \right)$$

ただし，λ はラグランジュ乗数（Lagrange Multiplier）である．この問題の 1 階の条件は次式で示される．

$$u'(C_1) - \lambda = 0$$
$$\beta u'(C_2) - \frac{\lambda}{1+r} = 0$$

これらを組み合わせてラグランジュ乗数を消去することで次式が得られる．

$$u'(C_1) = (1+r)\beta u'(C_2) \tag{2.4}$$

(2.4) 式は**異時点間のオイラー方程式**（Intertemporal Euler Equation）と呼ばれる．このオイラー方程式は，効用最大化のもとでは家計は各時点で異なる消費を選んでも効用の増加は見込めないことを示している．たとえば，家計が第 1 期の消費を 1 単位減少させたとする．このとき，家計の生涯効用 U_1 は

$u'(C_1)$ だけ減少するが，消費 1 単位の減少は貯蓄に回され，第 2 期の $(1+r)$ 単位の消費の増加につながり，一方で家計の生涯効用を $(1+r)\beta u'(C_2)$ だけ増加させることになる．したがって各時点で異なる消費を選んでも効用の増加につながらない．(2.4) 式は以下のように変形することができる．

$$\beta\left[\frac{u'(C_2)}{u'(C_1)}\right]=\frac{1}{1+r} \tag{2.5}$$

(2.5) 式の左辺は家計の第 1 期と第 2 期の消費の**限界代替率**（Marginal Rate of Substitution）を示している．一方，右辺は第 1 期の消費で測った第 2 期の消費の価格を示している．

(2.5) 式は，代表的家計の最適な消費プランは主観的割引因子と消費の限界代替率に依存して決定されることも示している．たとえば主観的割引因子が消費の限界代替率より小さいとき，つまり，$\beta<1/(1+r)$ のときを考える．このとき $u'(C_1)<u'(C_2)$ となる．いま，$u''<0$ であり，消費の限界効用は逓減していくため，消費の限界効用が小さいときは十分な消費が行われていることになる．したがって，$u'(C_1)<u'(C_2)$ であれば $C_1>C_2$，つまり第 1 期の消費は第 2 期の消費を上回っている．これは $\beta<1/(1+r)$ のとき $r<\delta$，つまり利子率が時間選好率を下回り，第 1 期に消費を我慢しても第 2 期にその見返りとしての十分な利子が受け取れないため第 1 期の消費を増やすと解釈できる．反対に，主観的割引因子が消費の限界代替率より大きいときは，同様の理由で $C_1<C_2$，つまり第 2 期の消費が増えることになる．主観的割引因子と消費の限界代替率が等しいとき，つまり $\beta=1/(1+r)$ のとき，(2.5) 式は $u'(C_1)=u'(C_2)$ となる．これは同時に $C_1=C_2$ であることを意味し，家計の消費は第 1 期，第 2 期とも等しくなる．つまり消費は時間を通じて一定となる．

この特殊なケース，$\beta=1/(1+r)$ となるケースをここで取りあげてみよう．$C_1=C_2$ を (2.3) 式に代入すると，次式が得られる．

$$\bar{C}=\frac{(1+r)Y_1+Y_2}{2+r} \tag{2.6}$$

ただし，$\bar{C}\equiv C_1=C_2$ である．ここでは消費は時間を通じて一定であるためこのように定義する．

国際貸借が可能な開放経済では，自国の消費が産出と厳密に一致しなければ

ならない理由はない．すべての債権は利子を伴って確実に償還され，また予算制約式として (2.3) 式が与えられているとする．先にも述べたように，このとき消費は時間を通じて一定となるが，産出は必ずしもその限りではない．たとえばアメリカのような経常収支赤字国がこのモデルの自国であったとする．このとき，自国は第1期に $\bar{C} - Y_1$ だけ外国から借り入れ，第2期に $(1+r)(\bar{C} - Y_1)$ を返済する．したがって，第2期の消費は第2期の産出から借入れに伴う利子とその元本を差し引いたもの，つまり，

$$C_2 = Y_2 - (1+r)(C_1 - Y_1) \tag{2.7}$$

となる．この式は (2.3) 式の予算制約そのものであるから，第1期に借り入れ，第2期に返済する，つまり $Y_1 < Y_2$ であっても予算制約を満たすことがわかる．これは逆のケース，$Y_1 > Y_2$ においてもいえるため，産出は必ずしも毎期等しくなる必要はないことがわかる．

2.2.2 経常収支，予算制約と2期間モデル

国際貸借が自国の消費と産出を必ずしも一致させないことは先に述べた．ここでは国際貸借が可能になることで家計の消費スケジュールがどのように変化するかを議論する．ただし，この議論のためには**無差別曲線** (Indifference Curve) を導く必要があるため，2期間モデルでの無差別曲線を導く．二つの財，財1と財2が存在したとき，同じ効用が得られる2財の消費の組み合わせの集合は無差別曲線として知られるが，これは2期間モデルにも適応される．2期間モデルでは第1期，第2期それぞれの消費の無差別曲線を得ることができる．

家計の効用関数 (2.2) 式の最大化のための1階の条件は次式で示される．

$$u'(C_1)dC_1 + \beta u'(C_2)dC_2 = 0$$

この1階の条件の両辺を dC_1 で割ると，次式が得られる．

$$\frac{dC_2}{dC_1} = -\frac{u'(C_1)}{\beta u'(C_2)} \tag{2.8}$$

(2.8) 式の左辺は異時点間の消費の限界代替率であり，右辺はその傾きが負であることを示している．したがって (2.8) 式は明らかに無差別曲線である．図2-1では家計の予算制約式 (2.3) 式と無差別曲線 (2.8) 式が示されてい

図2-1 異時点間の消費と経常収支

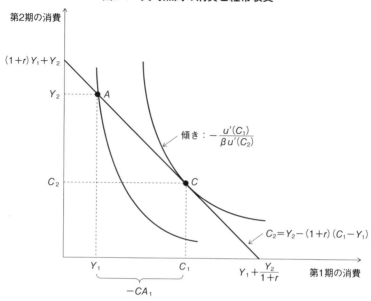

る．ここで，(2.3) 式は (2.7) 式のように変形されている．この経済での第1期，第2期の最適な消費の組み合わせは (2.3) 式と (2.8) 式の傾きをもつ無差別曲線の交点，点 C で与えられる．第1期では消費が産出を上回り，経常収支が赤字となることが示されている．第2期では逆に産出が消費を上回り，経常収支が黒字となることが示されている．これらのことは簡単な計算結果と一致する．(2.3) 式では暗黙裏に $B_1=0$，つまり第0期末，あるいは初期時点の対外純資産残高がゼロであることを仮定していた．ここで，この経済が第2期末に対外純資産を残すことなく終わりを迎える，つまり $B_3=0$ となることも加えて仮定する．このとき，経常収支の定義 (2.1) 式より次式が得られる．

$$\begin{aligned}
CA_2 &= Y_2 + rB_2 - C_2 \\
&= Y_2 + r(Y_1 - C_1) - C_2 \\
&= -B_2 \\
&= -CA_1
\end{aligned}$$

ここでは，$B_1=0$ より $CA_1=Y_1-C_1$ が用いられている．この式は図2-1と同様，経常収支は第1期に赤字になり，第2期には黒字になることを示している．

貿易が効用を上昇させることは広く知られていることであるが，このモデルは異時点間の貿易も同様の結果を導くことを示している．図2-1では，閉鎖経済のもとでは厳密に $Y_1 = C_1$ および $Y_2 = C_2$ が成立し，第1期，第2期の消費は点 A で与えられることになる．点 A では，無差別曲線は予算制約式の接線とはなっていない．したがって，予算制約式が無差別曲線の接線となる点 C で与えられる消費の組み合わせ，つまり国際貸借が許された，経常収支が必ずしもゼロにならない開放経済での消費の組み合わせよりも，閉鎖経済での消費の組み合わせのほうが明らかに効用が劣る．政策当局は経常収支の黒字もしくは赤字に強い懸念を示すことがある．しかし，この単純なモデルはこうした懸念が家計の効用の観点からは必ずしも厳密に正当化できないことを示唆している．

2.3 政府支出の導入

これまでの分析では政府支出を省略してきた．ここでは政府支出の役割を示そう．政府が家計から徴税すると，家計の予算制約式は（2.3）式に替わって次式で与えられる．

$$C_1 + \frac{C_2}{1+r} = Y_1 - T_1 + \frac{Y_2 - T_2}{1+r}$$

ただし，T_1，T_2 はそれぞれ第1期，第2期の税収である．したがって $Y_1 - T_1$ および $Y_2 - T_2$ はそれぞれ，第1期，第2期の家計の可処分所得である．政府の予算制約式が家計の予算制約式と同様，$G_1 = T_1 + B_2^G$ および $G_2 = T_2 - (1+r)B_2^G$ で与えられると，この式は次のように書き直すことができる．

$$C_1 + \frac{C_2}{1+r} = Y_1 - G_1 + \frac{Y_2 - G_2}{1+r} \tag{2.9}$$

ただし，G_1，G_2 は第1期，第2期の政府支出，B_2^G は第1期末の公債発行残高である．

政府の各時点の予算制約式を組み合わせることで，政府の異時点間の予算制約式は次式のとおり得られる．

$$G_1 + \frac{G_2}{1+r} = T_1 + \frac{T_2}{1+r}$$

経常収支の定義式 (2.1) 式も次のように書き直される.

$$\begin{aligned} CA_t &= B_{t+1} - B_t \\ &= Y_t + rB_t - C_t - G_t \end{aligned} \tag{2.10}$$

(2.1) 式と異なり，経常収支は国民所得から消費だけでなく政府支出を引いたものに等しくなっている．これは政府支出も消費と同じく国内支出の一つのためである．

政府支出は家計のコントロールの及ぶところではないため (2.3) 式で与えられるオイラー方程式はここでも成立する．いま，依然として $\beta = 1/(1+r)$ が成立していると仮定する．また，産出が毎期一定であること，つまり $Y_1 = Y_2 \equiv \bar{Y}$ を仮定して，政府支出の消費への影響を考えてみる．第2.2節の政府支出がないケースでは (2.5) 式が成立し，消費は毎期一定となる．このとき産出も毎期一定であることを仮定すると，$\bar{Y} = \bar{C}$ となり，経常収支は毎期バランスする．しかし，$G_1 > T_1$，つまり第1期に政府が税収以上に支出を行い，財政赤字が生じ，かつ $G_2 = 0$，つまり第2期の政府支出がゼロだとすると，消費や経常収支はどのような影響を受けるだろうか．(2.5) 式に政府の予算制約式を代入すると，次式が得られる．

$$\begin{aligned} \bar{C} &= \frac{(1+r)(\bar{Y} - G_1) + \bar{Y}}{2+r} \\ &= \bar{Y} - \frac{(1+r)G_1}{2+r} \end{aligned}$$

この式は，第1期の財政赤字は消費を減少させるが，その効果は G_1 よりも小さいことを示している．これは第1期の政府支出の増加は一時的なもので，第2期には政府支出が行われないためである．(2.10) 式にこの式を代入すると，

$$\begin{aligned} CA_1 &= \bar{Y} - \bar{C} - G_1 \\ &= -\frac{G_1}{2+r} < 0 \end{aligned}$$

が得られ，第1期では経常収支が赤字になることがわかる．これは，家計は (2.3) 式が示すように消費を時間を通じて一定にしようとするため，相対的に

高い第2期の可処分所得の一部を相対的に低い第1期の可処分所得の一部に充当しようとする．つまり，第1期に外国から借り入れるためである．このため，経常収支は第1期では赤字になり，第2期には黒字になる．

2.4 投資の役割

第2.1節，第2.2節では投資が存在しない経済を仮定していた．このとき，経常収支は国内貯蓄に一致する．しかし，より一般的には経常収支は貯蓄から投資を差し引いたものに等しい．歴史的に，国内貯蓄が十分でない経済では外国からの借入れに依存して投資を行ってきたことや，投資は通常消費よりも変動が大きいことを考えると，経常収支を議論するうえで投資を考慮することは重要であるといえる．実際に，発展途上国の経常収支赤字は先進国からの借入れに依存した投資の結果であり，また大々的に投資が行われた1990年代のITブーム下のアメリカでは経常収支の赤字はますます拡大した．

2.4.1 企業の最適化問題と投資

ここでは投資を行う経済主体である企業が直面する最適化問題を考える．企業は投資を行い，投資は生産活動に用いられることを仮定する．このとき，企業の生産関数は次式で与えられる．

$$Y_t = F(K_t) \tag{2.11}$$

ただし，K_t は資本，$F(\cdot)$ は生産関数を示す演算子である．生産関数は**資本の限界生産物**（Marginal Product of Capital）が逓減することを仮定する．つまり，$F'(\cdot) > 0$，$F''(\cdot) < 0$ を仮定する．資本は毎期行われる投資が蓄積することで構成される．また，単純化のために資本減耗は考慮しないことにする．このとき資本蓄積の過程は次式で与えられる．

$$K_{t+1} = K_t + I_t \tag{2.12}$$

ただし，I_t は投資である．このモデルでは，投資に用いられる財は消費される財と同一であることを暗に仮定している．この仮定は一見極端であるが，モデルが導く主要な結果に何ら影響を与えるものではない．

家計が効用を最大化するのに対して，企業は利潤を最大化する．企業が直面

する最大化問題は

$$\max_{I_1, I_2} \left\{ [F(K_1) - I_1] + \frac{F(K_2) - I_2}{1+r} \right\} \tag{2.13}$$

と示される．ただし，I_1 は第 1 期の投資，K_1，K_2 はそれぞれ第 1 期末，第 2 期末の資本である．したがって (2.13) 式の第 1 項は第 1 期の利潤，第 2 項は第 2 期の利潤の割引現在価値である．(2.13) 式は，企業は第 1 期，第 2 期の投資を選択して利潤を最大化することを意味する．このモデルでは，先に述べたように第 2 期末に終わりを迎えるので第 2 期末に資本を残すことはない．つまり，$K_3 = 0$ が成立する．このため第 2 期の投資は (2.12) 式より，

$$I_2 = K_3 - K_2$$
$$= -K_2$$

となる．このことと (2.12) 式に注意すると，企業の利潤最大化のための 1 階の条件は次式で示される．

$$-1 + \frac{1}{1+r}\left[1 + \frac{\partial F(K_2)}{\partial K_2}\right] = 0$$

ここで，$\partial K_2 / \partial I_1 = 1$ であることに注意せよ．この 1 階の条件を変形することで次式が得られる．

$$F'(K_2) = r$$

この式は，利潤を最大化する企業は，第 2 期の資本の限界生産物が利子率に等しくなるように投資を選択することを意味している．また，資本の限界生産物が逓減することから，利子率が低下すると投資は増加し，利子率が上昇すると投資は減少することがわかる．つまり，投資は利子率の減少関数である．

2.4.2 投資と経常収支および国民所得勘定

投資がモデルに導入されたため，経常収支の定義を考え直さなければならない．これはこれまで一国の富がすべて対外純資産であったのに対して，投資が導入されることで富は対外純資産と資本の和となるためである．したがって，t 期末の富は $B_{t+1} + K_{t+1}$ と表される．このとき，富の変化分と貯蓄の関係は次式で示される．

$$B_{t+1} + K_{t+1} - (B_t + K_t) = Y_t + r_t B_t - C_t - G_t$$

なお，本節以降でも政府支出を仮定して議論を進める．この式と (2.12) 式を (2.10) 式に代入することで，投資を仮定したときの経常収支の定義が次式のように得られる．

$$CA_t = B_{t+1} - B_t \\ = S_t - I_t \tag{2.14}$$

ただし，$S_t \equiv Y_t + rB_t - C_t - G_t$ は国民貯蓄である．(2.14) 式右辺の 2 行目は国民貯蓄の国内投資に対する超過分が経常収支であることを示している．第 2.1 節で述べたとおり，（資本移転等収支を無視すれば）経常収支と金融収支の差はつねにゼロである．これは経常収支の黒字はただちに金融収支の黒字を意味するため，(2.14) 式は対外純資産の増加は金融収支を黒字にすることを意味している．

投資が仮定されることでこのモデルと現実の国民所得勘定の概念が一致したので，国民所得勘定と経常収支の関係にふれておく．GDP の定義は次式で与えられる．

$$Y_t \equiv C_t + I_t + G_t + NX_t \tag{2.15}$$

ただし，$NX_t \equiv EX_t - IM_t$ は純輸出，EX_t は輸出，IM_t は輸入である．(2.14) 式，(2.15) 式および国民貯蓄の定義を用いることで次式が得られる．

$$CA_t = NX_t + rB_t$$

この式は，経常収支は純輸出に対外純資産の受取り利子を加えたものであることを示している．さらに，第2.1節で述べたように GNP は $Y_t + rB_t$ で示される．したがって，この式と (2.15) 式より GNP は次式で示されることがわかる．

$$Y_t + rB_t = C_t + I_t + G_t + CA_t$$

$C_t + I_t + G_t$ はしばしば国内支出，あるいは**アブソープション**（Absorption）と呼ばれる．(2.15) 式とこの式を比較すると，GDP がアブソープションに純輸出を加えたものであるのに対して，GNP がアブソープションに経常収支を加えたものであることがわかる．

2.4.3　投資の存在と家計の効用最大化問題

モデルへの投資の導入は，家計の予算制約式に影響を及ぼす．そこでもう一

度家計の効用最大化問題を検討してみよう．

$B_1=0$ であることに注意すると，(2.14) 式より次式が得られる．

$$B_2 = Y_1 - C_1 - G_1 - I_1$$

同様に，$B_3=0$ であることに注意すると，(2.14) 式より次式も得られる．

$$-B_2 = Y_2 + rB_2 - C_2 - G_2 - I_2$$

これら二つの式を組み合わせることで，次式で示される家計の異時点間の予算制約式が得られる．

$$C_1 + I_1 + \frac{C_2 + I_2}{1+r} = Y_1 - G_1 + \frac{Y_2 - G_2}{1+r} \tag{2.16}$$

家計は (2.16) 式の制約のもと，(2.2) 式を最大化する．予算制約式には政府支出，投資が含まれるが，家計がコントロールするのは消費であるため依然としてオイラー方程式 (2.4) 式が成立する．

2.4.4 生産可能性フロンティアと均衡

第2.1節同様，ここでは投資が経常収支に与える影響を，無差別曲線と予算制約式だけでなく，実現可能かつもっとも効率的な生産の組み合わせを示した国際貸借がないもとでの**生産可能性フロンティア**（Production Frontier）をも用いて分析する．国際貸借がないもとでの生産可能性フロンティアは次式で示される．

$$C_2 = F[K_1 + F(K_1) - C_1] + K_1 + F(K_1) - C_1 \tag{2.17}$$

たとえば，この小国開放経済がもっとも低い投資を第 1 期に選択し，これまで蓄積されてきた資本をも何らかの形で消費してしまう，つまり $I_1 = -K_1$ を選択したとする．このとき，第 1 期の消費は $C_1 = K_1 + F(K_1)$ ときわめて高くなる．しかし第 2 期には資本蓄積がゼロであるため $C_2 = 0$ となる．一方で，第 0 期末の資本 K_1 を消費することなくさらに第 1 期の産出をすべて投資に回したとしよう．このとき，第 1 期の消費は $C_1 = 0$，投資は $I_1 = F(K_1)$ となり，第 2 期には $K_2 = K_1 + F(K_1)$，$C_2 = F[K_1 + F(K_1)] + K_1 + F(K_1)$ となる．第 1 期の消費がゼロであるのに対して，第 2 期の消費の生産可能性フロンティアの切片が示すようにきわめて高くなる．生産可能性フロンティアの傾きは次式のように (2.17) 式より得られる．

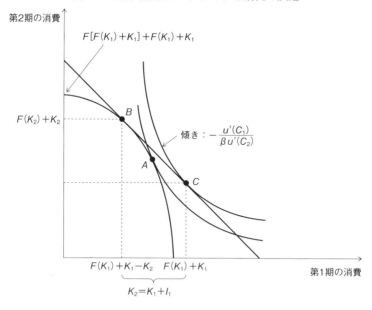

図2-2 生産可能性フロンティアと消費の決定

$$\frac{\partial C_2}{\partial C_1} = -[1+F'(K_2)]$$

これは資本の限界生産物の逓減が仮定されているため，生産可能性フロンティアは厳密に原点に対して凸であることを示している．

図2-2は，図2-1に投資が加わったときの2期間の消費と経常収支の関係を示している．生産可能性フロンティアは国際貸借がない場合の可能かつもっとも高い水準を達成する2期間の消費の組み合わせを示している．したがって無差別曲線と生産可能性フロンティアの交点 A は，閉鎖経済のもとでの均衡である．点 A での無差別曲線と生産可能性フロンティアの傾きはともに $-(1+r^A)$ である．ただし，r^A は閉鎖経済での実質利子率である．一方で，予算制約式の傾きは $-(1+r)$ で与えられていて，これは $r^A > r$ であることを意味している．国際貸借の可能なこの経済では，利子率は世界利子率と等しく r で与えられている．したがって点 A では国内の投資プロジェクトの収益率は世界利子率を上回っている．海外の投資家は高い収益率に惹かれて小国開放経済に投資を行い，産出の現在価値の和は上昇し，生産活動は生産可能性フロンティアと

予算制約式の交点 B で行われるようになる．一方で消費は，無差別曲線と予算制約式の交点 C で行われる．これは投資を伴わないモデルを分析した図2-1が示すとおりである．

投資を伴わないモデルを用いた分析では，国際貸借が許されることで，図2-1の点 A で生産が行われ，点 C で消費が行われることを示した．図2-2は投資が伴うことで生産活動が点 A ではなく点 B で行われることを示している．つまり海外からの投資が伴うことで新たな効用の上昇が生じている．

コラム　IT バブルと経常収支赤字

　1980年代，アメリカではいわゆるレーガノミクスによる減税の結果，財政赤字が拡大し，同時に経常収支赤字も拡大した．これはアメリカの「双子の赤字」としてよく知られるが，比較的近年にも財政赤字と経常収支赤字の同時進行がアメリカでみられた．1990年代後半のアメリカでは，IT 産業が成長産業として注目を集め，後に「IT バブル」と呼ばれる株式バブルが生じるほど国内外から IT 産業へ活発な投資が行われた．こうした投資は資産価格を上昇させ，その上昇はキャピタルゲインを家計にもたらし，家計の貯蓄率を大幅に低下させた．この貯蓄率の低下と IT 関連の設備投資の増大が貯蓄・投資バランスを悪化させ，経常収支赤字を拡大させた．これに加えて二つ目に，歳出抑制政策によって1990年代後半から続いた財政収支の黒字が，IT バブル崩壊後，財政拡張政策とイラク戦争関連費用の増大によって終焉し，2002年には財政赤字に転じ，2003年に財政赤字は GDP 比約3.5％にまで拡大した．このように，財政収支が短期間に黒字から大幅な赤字に転落したことから，貯蓄・投資バランスはさらに悪化し，経常収支赤字は2003年には GDP 比約5％とこれまでにない規模にまで拡大した．

図2-3 政府支出と経常収支

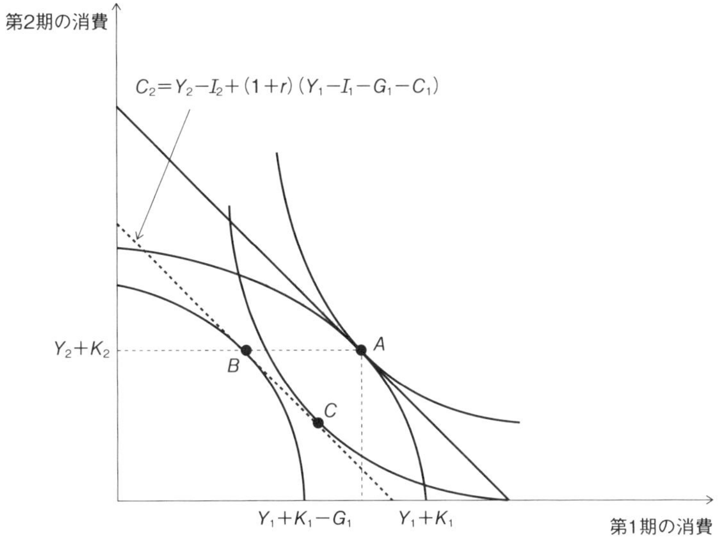

第2期の消費

$C_2 = Y_2 - I_2 + (1+r)(Y_1 - I_1 - G_1 - C_1)$

$Y_2 + K_2$

B

A

C

$Y_1 + K_1 - G_1$　$Y_1 + K_1$

第1期の消費

2.4.5　財政赤字と消費

　ここでは投資に加えて政府支出を導入して分析する．予算制約式（2.16）式と生産可能性フロンティア（2.17）式は，政府支出の変化が消費にどのような影響を与えるか説明する．第1期の政府支出の上昇は（2.16）式，（2.17）式をその上昇分だけ左方にシフトさせ，第2期の政府支出の上昇は（2.16）式，（2.17）式をその上昇分だけ下方にシフトさせる．図2-3の点 A は，政府支出，経常収支がともにゼロのときの消費を示している．これは点 A が予算制約式，無差別曲線，生産可能性フロンティアの交点であることから理解できる．いま，$G_1 > T_1$，$G_2 = 0$ となったとしよう．このとき予算制約式と生産可能性フロンティアは G_1 だけ左方へシフトし，生産活動は点 B で行われるようになる．しかし，ここでは国際貸借が可能なため，消費はシフトした後の予算制約式および生産可能性フロンティアの交点 C で行われる．したがって，第1期の政府支出の増加は第1期の経常収支の赤字を招くことになる．同様に，第2期の政府支出の増加は予算制約式と生産可能性フロンティアを下方へシフトさせることから，第1期の経常収支の黒字を招くことがわかる．政府支出の増加が可処

36　第2章　経常収支と国際貸借

表2-1　財政赤字と経常収支

		財政赤字	
		第1期	第2期
経常収支	第1期	赤字	黒字
	第2期	黒字	赤字

分所得を減少させる一方で家計は消費を一定にしようとする．このため国際貸借が行われ，経常収支の赤字，もしくは黒字が生じる．政府支出の増加と経常収支の関係は表2-1のように示すことができる．

練習問題

問題 1
政府支出が導入されることで，家計の予算制約式が (2.3) 式に替わって (2.9) 式で与えられる．(2.9) 式を (2.3) 式より導出せよ．

問題 2
企業の生産関数が (2.11) 式に替わって $Y_t = A_t F(K_t)$ で与えられたとする．ただし，A_t は生産性である．いま，第1期に生産性が上昇したとする．このとき第1期，第2期の経常収支が生産可能性フロンティアの変化を通じてどのように変化するか図示せよ．なお，政府支出は考慮せずともよい．

問題 3
図2-2では，国際貸借が許されることで消費が閉鎖経済でのそれより上昇することが示された．ただし，図2-1が示すように，このためには第1期の経常収支の赤字を伴う．近年世界各国で見られる経常収支の不均衡，いわゆるグローバル・インバランスについて懸念が示されている．このモデルにおいてはこうした懸念は厳密に的を射ていないと指摘したが，なぜ的を射ていないのか，あるいは本当にこうした懸念は的外れなのか議論せよ．

第3章 国際経済におけるマクロ経済政策

この章で学ぶこと

* オープンマクロ経済を分析するためのモデルとしてマンデル＝フレミング・モデルを学ぶ.

* 変動為替相場制度下におけるマクロ経済政策（金融政策と財政政策）の効果を考察する.

* 固定為替相場制度下におけるマクロ経済政策（金融政策と財政政策）の効果を考察する.

* マクロ経済政策（金融政策と財政政策）がオープンマクロ経済へ影響を及ぼす経路を明らかにする.

アメリカにおいてサブプライム・ローン問題が発生した際，アメリカの連邦準備理事会（FRB）が早めに金利引下げを行う一方，欧州中央銀行（ECB）がインフレ抑制にこだわって金利引下げに遅れたことから，欧米の間に金利差が拡大し，大きくユーロ高・ドル安が発生する事態となり，欧米の景気に非対称的な影響を及ぼした．また，リーマン・ショックが発生してからは，FRBやECBそして日本銀行が金融緩和政策を採り続けた．そのためにこれらの経済では金利が低下し，低水準で維持されるとともに貨幣供給が増大した．日欧米の金融緩和政策と同時に，世界経済においても流動性が増大しているために，とりわけBRICs（ブラジル，ロシア，インド，中国）などの新興市場経済国においては，高度成長とともにインフレや資産バブルを経験している．

このように，経済の国際化・グローバル化の進展に伴って，一国経済のマクロ経済政策を考察するに際しては，国内経済のみに目を向けたままでは不十分である．一国経済の経済主体は，国際貿易取引や国際金融取引を諸外国経済の経済主体と行っている．そのような状況の中で，外国経済の状況がこれらの取引に影響を及ぼすことを通じて，当該国経済に影響を及ぼす．

本章では，国際貿易取引と国際金融取引の両者を取り入れて，国際経済におけるマクロ経済政策について考察する．その際，最も簡単な一般均衡モデルにおいて生産物市場と貨幣市場の相互作用を明示的に考慮に入れて，マクロ経済政策の効果を分析する．そのために，閉鎖経済をモデル化したIS-LMモデルを，マンデル（Mundell（1963））とフレミング（Fleming（1962））によって開放経済版に拡張されたマンデル＝フレミング・モデルを利用する．

本章では，まず初めに，マンデル＝フレミング・モデルを解説する．このマンデル＝フレミング・モデルを利用して，変動為替相場制度下における金融・財政政策の有効性について説明する．その際，これらのマクロ経済政策の有効性は，為替相場がどのように反応するかに依存することを説明する．次に，固定為替相場制度下におけるマンデル＝フレミング・モデルを説明し，そのうえで，固定為替相場制度下における金融・財政政策の有効性について説明しよう．

3.1 マンデル゠フレミング・モデル

　マンデル゠フレミング・モデル（Mundell-Fleming Model）とは，閉鎖経済をモデル化した IS-LM モデルを，マンデル（Mundell（1963））とフレミング（Fleming（1962））が開放経済版に拡張したものである．これは，国際貿易取引と国際金融取引が行われている開放経済において，所得や金利とともに為替相場がどのように決定されるかを分析するのに有用なマクロ経済モデルである．IS-LM モデルがそうであるように，マンデル゠フレミング・モデルにおいても，実物部門と金融部門との相互作用によって，マクロ経済の内生変数（所得，金利，為替相場）が決定される．実物部門としては，財市場の均衡に焦点が当てられ，金融部門としては貨幣市場の均衡に焦点が当てられている．したがって，財市場や貨幣市場におけるさまざまなショックが，所得や金利や為替相場といったマクロ経済変数にどのような影響を及ぼすかを分析することができる．金融政策や財政政策も，そうしたショックとして取り扱えるが，変動為替相場制度と固定為替相場制度という二つの為替相場制度のもとでの政策効果を比較対照することができる．

　標準的なマンデル゠フレミング・モデルは以下のような仮定を設けている．

　第1に，説明を単純化するために，**小国開放経済**（Small Open Economy）を仮定する．小国開放経済では，外国経済あるいは世界経済に影響を及ぼさないほどに十分に小さい経済を想定するので，小国開放経済にとっては外国の価格や外国の金利が外生的に所与となる．すなわち，その小国開放経済において発生したショックは，外国経済や世界経済に影響を及ぼさない．

　第2に，IS-LM モデルと同様に，失業などの不完全雇用を仮定することによって，自国財の物価水準が固定している状況を想定する．さらに，単純化のために，自国と外国の物価水準は1に固定されていると仮定する．

　第3に，資本管理などの資本移動に対する規制がなく，資本移動は完全であると仮定する．さらに，為替リスクがない状況を仮定することによって，あるいは，リスク中立的な投資家を仮定することによって，自国通貨建て債券と外国通貨建て債券は完全代替であることを想定する．

第 4 に，資本移動に関連して，将来の為替相場に関する予想形成については，単純化のために，現在の為替相場が将来も続くと予想する**静学的予想**（Static Expectation）を仮定する（第 4 章では，静学的予想を回帰的予想に替えて，為替相場が長期均衡為替相場に回帰するという予想を仮定する）．完全資本移動と内外資産完全代替の仮定のもとにおける**カバーなし金利平価式**（Uncovered Interest Rate Parity）が，静学的予想のもとで将来予想為替相場変化率がゼロとなるために，$i=i^*$ として表現される．

$$Y = C(Y-\bar{T}) + I(i) + \bar{G} + NX(Y-\bar{T}, E) \tag{3.1}$$
$$\bar{M} = L(Y, i) \tag{3.2}$$
$$BP = NX(Y, E) - K(i-i^*) = 0 \tag{3.3a}$$
$$BP = NX(Y, E) - K(i-i^*) = \varDelta M \tag{3.3b}$$
$$i = i^* \tag{3.4}$$

ただし，C：消費，I：投資，G：政府支出，T：租税，NX：純輸出（輸出－輸入），M：貨幣供給残高，L：貨幣需要残高，BP：国際収支，K：金融収支，Y：自国の国内総生産（GDP）あるいは所得，Y^*：外国の国内総生産（GDP）あるいは所得，i：自国通貨建て利子率，i^*：外国通貨建て利子率，E：為替相場．

(3.1) 式は，財市場の均衡式を表す．財市場均衡においては，左辺の総供給が右辺の総需要（消費と投資と財政支出と純輸出の合計）に等しい．消費は可処分所得の増加関数，投資は利子率の減少関数，純輸出は可処分所得の減少関数で，為替相場の減少関数である．

(3.2) 式は，貨幣市場の均衡式を表す．左辺が貨幣供給であり，右辺が貨幣需要である．自国の物価水準を 1 としているために，実質貨幣需要が名目貨幣需要と同じ表現となっている．貨幣需要残高は所得の増加関数，利子率の減少関数である．

(3.3a)・(3.3b) 式は，単純化した国際収支を表す．ここでは，国際収支の内訳として，貿易・サービス収支（あるいは貿易収支）と金融収支のみを考える．金融収支は，対外純債務残高増すなわち資本流出についてプラス（黒字）として表されるので，右辺の金融収支 K の前にマイナスの符号が付される．対外純債務債権残高はゼロと仮定して，所得収支が均衡しているとみなせば，

貿易・サービス収支は経常収支と等しいことを意味する．変動為替相場制度のもとでは，国際収支が均衡するように為替相場が調整されるので，国際収支はつねにゼロとなる．一方，固定為替相場制度のもとでは，ある特定の固定相場において国際収支が不均衡となる場合がある．その場合には，通貨当局が外国為替市場で介入するために，外貨準備残高が増減する．たとえば，国際収支が黒字の場合には，外貨準備残高が増加するし，赤字の場合には外貨準備残高が減少する．通貨当局が，為替介入の結果増減する外貨準備残高を国内信用残高で調整し，貨幣供給残高を一定に維持するという不胎化政策を行わなければ，貨幣供給残高も同様に変化する．(3.3b) 式で表されるように，固定為替相場制度のもとでは国際収支の不均衡は貨幣供給残高の変化を引き起こす．

　(3.4) 式は，小国の仮定のもとで，資本移動が完全であることを意味する．自国は小国であると仮定しているから，小国におけるショックは世界市場の価格や利子率に影響を及ぼさない．したがって自国は，世界金融市場から所与の金利 i^* でいくらでも外貨建て資金を調達したり，外貨建て資金を運用することができる．この (3.4) 式は，完全資本移動と内外資産完全代替の仮定のもとで，カバーなし金利平価式と為替相場の静学的予想形成，すなわち予想将来為替相場変化率＝0から導き出される．

　このマンデル＝フレミング・モデルは図で表すことができる．内生変数が所得 Y と利子率 i と為替相場 E であるから，本来は3次元の図を描く必要があるが，二つの2次元の図を組み合わせることで表すことにする．図3-1には，横軸に所得，上方向の縦軸に利子率，下方向の縦軸に為替相場がとられている．図の上半分では為替相場を一定として扱い，下半分では利子率を一定として扱っている．

　財市場の均衡式を意味する (3.1) 式は，これら三つの内生変数を含んでいるので，図3-1の上半分に為替相場一定のもとでの財市場均衡を IS 線として描ける．一方，図3-1の下半分には利子率一定のもとでの財市場均衡を XX 線として描ける．IS 線が右下がりに描かれている理由は，為替相場一定のもとで，所得 Y が増加すると財市場で超過供給が発生するので，財市場が均衡するためには利子率 i が低下して，投資が増加しなければならないからである．また，XX 線が右下がりに描かれている理由は，利子率一定のもとで，所得 Y が増

図3-1 マンデル゠フレミング・モデル

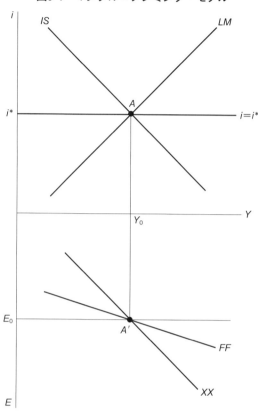

加すると財市場で超過供給が発生するので,財市場が均衡するためには為替相場 E が減価して,純輸出が増加しなければならないからである.

　貨幣市場の均衡式を意味する (3.2) 式は所得 Y と利子率 i の二つの内生変数しか含んでいないので,図3-1の上半分に LM 線として描かれる.LM 線が右上がりに描かれている理由は,所得 Y が増加すると貨幣市場で超過需要が発生するので,貨幣市場が均衡するためには利子率 i が上昇して貨幣需要が減少しなければならないからである.

　国際収支の均衡を意味する (3.3a) 式は図3-1の下半分では FF 線として描かれる.FF 線は,所与の利子率のもとで,国際収支を均衡させるような,為替相場と自国所得の関係を表している.FF 線が右下がりに描かれている理由

は，利子率を一定として所得 Y が増加すると，純輸出が減少し，国際収支が悪化するので，国際収支が均衡するためには為替相場 E が減価しなければならないからである．

なお，FF 線の傾きは，XX 線の傾きよりも緩やかになる．その理由は，所得が変化したときに，純輸出の減少のみを通じて国際収支が悪化するのに対して，財市場は，純輸出の減少とともに貯蓄の増加を通じて不均衡となる．同じ所得の増加に対して，後者の方が大きな不均衡を生み出すことになることから，国際収支を均衡化させるのに必要な為替相場の変化よりも大きく為替相場が変化しないと，財市場は均衡化しない．このことから，XX 線は FF 線の傾きよりも急傾斜となる．

国際収支の均衡は，図3-1の上半分では，金利平価式 $i=i^*$ で表される．したがって，世界利子率 i^* で水平となる $i=i^*$ 線によって国際収支の均衡が表される．なお，図3-1の下半分において，現在の為替相場が変化すると，$i=i^*$ 線がシフトする．たとえば，自国通貨が増価し，自国通貨建ての外国通貨の為替相場が低下すると，$i=i^*$ 線が上方にシフトする．一方，自国通貨が減価し，自国通貨建ての外国通貨の為替相場が上昇すると，$i=i^*$ 線が下方にシフトする．

図3-1の上半分においては，IS 線と LM 線と $i=i^*$ 線が1点 A で交わっている．この交点と，図3-1の下半分における XX 線と FF 線の交点 A' とが，マンデル＝フレミング・モデルの均衡点を表す．

コラム 1　マサチューセッツ・アベニュー・モデル

マンデル＝フレミング・モデルに基礎を置くマサチューセッツ・アベニュー・モデルに依拠して，1980年代におけるアメリカの「双子の赤字 (Twin Deficits)」（財政赤字と経常収支赤字）が議論された．2008年にノーベル経済学賞を受賞したクルーグマン (Krugman) の著書 *Has the Adjustment Process Worked?* (Institute for International Economics, Washington, D.C., 1991) を林康史・河野龍太郎が翻訳刊行して『通貨政策の経済学——マサチューセッツ・アベニュー・モデル』（東洋経済新

報社，1998年）というタイトルを付けている．マサチューセッツ・アベニュー・モデルのマサチューセッツ・アベニューとは，アメリカ東海岸の二つの都市の通りの名称である．一つは，ケンブリッジのマサチューセッツ・アベニューで，ハーバード大学，マサチューセッツ工科大学（MIT），全米経済研究所（National Bureau of Economic Research; NBER）などの大学・研究所が位置している．もう一方はワシントンD.C.のマサチューセッツ・アベニューで，ブルッキングス研究所（Brookings Institution）や国際経済研究所（Institute for International Economics）が位置している．実際には，このマサチューセッツ・アベニュー・モデルに依拠して，政策論議が行われている．

3.2 変動為替相場制度下のマクロ経済政策

本節では，前節で説明したマンデル＝フレミング・モデルを利用して，通貨当局が外国為替市場に介入せず，自由に為替相場が変動している**変動為替相場制度**（Flexible Exchange Rate System）下におけるマクロ経済政策，すなわち貨幣供給残高を調節する**金融政策**（Monetary Policy）と政府支出を変更する**財政政策**（Fiscal Policy）の効果を説明しよう．

3.2.1 変動為替相場制度下における金融政策の効果

図3-2において，最初に経済は点Aで財市場も貨幣市場も国際収支も均衡していると想定する．そこで，変動為替相場制度下において通貨当局が金融緩和政策によって貨幣供給残高を増加すると想定する．図3-2の上半分において，貨幣供給残高が増加することによって，貨幣市場の均衡を意味するLM線が右方にシフトする．ここではLM線からLM'線にシフトしたとしよう．これによって経済は，財市場と貨幣市場の両方が均衡するIS線とLM'線の交点Bに向かって移動しようとするために，自国利子率に対して低下圧力が働く．完全資本移動の仮定のもとでは，自国利子率が外国利子率i^*を下回ると，自国の資本が外国に即座に流出し，自国利子率と外国利子率が均等化する．

図3-2 変動為替相場制度下における金融政策の効果

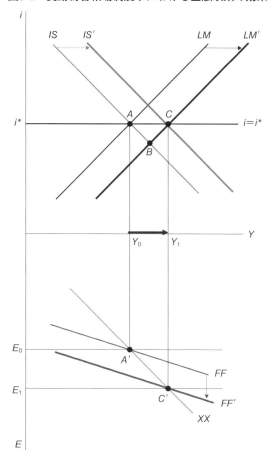

　自国から外国への資本流出は自国の金融収支黒字を意味する．そのため，経常収支に変化がないかぎりは，国際収支全体も赤字化する．したがって，図3-2の下半分で，国際収支均衡を意味するFF線は下方にシフトする．変動相場制度下においては，国際収支が均衡するように為替相場は自由に変化する．現在の状況では，自国から外国へ資本が流出しているので，自国通貨売り・外国通貨買いの外国為替取引が行われている．したがって，為替相場は自国通貨を減価させる方向に変化する．図3-2の下半分では，財市場の均衡を意味するXX線と国際収支均衡を意味するFF'線との交点に向かって経済が移動する．

自国通貨が減価すると，外国財に対する自国財の相対価格が低下するので，自国通貨の減価に対して貿易収支が改善するという**マーシャル＝ラーナー条件**（Marshal-Lerner Condition）が満たされているかぎり，純輸出は増加し，経常収支は黒字化することになる．純輸出の増加は，自国財に対する需要の増加を意味することから，図3-2の上半分で IS 線が IS' 線に右方にシフトする．このシフトによって，経済は点 A から点 C に向かって移動する．点 C では，財市場と貨幣市場の両方が均衡する自国利子率が外国利子率と等しい状態にある．経済が点 A から点 C に移動することから，所得は Y_0 から Y_1 に増加する．このように，変動為替相場制度下において金融政策は所得に対して有効な効果をもたらす．

3.2.2　変動為替相場制度下における財政政策の効果

次に，変動為替相場制度下において，政府支出を増加するという拡張的財政政策が行われることを想定しよう．拡張的財政政策によって図3-3の上半分で財市場均衡を意味する IS 線が右方へシフトし，図3-3の下半分で財市場均衡を意味する XX 線が右上方にシフトする．

経済は IS' 線と LM 線との交点 B に向かって移動しようとすることから，自国利子率に対して上昇圧力をもたらすことになる．自国利子率の上昇圧力は，資本を外国から自国に流入させることになるので，金融収支が赤字化する．経常収支が変わらないかぎりは，金融収支の赤字化とともに国際収支全体が黒字化する．図3-3の下半分で FF 線が上方にシフトする．これによって，経済は FF' 線と XX' 線の交点 C' に向かって移動する．そして，為替相場は自国通貨が増価する方向に変化する．

自国通貨が増価すると，外国財に対する自国財の相対価格が上昇するので，マーシャル＝ラーナー条件が満たされているかぎり，純輸出が減少し，経常収支が赤字化することになる．純輸出の減少は，自国財に対する需要の減少を意味することから，図3-3の上半分で財市場均衡が IS' 線から IS 線に左方にシフトバックする．この IS 線へのシフトバックによって，経済は点 A にとどまることになる．

このように，変動為替相場制度下において拡張的財政政策を行っても，所得

図3-3 変動為替相場制度下における財政政策の効果

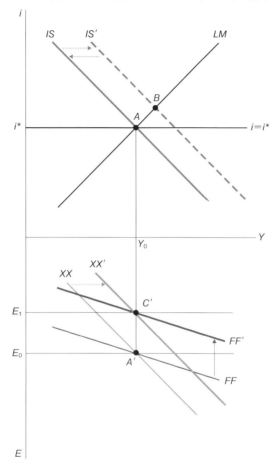

は,最初の所得 Y_0 にとどまることになり,所得に対してまったく影響を及ぼさない.この場合には,政府支出の増加が自国通貨の増価を通じて純輸出を減少させて,国内総生産を変化させないというクラウディングアウトが発生したことになる.

コラム 2　アメリカの双子の赤字

1980年代アメリカにおいては財政赤字と経常収支赤字が同時に拡大したために,これらの赤字の同時発生のことを「双子の赤字(Twin Deficits)」と呼んだ．マンデル＝フレミング・モデルによれば，「双子の赤字」の発生メカニズムは次のように説明される．変動為替相場制度下において，財政支出が増大することによって財政赤字が増大すると，国内金利に上昇圧力が働く．これによって，資本が外国から自国に流入することによって，自国通貨が増価する．自国通貨増価の結果として，輸出が減少し，輸入が増加し，経常収支が悪化する．このようにして，財政赤字が経常収支赤字を引き起こすという「双子の赤字」という現象が見られたのである．

1990年代後半から2000年代半ばにかけて，ふたたびアメリカにおいて経常収支赤字が増大するが，この「双子の赤字」，すなわち財政赤字と経常収支赤字が同時に増大する現象が2000年代初頭に起こった．一方，1990年代後半においてはITブームに乗った設備投資増大が財政赤字の代わりに経常収支赤字を拡大し，2000年代半ばにおいては，住宅投資ブームが経常収支赤字を拡大した（図3-4）．

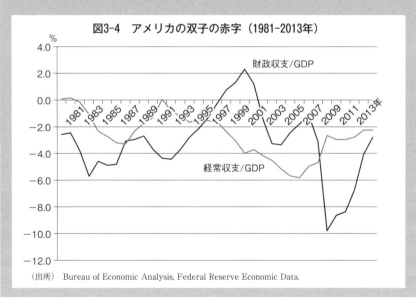

図3-4 アメリカの双子の赤字（1981-2013年）

（出所）Bureau of Economic Analysis, Federal Reserve Economic Data.

3.3 固定為替相場制度下のマクロ経済政策

本節では，マンデル＝フレミング・モデルを利用して，通貨当局が外国為替市場に介入して，為替相場をある相場に固定するという**固定為替相場制度**（Fixed Exchange Rate System）下におけるマクロ経済政策（金融政策と財政政策）の効果を説明しよう．

3.3.1 固定為替相場制度下における金融政策の効果

固定為替相場制度下において，通貨当局が金融緩和政策によって貨幣供給残高を増加すると想定する．図3-5の上半分において，貨幣供給残高が増加することによって，貨幣市場の均衡を意味する LM 線が右方にシフトする．これによって経済は，財市場と貨幣市場の両方が均衡する IS 線と LM' 線の交点 B に向かって移動しようとするために，自国利子率 i は外国利子率 i^* を下回って低下する圧力が働く．そのため，自国の資本が外国に流出し，自国の金融収支は黒字化する．

資本流出（金融収支の黒字化）は，経常収支に変化がないかぎりは，国際収支全体も赤字化する．したがって，図3-5の下半分で，国際収支均衡を意味する FF 線は為替相場を減価させるように下方にシフトする．これによって，為替相場は国際収支均衡を意味する FF' 線と財市場均衡を意味する XX 線の交点に向かって自国通貨が減価する方向に為替相場が変化する圧力が働く．固定相場制度下においては，通貨当局は，自国通貨が減価することを抑制しようとして，外国為替市場に外国通貨を売って自国通貨を買う**外国為替市場介入**（Foreign Exchange Market Intervention）を行う．

この外国通貨売りの外国為替市場への介入は通貨当局が保有する外貨準備を減少させる．この為替介入に対して通貨当局が，貨幣供給残高を変化させない**不胎化政策**（Sterilization）を行わなければ，通貨当局保有の外貨準備の減少は，貨幣供給残高を減少させることになる．そうすると，図3-5の上半分で LM 線が左方にシフトバックすることになる．最初の均衡点 A で LM 線が IS 線と交差するまで LM 線は左方にシフトする．結局，固定為替相場制度下に

図3-5 固定為替相場制度下における金融政策の効果

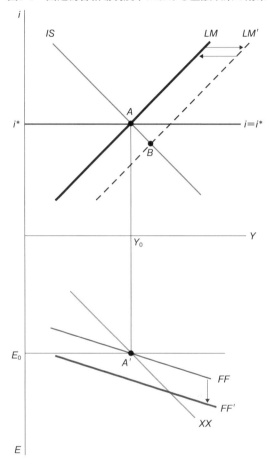

おいては，金融緩和政策を行っても，経済は点 A にとどまることから，所得に対してはまったく影響を及ぼすことができない．

3.3.2 固定為替相場制度下における財政政策の効果

固定為替相場制度下において，拡張的財政政策が行われると想定しよう．拡張的財政政策によって図3-6の上半分で財市場均衡を意味する IS 線が右方へシフトし，図3-6の下半分で財市場均衡を意味する XX 線が右上方にシフトする．

IS' 線と LM 線との交点 B に向かって経済が移動しようとすることから，

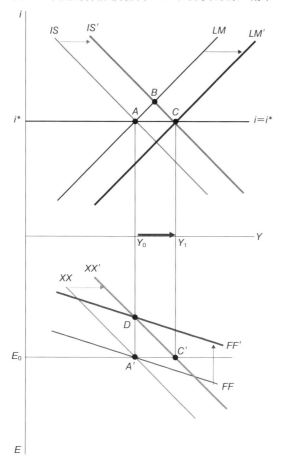

図3-6 固定為替相場制度下における財政政策の効果

自国利子率に対しては上昇圧力がもたらされることになる。自国利子率の上昇圧力は，資本を外国から自国に流入させることになることから，金融収支が赤字化する。したがって資本流入（金融収支の赤字）は経常収支が変わらないかぎりは，国際収支が黒字化する。

この自国への資本流入は，図3-6の下半分で国際収支均衡を意味するFF線を上方にシフトさせる．これによって，為替相場は国際収支均衡を意味するFF'線と財市場均衡を意味するXX'線の交点Dに向かって自国通貨が増価する方向に為替相場が変化する圧力が働く．固定相場制度下においては，通貨当

表3-1 変動為替相場制度・固定為替相場制度下における金融・財政政策の効果

	変動為替相場制度	固定為替相場制度
金融政策	自国通貨減価 GDP 増加	外貨売り介入 貨幣供給縮小 GDP 不変
財政政策	自国通貨増価 GDP 不変	外貨買い介入 貨幣供給増大 GDP 増加

局は為替相場を固定させるために，外国為替市場で自国通貨を売って外国通貨を買う介入を行う．外国通貨買いの為替介入は通貨当局が保有する外貨準備残高を増加させる．

通貨当局が不胎化政策を採らないかぎりは，通貨当局が保有する外貨準備残高の増加は，貨幣供給残高を増加させることになる．そうすると，図3-6の上半分でLM線が右方にシフトすることになる．財市場と貨幣市場の両方が均衡する状況（IS線とLM線の交点）における自国利子率が外国利子率を上回るかぎり，資本が自国へ流入することから，LM線が右方にシフトし続ける．自国利子率と外国利子率が均等化するまで資本が流入することから，経済は最終的にはIS'線とLM'線との交点Cまで移動する．図3-6の下半分では，国際収支不均衡のまま固定為替相場（E_0）で点C'に達する．

拡張的財政政策によって，結局は所得が Y_0 から Y_1 に増加する．このように，固定為替相場制度下においては財政政策が所得に対して有効に影響を及ぼすことができる．

3.4 まとめ

表3-1にまとめられているように，変動為替相場制度と固定為替相場制度との間で，金融政策の効果および財政政策の効果は異なる．変動為替相場制度のもとにおいては，金融緩和政策は金利を引き下げ，一方財政拡張政策は金利を引き上げる．同じ景気刺激のためのマクロ経済政策が金利に対して異なる効果をもたらすことから，資本移動を通じて為替相場に対して異なる効果をもたらす．結果として，金融緩和政策はGDPを増大させる景気刺激効果をもたらす

一方，財政拡張政策は GDP を増大させられないこととなる．

次に，固定為替相場制度のもとにおいては，変動為替相場制度とまったく反対の効果を金融政策と財政政策がもたらす．固定為替相場制度のもとでは，金融緩和政策は為替相場に対して減価圧力をかけるために外国通貨売り・自国通貨買い介入が行われ，貨幣供給量を減少させることとなる．すなわち，金融緩和しようとした金融政策は，結局は為替介入によって金融緩和することができないことを意味する．一方，固定為替相場制度のもとにおいて財政拡張政策は，金融性緩和政策とは異なり，為替相場に対して増価圧力をかける．そのため，為替相場を固定するために外国通貨買い・自国通貨売り介入が行われ，貨幣供給量が増大する．すなわち，財政拡張政策は，結果として金融緩和政策を伴うこととなり，GDP に対して大きな効果をもたらすこととなる．

練習問題

問題 1

完全資本移動のもとにある小国開放経済のマンデル=フレミング・モデルを前提として，以下の小問に答えよ．

(1) 変動為替相場制度のもとで金融緩和政策を実施した場合に，金利，為替相場，GDP に対してどのような効果をもたらすか．マンデル=フレミング・モデルの図を描いて，説明せよ．

(2) 変動為替相場制度のもとで財政拡張政策を実施した場合に，金利，為替相場，GDP に対してどのような効果をもたらすか．マンデル=フレミング・モデルの図を描いて，説明せよ．

(3) 固定為替相場制度のもとで金融緩和政策を実施した場合に，金利，貨幣供給残高，GDP に対してどのような効果をもたらすか．マンデル=フレミング・モデルの図を描いて，説明せよ．

(4) 固定為替相場制度のもとで財政拡張政策を実施した場合に，金利，貨幣供給残高，GDP に対してどのような効果をもたらすか．マンデル=フレミング・モデルの図を描いて，説明せよ．

問題 2
固定為替相場制度のもとでは金融政策には自律性（金融政策によって貨幣供給残高をコントロールできる）が失われるといわれている．その理由について説明せよ．

問題 3
1980年代のアメリカの双子の赤字について，その発生メカニズムを説明せよ．

第4章 国際金融のトリレンマ

この章で学ぶこと

* マンデル゠フレミング・モデルを利用して,「国際金融のトリレンマ」を理解する.

* 自由な国際資本移動のもとでは,金融政策の自律性と為替相場の安定の両方を達成することができないことを学ぶ.

* 各国が直面する「国際金融のトリレンマ」を整理する.

日本は，第2次世界大戦後，1971年8月15日にニクソン・アメリカ合衆国大統領が突然ドルの金交換を停止するというニクソン・ショックが起こるまでは，ブレトンウッズ体制のもとで1ドル＝360円に円をドルに固定し，固定為替相場制度を維持してきた．そういう状況のなかで，円高圧力を抑制するために外国為替市場でドル買い・円売り介入を続けてきたことから，外貨準備残高が累積するにつれて，貨幣供給量が増大し，過剰流動性に直面した．同時に，1970年代以降，資本管理や外国為替管理が緩和されるにつれて，資本が国際的に自由に移動するようになったことから，自律的な金融政策を実施することはいっそう難しくなった．こうして，ブレトンウッズ体制が崩壊し，わが国は1973年より変動為替相場制度に移行することとなった．この変動為替相場制度のもとでは，自律的な金融政策の運営が可能となったものの，外国の金融政策および金利との相違によって，為替相場の乱高下やミスアライメントなど過度の変動が引き起こされることとなった．

本章においては，このような状況について，為替相場の安定と自由な国際資本移動と金融政策の自律性という三つの目標を同時に達成することはできないという「国際金融のトリレンマ」を考察する．第4.1節においては，国際金融のトリレンマについて定義して，問題の所在を整理する．第4.2節では，前章で紹介したマンデル＝フレミング・モデルを利用して，国際金融のトリレンマを理論的に説明する．最後に，各国が異なる国際金融のトリレンマに直面していることから，具体的にいくつかの国の例をあげて，各国が直面する国際金融のトリレンマを整理する．

4.1 国際金融のトリレンマとは？

すべての国は，外国の経済主体と貿易取引，資本取引，金融取引を行っている開放経済であると想定する．そのような開放経済においては，政府は，同時には達成することのできない三つの目標に直面している．第1の目標は**為替相場の安定**（Stability of Exchange Rate），第2の目標は**自由な国際資本移動**（Freedom of Capital Flow），第3の目標は国内の政策目標のために金融政策を実施することのできる**金融政策の自律性**（Autonomy of Monetary Policy）

である．

　これらの目標はすべて望ましい目標である．為替相場の乱高下やミスアライメント（すなわちファンダメンタルズからの中期的な乖離）は貿易取引や資本取引の阻害要因となり，これらの取引量を減少させてしまう．国際資本移動が自由であれば，収益率の高い有利な投資先に資金が集まり，資金運用者にとっても，その有利な投資案件を持つ企業にとっても，望ましい．国内の政策目標のために金融政策が自由に運営することができることは，いうまでもなく国内経済にとって望ましい．

　しかし，これら三つの目標のうち，二つの目標のみは同時に達成することができるが，他の一つの目標は同時に達成することができないため，政府はこれら三つの目標のうちどれかを放棄しなければならない．どの目標を放棄するかを決めなければならないという状況を**国際金融のトリレンマ**（Trilemma of International Finance; Impossible Trinity）と呼ぶ．

　たとえば，もし政府が国内の目的のために金融政策の自律性を確保して，外国の金利から離れて国内金利を誘導しようとするならば，自由な国際資本移動のもとでは，国際的な金利裁定取引を通じて資金が移動し，為替相場が変動する．そのため，為替相場の安定を放棄しなければならない．一方，為替相場の安定を維持したいのであれば，国際的な金利裁定取引を自由に行えないようにするために資本管理や外国為替管理を行って，自由な国際資本移動を放棄しなければならない．あるいは，自由な国際資本移動のもとで為替相場を安定化させようとするならば，国際的な金利裁定を通じて，カバーなし金利平価式（内外金利差＝予想将来為替相場変化率）における予想将来為替相場変化率がゼロとなることから，内外金利差はゼロとなり，自国通貨建て金利と外国通貨建て金利が均等化し，外国の金融政策と異なる金融政策を国内で運営することができなくなる．

4.2　マンデル＝フレミング・モデルにおける「国際金融のトリレンマ」

　これらの状況を**マンデル＝フレミング・モデル**（Mundel-Fleming Model）（詳細は第 3 章を参照）を使って説明しよう．

マンデル゠フレミング・モデルは，次式の体系で表すことができる．

$$Y = C(Y - \bar{T}) + I(i) + \bar{G} + NX(Y - \bar{T}, E) \tag{4.1}$$

$$\bar{M} = L(Y, i) \tag{4.2}$$

$$BP = NX(Y, E) - K\left[i - i^* - \left(\frac{\bar{E} - E}{E}\right)\right] = 0 \tag{4.3a}$$

$$BP = NX(Y, E) - K(i - i^*) = \Delta M \tag{4.3b}$$

$$i = i^* + \left(\frac{\bar{E} - E}{E}\right) \tag{4.4a}$$

$$i = i^* \tag{4.4b}$$

ただし，C：消費，I：投資，G：政府支出，T：租税，NX：純輸出（輸出－輸入），M：貨幣供給残高，L：貨幣需要残高，BP：国際収支，K：金融収支，Y：自国の国内総生産（GDP）あるいは所得，Y^*：外国の国内総生産（GDP）あるいは所得，i：自国通貨建て利子率，i^*：外国通貨建て利子率，E：為替相場，$\bar{E}$：長期均衡為替相場．

　(4.1) 式は，財市場の均衡式を表す．(4.2) 式は，貨幣市場の均衡式を表す．(4.3a)・(4.3b) 式の左辺は，単純化した国際収支を表す．ここでは，国際収支の内訳として，貿易・サービス収支（あるいは貿易収支）と金融収支のみを考える．対外純債権残高はゼロと仮定して，所得収支が均衡しているとみなせば，貿易・サービス収支は経常収支と等しいことを意味する．変動為替相場制度のもとでは，国際収支が均衡するように為替相場が調整されるので，国際収支はつねにゼロとなる．一方，固定為替相場制度のもとでは，ある特定の固定相場において国際収支が不均衡となる場合がある．その場合には，通貨当局が外国為替市場で介入するために，外貨準備が増減する．(4.3b) 式で表されるように，固定為替相場制度のもとでは国際収支の不均衡は貨幣供給残高の変化を引き起こす．(4.4a) 式は，変動為替相場制度下におけるカバーなし金利平価を意味する．将来為替相場の予想形成については**回帰的予想**（Regressive Expectation），すわなち，為替相場が長期均衡為替相場に回帰するという予想を仮定する．回帰的予想のもとで，(4.4a) 式は，完全資本移動と内外資産完全代替の仮定のもとにおけるカバーなし金利平価を意味する．(4.4b) 式は，固定為替相場制度下におけるカバーなし金利平価を意味する．固定為替相場制

図4-1 マンデル＝フレミング・モデル

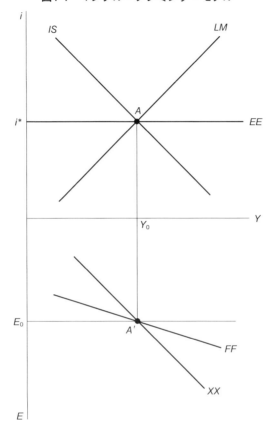

度のもとでは，予想為替相場変化率がゼロとなるため，$i=i^*$として表現される．

このマンデル＝フレミング・モデルは図で表すことができる．内生変数が所得Yと利子率iと為替相場Eであるから，本来は3次元の図を描く必要があるが，二つの2次元の図を組み合わせることで表すことにする．図4-1には，横軸に所得，上方向の縦軸に利子率，下方向の縦軸に為替相場がとられている．図4-1の上半分では為替相場を一定として扱い，下半分では利子率を一定として扱っている．

財市場均衡式を意味する（4.1）式は，これら三つの内生変数を含んでいる

ので，図4-1の上半分に為替相場一定のもとでの財市場の均衡を IS 線として描ける．一方，図4-1の下半分に利子率一定のもとでの財市場の均衡を XX 線として描ける．貨幣市場の均衡式を意味する (4.2) 式は所得 Y と利子率 i の二つの内生変数しか含んでいないので，図4-1の上半分に LM 線として描かれる．国際収支均衡を意味する (4.3a) 式は図4-1の下半分では FF 線として描かれる．FF 線は，所与の利子率のもとで，国際収支を均衡させるような，為替相場と自国所得の関係を表している．国際収支の均衡は，図4-1の上半分では，金利平価式 EE 線で表される．世界利子率 i^* と長期均衡為替相場と現在の為替相場を所与として，EE 線は水平に描かれる．

なお，図4-1の下半分において現在の為替相場が変化すると，EE 線がシフトする．たとえば，自国通貨が増価し，自国通貨建ての外国通貨の為替相場が低下すると，EE 線が上方にシフトする．一方，自国通貨が減価し，自国通貨建ての外国通貨の為替相場が上昇すると，EE 線は下方にシフトする．

4.2.1 自由な国際資本移動のもとでの金融政策の自律性と為替相場の乱高下

マンデル＝フレミング・モデルにおいては，国内の政策目標を優先して，自国の中央銀行が金融緩和政策を行うと，LM 線が右方にシフトする（図4-2）．それによって，国内金利が低下し，瞬間的に発生する内外金利差によって資金が自国から外国へ流出する．国際収支のうち，資本流出によって金融収支は黒字となり，自国通貨の為替相場が減価する．自国通貨の為替相場が減価すると，回帰的予想によって予想将来為替相場変化率がマイナスとなる．そのため，EE 線が下方にシフトする．同時に，自国通貨の為替相場の減価によって，純輸出が増大して，IS 線が右方へシフトする．

このように，自由な国際資本移動のもとでは，金融政策の自律性を維持し，独自の金融政策を行うと，自国通貨を減価させて，自国の GDP を増大させるものの，為替相場は大きく変動することとなる．

図4-2 金融政策の自律性と為替相場の変動

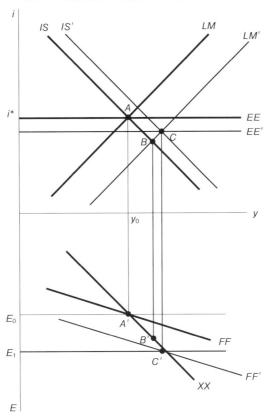

4.2.2 自由な国際資本移動のもとでの為替相場の安定と金融政策の自律性の喪失

次に，自由な国際資本移動のもとで，為替相場の安定を目指して固定為替相場制度を採用したとしよう．その場合には，マンデル゠フレミング・モデルの上半分の図（図4-3）において EE 線が外国利子率と等しい水準（$i=i^*$）に位置することとなる．このような状況において，自国の中央銀行が金融緩和政策を行うと，LM 線が右方にシフトする．それによって，国内金利が低下し，瞬間的に発生する内外金利差によって資金が自国から外国へ流出する．国際収支のうち，資本流出によって金融収支が黒字となり，自国通貨の為替相場を減価

図4-3 為替相場の安定と金融政策の自律性の喪失

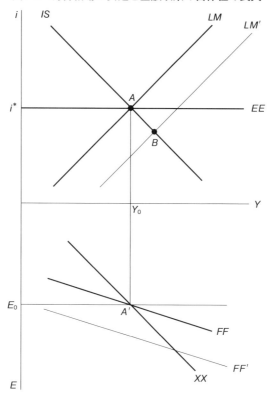

する圧力が外国為替市場に生じる．通貨当局は，為替相場を安定化しようとして，自国通貨買い・外国通貨売りの外国為替介入を実施することになる．そうすると，外国為替介入を実施する前には金融緩和政策によって貨幣供給量が増加するものの，外国為替介入後は，自国通貨買い介入のために貨幣供給量が元の水準に戻ってしまう．

このように，自由な国際資本移動のもとでは，為替相場の安定を追及しようとして外国為替市場への介入を実施すると，金融政策の自律性が失われることになる．

4.2.3 資本管理のもとでの金融政策の自律性と為替相場の安定

前述したように，自由な国際資本移動を前提とすると，金融政策の自律性か

図4-4 資本管理下の金融政策の自律性と為替相場の安定

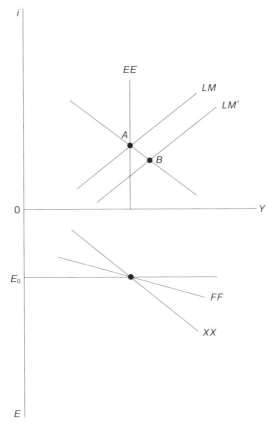

為替相場の安定のどちらかを選択しなければならない．それでは，自由な国際資本移動を放棄して，資本管理や外国為替管理を行うと，金融政策の自律性と為替相場の安定の両方を達成することができるのであろうか．

　資本管理や外国為替管理によって国際資本移動を完全に規制することができると，金利差に国際資本移動が反応しなくなる．その場合には，国際収支均衡を示す EE 線は金利と無関係となり，垂直に描かれることになる（図4-4）．このような状況において，自国の中央銀行が金融緩和政策を行うと，LM 線は右方にシフトする．それによって，国内金利は低下する．内外金利差が生じるが，資本管理によって資金が自国から外国へ流出することはない．そのため，

図4-5 国際金融のトリレンマ

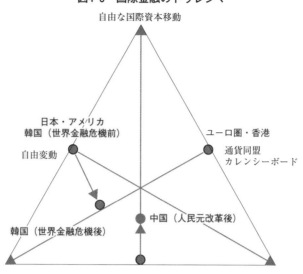

為替相場にも変化が生じない．

4.3 各国が直面する「国際金融のトリレンマ」

　各国の政府によって，前述した三つの目標（為替相場の安定，自由な資本移動，国内政策目標のための金融政策の自律性）の間のウェイトのかけ方が異なる．とりわけ，東アジア諸国の間でその相違は顕著である．図4-5は，「国際金融のトリレンマ」を端的に図示したものである．三角形の三つの頂点はそれぞれ三つの目標（為替相場の安定，自由な資本移動，国内政策目標のための金融政策の自律性）を意味する．そして，その反対側の各辺には，それぞれの目標の反対の状況（為替相場の安定に対して自由変動，自由な資本移動に対して資本管理・外国為替管理，国内政策目標のための金融政策の自律性に対して通貨同盟・カレンシーボード）を示している．

　アメリカや日本は，自由な国際資本移動のもとで国内政策目標のために金融政策を運営していることから，為替相場の安定を放棄して，変動為替相場制度を採用せざるをえない．そのために為替相場は乱高下したり，ミスアライメン

トを起こしている．アジアでは韓国もまた，世界金融危機以前は，日本と同様であった．ただし，アジア通貨危機の際に国際通貨基金（IMF）の金融支援を受け，インフレーション・ターゲッティングの金融政策を採用することを金融支援のコンディショナリティとされたために，韓国は**インフレーション・ターゲッティング**（Inflation Targeting）を採用している．しかし，世界金融危機以前に流入していた欧米金融機関からの資金が世界金融危機の影響を受けて急激な逆流が起こり，韓国ウォンは大暴落した．そのため，韓国の通貨当局は，資本規制を導入して，為替相場の安定を図ろうとしている．

　アメリカや日本が変動為替相場制度のもとで為替相場の乱高下に悩まされているのに対して，香港は，香港ドルを米ドルに固定させるという**カレンシーボード制度**（Currency Board System）を採用して，為替相場の安定を享受している．カレンシーボード制度とは，固定為替相場で外国通貨（香港の場合は米ドル）と自国通貨を交換し，外貨準備残高と等しいだけの自国通貨を発行する制度である．そして，香港は，カレンシーボード制度のもとで金融政策の自律性を放棄し，国際金融都市として自由な国際資本移動を享受している．香港においては，貿易の大半が中国本土と行われていることから，米ドルに香港ドルを固定させておいてよいのか，むしろ人民元に香港ドルを固定させたほうがよいのではないかという，議論が研究者の中で行われている．しかし，人民元の問題は，**経常勘定取引の交換性**（Convertibility of Current Account Transaction）はあるものの，**資本勘定取引の交換性**（Convertibility of Capital Account Transaction）が資本管理や外国為替管理によって制限されているために，国際金融都市香港としては，人民元に香港ドルを固定させることに躊躇させることとなっている．

　また，EUのうち，**通貨同盟**（Monetary Union）を結んでいる19カ国（ドイツ，フランス，イタリア，スペイン，オランダ，ベルギー，オーストリア，フィンランド，ポルトガル，アイルランド，ルクセンブルク，ギリシャ，スロヴェニア，キプロス，マルタ，スロヴァキア，エストニア，ラトヴィア，リトアニア）は単一共通通貨**ユーロ**（Euro）を導入し，ユーロ圏を形成している．これらユーロ圏諸国では，欧州中央銀行（ECB）が統一した金融政策を実施し，自由な国際資本移動と域内為替相場の半永久的な安定性を享受している．

コラム　中国の国際金融のトリレンマの変容

　中国においては，国際金融のトリレンマが変容しつつある．国際金融のトリレンマの3要素（自由な資本移動，為替相場の安定，金融政策の自律性）のうち，自由な資本移動については徐々にではあるが，資本管理を緩和しつつある．従来は，資本管理を厳しく実施することによって，国際金融のトリレンマの自由な資本移動を放棄していたことから，為替相場の安定と金融政策の自律性の両方を達成することができていた．しかしながら，資本移動の自由化が徐々に進展するなかで，為替相場の安定と金融政策の自律性の両方を達成することが難しくなり，どちらか一方を選択しなければならなくなりつつある．

　図4-6は，人民元/ドル相場と中国国内の消費者物価指数のインフレ率の推移を示している．2005年7月21日，中国政府は人民元改革，すなわち，米ドルに対する人民元の固定為替相場制から米ドルを含む通貨バスケットを参照とした管理フロート制度に移行すると発表した．図を見ると，通貨バスケットを参照すると発表したものの，実際には人民元の米ドルに対してある程度安定的な切上げが徐々に行われてきたことがわかる．しかし，人民元は，世界金融危機が深刻化した2008年夏から2010年夏にかけては米ドルに対して固定する，ドル・ペッグ制度に戻ったように見える．その後，人民元は安定的に米ドルに対して徐々に切り上がったものの，2012年初からふたたび人民元は米ドルに対して固定される状況となった．それは，2012年中続いた．

　このように人民元はドル・ペッグ制度に回帰したといえる．このドル・ペッグ制度に回帰したときに，中国国内のインフレ率は低下して低い水準にあったことがわかる．それに対して，人民元がドルに対して徐々に切り上げられた時期は，中国国内のインフレ率が高かった．すなわち，中国国内のインフレ率が高く，金融政策の自律性を持たせて，金融引締政策を実施するときには，人民元を米ドルに対して固定することができず，切上げ基調となった．それに対して，中国国内のインフレ率が低く，金融政策の自律性を持たせて，金融引締政策を実施する必要がないときには，人民元

を米ドルにペッグする為替相場の安定性を確保することができた．

　2015年8月には，中国経済の成長率の鈍化および中国国内の株価バブルの崩壊に対して，輸出増による景気刺激をねらって中国人民銀行は，人民元を米ドルに対して切り下げる為替相場政策を採った．すなわち，2015年8月11日，前日の終値6.2097人民元/ドルから基準値を1.8％切り下げた．続けて翌日8月12日には1.6％切り下げて6.3306人民元/ドルへ，さらに8月13日には1.1％切り下げて，6.4010人民元/ドルとした．この3日連続の切下げによって，人民元はドルに対して4.5％切り下げられた．この人民元切下げによる諸外国への影響が懸念されている．

図4-6　人民元/ドル相場と中国のインフレ率（2000-2015年）

（出所）IMF, *International Financial Statistics*.

　しかし，統一した金融政策を実施せざるを得ないために，各国の経済状況を考慮に入れた金融政策を行うことは困難となっている．また，域外の通貨，たとえば，英ポンドや米ドルや日本円に対してはユーロの為替相場が変動しており，世界金融危機やギリシャ財政危機を通じてユーロの暴落を経験している．

　中国では，2005年7月21日に**人民元改革**（RMB Reform）が発表される以前

には，国内政策目標のために金融政策を運営する一方，為替相場の安定，とりわけ人民元を米ドルに固定する**ドル・ペッグ制度**（Dollar Peg System）が採用されていた．そのために，自由な国際資本移動を放棄し，厳しい資本管理と外国為替管理を行っていた．しかし，2005年7月21日に前述の人民元改革を発表し，ドル・ペッグ制度をやめて，通貨バスケット（米ドル，ユーロ，日本円など）を参照とした管理フロート制度に移行した．実際には，世界金融危機発生直後の一時期にドル・ペッグ制度に戻ったものの，通貨バスケットではなく米ドルを参照として徐々に人民元を切り上げるという**クローリング・ペッグ制度**（Crawling Peg System）を採用している．そのために，国際資本移動の自由度が徐々に高まっている．それは，オフショア市場に限定されているが，人民元の国際化に反映されている．

一方，人民元の国際化は，前述したように，資本勘定取引の交換性が資本管理や外国為替管理によって制限されたままであるため，貿易取引などの経常勘定取引でしか進んでいないのが現状である．また，一部の資本勘定取引の交換性は**人民元オフショア市場**（RMB Offshore Market）に限定されて，ゆっくりと進んでいる．このような部分的な人民元の交換性は，人民元の国際化を部分的にしか進めていない．とりわけ，人民元の対米ドル為替相場が徐々に変動性を高めるにつれて，外国為替リスク管理が必要となる．しかし，投機にも利用されかねないという理由から，先物取引やオプション取引や非居住者による人民元建て借入れなどの制限が存在するかぎり，人民元の国際化は不十分なままであろう．しかし，前掲の図4-5にあるように，「国際金融のトリレンマ」の中で中国のポジションが為替相場の変動性を高める方向に進むにつれて，外国為替リスク管理のため，資本管理や外国為替管理の規制緩和が必要となってくる（関根（2015））．

練習問題

問題1

国際金融のトリレンマとは何か．

問題 2

マンデル゠フレミング・モデルを利用して，自由な国際資本移動のもとで為替相場の安定を追求しようとすると，金融政策の自律性が失われることを説明せよ．

問題 3

国際金融のトリレンマに関して，日本とユーロ圏と中国の状況を説明せよ．

＃ 第5章 マクロ経済政策の国際協調

この章で学ぶこと

* 国際的な相互依存を考慮した2国モデルを学ぶ．

* スピルオーバー効果の存在が政策協調の意義を正当化する根拠であることを理解する．

* ケインジアンのモデルでは政策協調の意義が強調される一方，ミクロ経済学的基礎を重視したニュー・ケインジアンのモデルではケインジアンほど政策協調の意義を強調しないことを理解する．

2008年9月のリーマン・ブラザーズの破綻に端を発した金融危機の後，先進国と新興国は緊密な**政策協調**（Policy Coordination）を行った．それが功を奏してか，2010年には世界経済は緩やかな回復基調へ戻った．しかし，世界経済は依然として脆弱性を内包しており，日本やその他の主要国では，世界経済の持続的成長の実現に向けて，G20，G8，経済協力開発機構（OECD）などの枠組みを通じた政策協調の必要性が議論されている．

一方，ニュー・ケインジアン（New Keynesian）の研究では政策協調の効果は認められない，あるいは認められても限定的であることが示されている．従来から国際的な政策協調は世界の関心を集める重要な問題であり，最近の研究が政策協調の効果に疑問を投げかけたため，政策協調は依然として国際金融論あるいは国際マクロ経済学の大きなテーマとなっている．本章では，小国開放経済では考慮することができなかった国際間の相互依存関係の分析に便利な2国モデルを用いて，国際的な政策協調の意義や役割について議論する．

5.1 ケインジアン・モデルでの議論と問題点

本節では伝統的なケインジアン・モデルにしたがって政策協調の効果を議論する．先にも述べたように，政策協調を議論するためには国際的な相互作用を考慮する必要があるため，ここでは**2国モデル**（Two-country Model）を提示する．第2章の分析では，自国は小国で外国からの影響を受ける一方，外国には何ら影響を及ぼさないという，小国開放経済を仮定した．2国モデルでは，小国開放経済モデルとは異なり，自国での出来事は外国にも影響する一方で，外国の出来事は自国にも影響を及ぼす．つまり，2国間の相互依存関係が明示されている．もちろん現実の世界は2カ国ではなく190カ国以上からなるが，議論を整理するために2国だけでなる世界をここでは考える．たとえば，日本とアメリカ，あるいは日本と欧州それぞれの相互依存関係を考えるとき2国モデルが有用であることを理解するのは容易であろう．

ここでは2国のうち1国をH国，もう一方をF国と呼び，単純化のためH国とF国は対称的であるとする．

伝統的なケインジアン・モデルの特徴は，第4章で示されたマンデル＝フレ

ミング・モデルでも仮定されたように，**名目価格の硬直性**（Nominal Rigidity）が仮定されていることである．この仮定のもとでは**古典派の二分法**（Classical Dichotomy）は成立せず，名目変数の変化は実質変数の変化を招く．たとえば，いま，$t-1$ 期に決定された賃金が t 期の賃金として支払われるとしよう．完全競争市場で企業が利潤最大化していれば賃金と財価格は等しくなり，財価格も $t-1$ 期に設定されるのと同じことになる．そうすると，t 期の名目貨幣供給の変化は，財価格の変化が1期遅れているため，t 期の実質貨幣供給を増加させ，ひいては t 期の財需要の上昇を引き起こす．そこで，自国財需要に関して次式が成立すると仮定する．

$$y_{H,t} - y = \varphi_1[\Delta m_t - E_{t-1}(\Delta m_t)] + \varphi_2[\Delta m_t^* - E_{t-1}(\Delta m_t^*)] + \xi_t \quad (5.1)$$

ここで，小文字の変数はとくに定めがなければ任意の変数 V_t の対数値，つまり，$v_t \equiv \ln V_t$，$\Delta v_t \equiv v_t - v_{t-1}$ は V_t の変化率，$E_{t-1}(\cdot)$ は $t-1$ 期の条件付き期待値を示す演算子である．なお，$Y_{H,t}$ は H 国の GDP，M_t および M_t^* はそれぞれ H 国，F 国の名目貨幣供給残高である．また，長期均衡での GDP は H 国，F 国ともに Y であるとする．(5.1) 式の左辺は GDP の長期均衡の水準からの乖離を示している．右辺は H 国および F 国の名目貨幣供給残高変化率の予測誤差および予期せぬ需要ショック ξ_t からなることを示している．$E_{t-1}(\Delta m_t)$ は $t-1$ 期に利用可能な情報すべてを用いて予想された t 期の H 国の名目貨幣供給残高の変化率である．したがって，$\Delta m_t - E_{t-1}(\Delta m_t)$ は H 国の名目貨幣供給残高変化率の予測誤差といえる．右辺第2項についても同様のことがいえるので，右辺第2項は F 国の名目貨幣供給残高変化率の予測誤差である．φ_1, φ_2 は時間を通じて一定のパラメーターで，財需要の名目貨幣供給残高変化率の予測誤差の弾力性である．

ここでは**合理的期待**（Rational Expectation）を仮定，つまり人々は将来起こりうることを利用可能な情報をすべて用いて予想すると仮定するので，(5.1) 式の含意は以下のとおりである．名目貨幣供給残高変化率がたとえ上昇してもその上昇がすでに正確に予想されていたのであれば，名目貨幣供給残高変化率に等しいだけのインフレ率の上昇も予想される．そうすると，実質貨幣供給残高変化率の上昇が正確に予想され，GDP がその長期均衡の水準を超えることはない．一方で予想以上に名目貨幣供給残高が上昇した場合，実質貨幣

供給残高の変化率は上昇し，GDP がその長期均衡の水準を超えることになる．したがって $\varphi_1 > 0$ である．F 国の名目貨幣供給残高変化率の予測誤差も H 国の GDP の長期均衡水準からの乖離に影響を及ぼす．F 国の名目貨幣供給残高変化率が予測以上に大きければ F 国のインフレ率は上昇し，相対的購買力平価の成立を仮定すると，名目為替相場の変化率は下落し H 国通貨の増価を招く．この H 国通貨の増価は H 国財価格の相対的な上昇を招き，H 国財需要の下落を通じて GDP をその長期水準より低下させる．このとき $\varphi_2 < 0$ である．しかし，一方で F 国のインフレ率の上昇は F 国の実質利子率を低下を通じて F 国財のみならず H 国財の需要も上昇させ，H 国の GDP をその長期均衡水準より上昇させる．このとき，$\varphi_2 > 0$ である．どちらの効果が大きいかは，φ_2 の符号の実証分析に依存する．なお，F 国の名目貨幣供給残高変化率の予測誤差が H 国の GDP の長期水準からの乖離に及ぼす影響を**スピルオーバー効果** (Spillover Effects) と呼ぶ．

先にも述べたように，ここでは対称的な 2 国，H 国と F 国を仮定する．このため，F 国でも (5.1) 式と同様の GDP の長期水準からの乖離と名目貨幣供給残高変化率の予測誤差の関係を示す式が成立する．

次に，両国の中央銀行が直面している問題を考える．両国の中央銀行は二つの政策目標をもっていて，その政策目標が実現できないと，それを自らの損失と考えると仮定する．中央銀行はその損失の最小化に注力していて，その損失は次式のような関数で与えられるとする．

$$L_t = (y_{H,t} - y)^2 + \chi (\Delta m_t)^2 \tag{5.2}$$

$$L_t^* = (y_{F,t} - y)^2 + \chi (\Delta m_t^*)^2 \tag{5.3}$$

ただし，L_t および L_t^* はそれぞれ H 国，F 国の中央銀行の損失，$Y_{F,t}$ は F 国の GDP，χ は中央銀行が損失の最小化に際して名目貨幣供給残高変化率に注力するウェイトである．(5.2)，(5.3) 式の右辺の第 1 項は，中央銀行の政策目標の一つが GDP をその長期均衡水準と一致させることであることを示している．中央銀行は GDP がその長期均衡水準を下回っても上回ってもそれが自らの損失になると考えている．2 乗の項になっているのはそのためである．第 2 項は，名目貨幣供給残高の変化率を安定化させることが政策目標であることを示していて，さらに GDP の安定化への注力度を 1 とすると，χ だけ名目貨

幣供給残高の変化率の安定化に注力することを示している．名目貨幣供給残高の上昇や下落は，たとえ価格が硬直的であっても，やがてインフレあるいはデフレを招く．したがって中央銀行は，このインフレやデフレを抑制するために名目貨幣供給残高の変化率を安定化しようと考えている，とここでは仮定する．

ここで，両国の中央銀行が損失を最小化するに当たって二つのケースを考える．一つは両国の中央銀行が協力して (5.2), (5.3) 式を最小化しようとするケース，もう一つは協力することなくお互いが相手の戦略を所与として自らの損失を最小化しているケースである．前者の解は**協力解**（Cooperative Solution），後者の解は**ナッシュ均衡**（Nash Equilibrium）と呼ばれる．

ここではまずナッシュ均衡について考える．ナッシュ均衡は，(5.1) 式の制約の下で (5.2) 式，F 国での (5.1) 式に相当する式を制約として (5.3) 式のそれぞれを最小化することで解が得られる．それぞれの中央銀行は政策手段として名目貨幣供給残高変化率を採用しているとすると，それぞれの中央銀行の損失最小化のための 1 階の条件は次式で示される．

$$\begin{aligned}\frac{\partial L_t}{\partial m_t} &= 2\varphi_1(y_{H,t}-y) + 2\chi \Delta m_t = 0 \\ \frac{\partial L_t^*}{\partial m_t^*} &= 2\varphi_1(y_{F,t}-y) + 2\chi \Delta m_t^* = 0\end{aligned} \quad (5.4)$$

(5.4) 式の 1 行目は H 国の，2 行目は F 国のそれぞれの中央銀行の損失最小化のための 1 階の条件である．1 行目の式は，H 国の中央銀行が $\Delta m_t = -\varphi_1/\chi(y_{H,t}-y)$ となるように名目貨幣供給残高の変化率を調整することで損失が最小化されることが示されている．つまり，いま仮に H 国で GDP がその長期均衡水準を超えようとしているのであれば，名目貨幣供給残高の変化率を下落させることが損失の最小化につながることを示している．GDP がその長期均衡水準を超える原因は自国の名目貨幣供給残高の予測誤差の上昇である．したがって $t-1$ 期の予測と同じ水準に名目貨幣供給残高を下落させれば，GDP はその長期水準と等しくなろうとする．また，この名目貨幣供給残高の変化率の下落はインフレ傾向の抑制にもつながる．F 国の中央銀行についても同様のことがいえる．

ここで重要なことは，(5.4) 式がスピルオーバー効果を考慮していないこと

である．(5.1) 式が示すように，GDP のその長期水準からの乖離は自国の名目貨幣供給残高変化率の予測誤差のみならず，外国の名目貨幣供給残高変化率の予測誤差にも依存する．しかし (5.4) 式は，自国の名目貨幣供給残高変化率を調整することしか考えていないことを示している．外国の名目貨幣供給残高の予測誤差は自国の GDP のその長期水準からの乖離を生じさせる．しかし，(5.4) 式はその点に関しては対応する政策を有していないことを示している．これは，自国の中央銀行は自国の名目貨幣供給残高変化率しか政策手段としてもたないことからも明らかである．

次に，両国の中央銀行が協力して損失を最小化するケースを考えよう．このとき，中央銀行の**損失関数**（Loss Function）は次式で示される．

$$L_t^W = \frac{1}{2} L_t + \frac{1}{2} L_t^* \tag{5.5}$$

(5.5) 式は両国の中央銀行にとっての損失は自国の損失だけでなく外国の損失も含まれることを意味している．なお，右辺に 1/2 が現れているが，これは単純化のために両国の規模または人口が等しいと仮定しているためである．

H 国の中央銀行は (5.5) 式を (5.1) 式の制約のもとで最小化し，F 国の中央銀行は (5.5) 式を F 国において (5.1) 式に相当する式の制約のもとで最小化する．両国の中央銀行の損失最小化のための 1 階の条件は次式で示される．

$$\frac{\partial L_t + \partial L_t^*}{\partial m_t} = 0$$
$$\frac{\partial L_t + \partial L_t^*}{\partial m_t^*} = 0$$

1 行目の式，2 行目の式はそれぞれ H 国，F 国の中央銀行の 1 階の条件である．この 1 階の条件は協力解と呼ばれ，(5.4) 式とは異なり，中央銀行はスピルオーバー効果を考慮することを示している．これは国際政策協調に関するこれまでの基本的な視点である．つまりこのスピルオーバー効果が政策協調によって考慮されるため，政策協調により損失を減少させることができる，というのが伝統的なケインジアンの主張なのである．

しかし近年，こうしたケインジアンの主張は批判される機会が多くなってきた．第 2 章では家計や企業の最適化問題に基づいてモデルを構築し，議論を行

った．第2章のモデルには，この後第5.2節で紹介するモデルと同じく，家計や企業といった経済主体が効用や利潤を最大化するといったミクロ経済学のモデルが導入されていた．しかし，本節のモデルは，第3章のモデルと同じく，ミクロ経済学のモデルは導入されていない．したがって，政策協調の効果を導き出す鍵となるスピルオーバー効果がはたしてミクロ経済学のモデルを導入してもなお強調されるのかどうかという疑問が残されている．さらに，こうしたケインジアンのモデルでは，損失関数に頑健な根拠がない．GDPのその長期均衡水準の乖離からの安定化や名目貨幣供給残高の成長率の安定化を通じた一般物価インフレ率のトレンドの安定化がはたしてこのモデルでの真の損失の最小化につながるのかはまったく不明である．そこで，第5.2節，第5.3節では，ケインジアンに替えてニュー・ケインジアンと呼ばれる学派のモデルを用いて政策協調の効果について検討する．

5.2 ニュー・ケインジアンの2国モデル

ニュー・ケインジアンはミクロ経済学的基礎（Microeconomic Foundation）を重視したモデルを用いて，独占力や名目価格の硬直性が経済に与える影響を分析し，政策提言を行う学派で，1990年代後半から脚光を浴びている．ミクロ経済学の基礎とは，ミクロ経済学ですでにモデル化された個別の経済主体の行動を基礎にして，マクロ経済学のモデルを構築することである．第2章で紹介したモデルはミクロ経済学的基礎を伴う小国開放経済モデルであった．そこでは家計や企業といった経済主体が効用や利潤を最大化するといったミクロ経済学のモデルが導入されていた．また，ニュー・ケインジアンは，ケインズが着目したように名目価格の硬直性にとくに焦点を当てて分析を行う．ここでは，このようなミクロ経済学のモデルが導入され，かつ名目価格の硬直性が仮定された2国モデルを導出し，政策協調の効果について議論する．

5.2.1 家計の問題と消費の決定

ここでは二つの財を2期間にわたって消費する2国，H国とF国を考える．H国の家計の効用関数は次式で与えられるとする．

$$U_1 = u(C_1, N_1) + \beta u(C_2, N_2) \tag{5.6}$$

ただし，U_1 は家計の生涯効用，C_1，C_2 はそれぞれ第 1 期，第 2 期の消費，N_1，N_2 はそれぞれ第 1 期，第 2 期の労働（量），$u(\cdot)$ は効用関数を示す演算子，β は主観的割引因子である．第 2 章の効用関数（2.2）式は消費のみを含んでいたが，ここでは明示的に労働も含む効用関数を考える．このモデルでの 2 国は対称的であると仮定する．つまり，H 国と F 国は規模や選好が同一であることを仮定する．したがって F 国の家計の効用関数は（5.6）式と同様に与えられる．後の議論を簡単にするため，ここでは効用関数を $u(C, N) \equiv \ln C - 1/2 N^2$ と定式化する．この効用関数のもとでは，消費の限界効用は（2.2）式と同じく逓減する一方，労働の限界不効用は逓増する．

この経済では，家計は消費する一方，労働を企業に提供し賃金を受け取る．したがって家計の第 1 期および第 2 期の予算制約式は次式で示される．

$$C_1 = \frac{W_1}{P_1} N_1 - B_2^P$$

$$C_2 = \frac{W_2}{P_2} N_2 + R_1 \left(\frac{P_2}{P_1}\right)^{-1} B_2^P$$

ただし，P_1，P_2 はそれぞれ第 1 期，第 2 期の消費者物価指数（Consumer Price Index; CPI），B_2^P は第 1 期末の家計の貯蓄，W_1，W_2 はそれぞれ第 1 期，第 2 期の名目賃金，$R_1 = 1 + i_1$ は第 1 期のグロスの名目利子率，i_1 は第 1 期の名目利子率である．ここで，$R_1 \left(\frac{P_2}{P_1}\right)^{-1}$ は第 1 期のグロスの実質利子率と解釈できる．（2.3）式と同じく，異時点間の予算制約式は各期の予算制約を組み合わせることで得られ，次式で示される．

$$C_1 + R_1^{-1} C_2 = \frac{W_1}{P_1} N_1 + R_1^{-1} \frac{W_2}{P_2} N_2 \tag{5.7}$$

なお，F 国の家計の異時点間の予算制約式も（5.7）式と同様に示される．

H 国の家計は（5.7）式の制約のもとで（5.6）式を最大化するように，第 1 期，第 2 期の消費および労働を決定する．この問題は次式で与えられる．

$$\max_{C_1, C_2, N_1, N_2} [u(C_1, N_1) + \beta u(C_2, N_2)]$$

この問題は，第 2 章でも示したようにラグランジュ未定乗数法で解くことが

でき，その1階の条件から，次式で示される最適化条件が得られる．

$$\beta\left(\frac{P_1 C_1}{P_2 C_2}\right) = R_1^{-1} \tag{5.8}$$

$$\frac{W_1}{P_1} = N_1 C_1 \tag{5.9}$$

(5.8) 式は，(3.4) 式と同様，オイラー方程式から得られる異時点間の最適化条件である．(5.9) 式は同時点間の最適化条件で，第1期だけではなく第2期においても成立する．(5.6) 式が示すように，この家計は消費すると効用が上昇し，労働すると効用が下落する．しかし，労働の対価である賃金を受け取らなければ所得を得ることができず，ひいては消費することができない．したがって，この家計は消費と労働のトレードオフに直面している．(5.9) 式はこのトレードオフのもとでの消費と労働の最適な配分を示している．つまり，CPI で基準化された名目賃金で測った消費の限界効用と労働の限界不効用が等しくなるように消費と労働を分配することが最適であることを示している．なお，F国においても (5.8) 式，(5.9) 式のような最適化条件が成立する．

第3章では完全予見を仮定した．つまり将来起こりうることはすべて予測することが可能であると仮定した．ここでは完全予見に替わって合理的期待を仮定する．また，いま第1期，第2期と呼んでいるのを一般化して t 期，$t+1$ 期と呼ぶことにする．これは任意の2期間において (5.8) 式，(5.9) 式が成立するととらえるのと同義である．このとき，(5.8) 式，(5.9) 式は次式のように示される．

$$\beta \mathrm{E}_t \left(\frac{P_t C_t}{P_{t+1} C_{t+1}}\right) = R_t^{-1} \tag{5.10}$$

$$\frac{W_t}{P_t} = N_t C_t \tag{5.11}$$

ただし，$\mathrm{E}_t(\cdot)$ は t 期の条件付き期待値を示す演算子である．この条件付き期待値を示す演算子が付された変数は，その変数の合理的期待に基づく予想値を示している．つまり，t 期で利用可能な情報をすべて用いて予想した予想値である．また，CPI は $P_t = \frac{1}{2}(P_{H,t} + P_{F,t})$ と定義する．ただし，$P_{H,t}$，$P_{F,t}$ はそれぞれH国，F国で生産された財の価格である．つまり，$P_{H,t}$，$P_{F,t}$ はそれぞ

れ H 国財, F 国財の価格, もっと言えばそれぞれ H 国, F 国の生産者物価指数 (Producer Price Index; PPI) あるいは GDP デフレーターである.

H 国と F 国の金融市場は完全で, 裁定取引を通じて両国の金融資産の期待収益率は等しくなっていると仮定する. このため第6章で説明するカバーなし金利平価式が成立している.

5.2.2 企業の最適化問題

ここでは単純化のために, 生産要素としては労働だけが有効で, 次式で示される単純な技術を保有していると仮定する.

$$Y_{H,t} = A_{H,t} N_t \tag{5.12}$$

ただし, $A_{H,t}$ は H 国の生産性である. (5.12) 式は, 生産性を無視すれば労働量に等しいだけ生産が行われることを示している. なお, ここでは生産性は外生変数であると仮定する.

企業は独占的競争市場で利潤最大化に努めている. 独占的競争市場で活動するため, 企業は利潤最大化のために価格を選択することができる. ただし, 価格を選択する機会はつねに与えられるわけではなく, $1-\alpha$ の割合の企業だけが各期に最適な価格を選択することができ, 残りの α の割合の企業は前期の価格で今期も販売せざるを得ないこととする. これは現実の経済で, 生鮮食料品や燃料の価格が毎日変動するのに対して, 日用品や大学の授業料の変動が緩慢であることを描写している. このとき, 企業の利潤最大化問題は次式で示される.

$$\max_{\tilde{P}_{H,t}} \left[(\tilde{P}_{H,t} - UC_t^n) \tilde{Y}_{H,t} + \frac{\alpha}{R_t} E_t (\tilde{P}_{H,t} - UC_{t+1}^n) \tilde{Y}_{H,t+1} \right]$$

ただし, $\tilde{P}_{H,t}$ は企業が価格改定の機会を得たときに選択する価格, UC_t^n は名目単位費用, $\tilde{Y}_{H,t} \equiv (\tilde{P}_{H,t}/P_{H,t})^{-\varepsilon}(C_{H,t} + C_{H,t}^*)$ は価格改定が行われたときの財需要, ε は財需要の価格弾力性の逆数, $C_{H,t}$ は H 国財の H 国での需要, $C_{H,t}^*$ は H 国財の F 国での需要である. 以下では*が付された変数は F 国の変数とする. なお, $(\tilde{P}_{H,t} - UC_t^n) \tilde{Y}_{H,t}$ は利潤を示している. α の割合の企業は $t+1$ 期も t 期に選択した価格で利潤最大化を行う必要があるため, $t+1$ 期の利潤に α がかかった項が最大化問題にあらわれている. また, $t+1$ 期の利潤に

$1/R_t$ がかかっているが,これは割引現在価値に引き直しているためである.

この最大化問題の1階の条件は次式で示される.

$$\widetilde{P}_{H,t} = \frac{\varepsilon}{\varepsilon-1} \mathrm{E}_t \left[\frac{MC_t^n \widetilde{Y}_{H,t} + \frac{\alpha}{R_t} MC_{t+1}^n \widetilde{Y}_{H,t+1}}{\widetilde{Y}_{H,t} + \frac{\alpha}{R_t} \widetilde{Y}_{H,t+1}} \right] \quad (5.13)$$

ただし,$MC_t^n = W_t/A_{H,t}$ は名目限界費用である.(5.13)式は,このモデルで企業は t 期,$t+1$ 期の名目限界費用の和を t 期,$t+1$ 期の財需要の和で除したもの,つまり平均的な限界費用に一定のマークアップ率 $\varepsilon/(\varepsilon-1)$ を乗じた水準に価格を設定することを示している.(5.13)式は各期に $1-\alpha$ の割合の企業だけが最適な価格を選択できるという仮定のため,一見複雑に見える.しかし,毎期すべての企業が最適な価格を選択できるとき,つまり $\alpha=0$ のとき,(5.13)式は次式のように簡単な式となる.

$$P_{H,t} = \frac{\varepsilon}{\varepsilon-1} MC_t^n \quad (5.14)$$

(5.14)式は,毎期すべての企業が最適な価格を選択するとき,ミクロ経済学が教えるように,このモデルでも価格は限界費用に一定のマークアップ率を乗じた水準に設定されることを示している.なお,左辺が $\widetilde{P}_{H,t}$ から $P_{H,t}$ に置き換わっているのは,すべての企業が最適な価格を選択すれば $\widetilde{P}_{H,t}$ は $P_{H,t}$ と等しくなるためである.F国の企業の1階の条件も(5.13)式と同様に与えられる.

企業が独占的競争力をもつことで独占利潤が生じ,家計にこの利潤が還元されなければ,完全競争市場を仮定したときよりも消費は少なくなる.しかし,ここでは単純化のために政府が所得の再分配を行い,消費は完全競争市場のもとでの水準と等しくなっていると仮定する.

このモデルでは,企業は利潤最大化のための最適な価格が毎期 $1-\alpha$ の割合の企業にしか与えられない.つまり,名目価格の硬直性が仮定されている.このため,このモデルには古典派の二分法が教えるように価格変化の影響を受けない長期均衡でのGDPと名目価格の硬直性を原因とする短期均衡でのGDPとが存在する.長期均衡では企業は(5.14)式のように価格を設定する.

5.2.3 市場の清算条件

市場の清算条件は次式で示される.
$$Y_{H,t} = C_{H,t} + C_{H,t}^* \tag{5.15}$$

(5.15) 式はやはり市場の清算条件である (2.15) 式とはいくぶん異なる. これは, このモデルでは政府支出は存在せず, 生産要素は労働のみで資本蓄積のための投資が行われないためである. また, H 国財の F 国での需要 $C_{H,t}^*$ はすなわち輸出であり, H 国財の H 国での需要 $C_{H,t}$ は H 国の消費から輸入を引いたものに等しい. このため, (2.15) 式と異なり, 純輸出, 消費は (5.15) 式には表れない. F 国の市場清算条件も (5.13) 式と同様に与えられる.

H 国の財の需要関数は次式で与えられる.
$$C_{H,t} = \frac{1}{2}\left(\frac{P_{H,t}}{P_t}\right)^{-\eta} C_t \ ; \ C_{H,t}^* = \frac{1}{2}\left(\frac{P_{H,t}^*}{P_t^*}\right)^{-\eta} C_t^* \tag{5.16}$$

ただし, $\eta \equiv d\log(Y_{H,t}/Y_{F,t})/[d\log(Z_t^{-1})]$ は**自国財と外国財の代替弾力性** (Elasticity of Substitution between Home and Foreign Goods), $Z_t = P_{H,t}/P_{F,t}$ は**交易条件** (Terms of Trade) である. 自国財と外国財の代替弾力性は, その定義が示すように, 交易条件の 1 % の変化が及ぼす H 国財と F 国財の相対的な需要の変化を示している. 交易条件が 1 % 下落することで, H 国財の F 国財に対する需要が相対的に 1 % 上昇するときは $\eta=1$, 1 % を超えて上昇するときは $\eta>1$ となる. CPI の定義に注意すると, これら二つの式が F 国財価格に対して H 国財価格が相対的に上昇 (下落) すると H 国財の需要が両国において下落 (上昇) することがわかる.

5.2.4 総需要曲線と総供給曲線

(5.8)～(5.16) 式および F 国でのこれらに相当する式で構成されるこの 2 国モデルは, 一見複雑であるが, 各変数を定常状態からの乖離率で表現し, 整理することで, H 国, F 国それぞれの**総需要曲線** (Aggregate Demand Curve) と**総供給曲線** (Aggregate Supply Curve) の合計わずか 4 本の式で表現することができる. なお**定常状態** (Stationary State) とは, 経済が長期均衡にあってかつ外生変数が長期の平均的な水準にある状態を指し, 通常はデ

ータからは直接観測不能である．単純化のために，ここでは外生変数である生産性の定常状態での値を1とおく．

H国の総需要曲線は次式で示される．

$$\widehat{Y}_{H,t} = E_t(\widehat{Y}_{H,t+1}) - \frac{2\eta}{\eta+1}\widehat{R}_t + \frac{2\eta}{\eta+1}E_t(\pi_{H,t+1}) + \frac{\eta-1}{\eta+1}E_t(\Delta\widehat{Y}_{F,t+1})$$
$$- \frac{\eta(\eta+3)}{(1+\eta)^2}a_{H,t} - \frac{\eta(\eta-1)}{(1+\eta)^2}a_{F,t} \tag{5.17}$$

ただし，$\widehat{Y}_{H,t}$，$\widehat{Y}_{F,t}$はH国，F国それぞれのGDPギャップ（GDPの自然産出水準からの乖離率），$\pi_{H,t}\equiv p_{H,t}-p_{H,t-1}$はPPIインフレ率，$A_{F,t}$はF国の生産性，$\Delta\widehat{Y}_{F,t}\equiv \widehat{Y}_{F,t}-\widehat{Y}_{F,t-1}$はF国のGDPギャップの変化率である．とくにただし書きがなければ，$\widehat{V}_t$は任意の変数V_tの定常状態の値からの乖離率である．(5.17)式は主に(5.8)式から導かれており，F国の需要曲線も(5.17)式同様に導かれる．(5.17)式は生産性の上昇はGDPの上昇を通じてGDPギャップを下落させること，予想インフレ率の上昇は実質利子率の下落を通じてGDPギャップを上昇させること，名目利子率の上昇は(5.8)式が示すように消費の上昇を通じてGDPギャップを上昇させること，のそれぞれを示している．また，F国の予想GDPギャップ変化率$E_t(\Delta\widehat{Y}_{F,t+1})$の上昇がH国のGDPギャップを上昇させることを示している．F国の予想GDPギャップ変化率の相対的な上昇は，予想交易条件変化率の上昇の結果，つまりH国の予想PPIインフレ率の相対的な上昇の結果である．H国の予想PPIインフレ率の上昇はH国の予想CPIインフレ率を上昇させ，(5.8)式が示唆するようにH国の消費を上昇させ，ひいてはH国のGDPギャップを上昇させる．このためF国の予想GDPギャップ変化率が(5.17)式の右辺に表れている．これはニュー・ケインジアン・モデルにおけるスピルオーバー効果ととらえられよう．

H国の総供給曲線は次式で示される．

$$\pi_{H,t} = \beta E_t(\pi_{H,t+1}) + \frac{\kappa(3\eta+1)}{2\eta}\widehat{Y}_{H,t} + \frac{\kappa(\eta-1)}{2\eta}\widehat{Y}_{F,t} \tag{5.18}$$

ただし，$\kappa \equiv \frac{(1-\beta)(1-\beta\theta)}{\theta}$．

(5.18)式は主に(5.13)式から導かれており，GDPギャップや期待インフレ率の上昇がPPIインフレ率の上昇を招くことを示している．F国の総供給

曲線も (5.18) 式同様に導かれる．(5.18) 式は GDP ギャップの上昇や期待インフレ率の上昇が PPI インフレ率を上昇させることを示している．前者は，(5.14) 式が示すように，限界費用，すなわち賃金や所得の上昇を通じて PPI を上昇させることから理解できる．後者は (5.13) 式から理解できる．価格改定が毎期 $1-\alpha$ の割合の企業にしか認められないため，企業は来期価格改定ができなかった場合に備えて，来期の限界費用も予想して今期の価格に反映させる．(5.18) 式を 1 期進めると，来期のインフレ率は来期の限界費用に依存することが示される．このため右辺には予想 PPI インフレ率が表れている．

5.3 ニュー・ケインジアンと政策協調の効果

5.3.1 ミクロ経済学的基礎に裏付けられた損失関数

第5.1節では (5.2) 式，(5.3) 式のように中央銀行の損失が与えられることを仮定した．しかし，そもそも (5.2) 式，(5.3) 式のように損失関数が与えられなければならない根拠は第5.1節では示されていなかった．こうした損失関数は，家計の効用関数の 2 次のテーラー展開から導出できる．これは中央銀行などの政策当局の役割が家計の効用の最大化に与すること，言い換えると厚生損失の最小化に与することであると定義するのであれば，きわめて妥当な考え方である．(5.6) 式と (5.6) 式と対称的な F 国の効用関数のそれぞれに 2 次のテーラー展開を施し集計することで各期の損失関数は次式で示すことができる．

$$L_t^W \equiv \frac{1}{2}\left[\frac{\varepsilon}{2\lambda}\pi_{H,t}^2 + \frac{\varepsilon}{2\lambda}(\pi_{F,t}^*)^2 + 2\left(\frac{1}{2}\widehat{Y}_{H,t} + \frac{1}{2}\widehat{Y}_{F,t}\right)^2 + \frac{\eta^2}{2}\widehat{Z}_t^2\right] \quad (5.19)$$

ただし，L_t^W は 2 国で構成されるこの経済全体の損失，$\pi_{F,t}^*$ は F 国の PPI インフレ率，$\widehat{Z}_t$ は交易条件の効率的な水準からの乖離率である．(5.19) 式は，2 国全体の損失は PPI インフレ率の 2 乗，2 国の GDP ギャップの平均値の 2 乗，交易条件の効率的な水準からの乖離率の 2 乗で構成されることを示している．言い換えると，中央銀行の役割は PPI インフレ率の安定化，2 国全体の GDP ギャップの安定化，交易条件の効率的な水準からの乖離率の安定化であること

を示している．なお，交易条件の効率的な水準とは両国の GDP ギャップに格差を生じさせないような交易条件，もっと言えば近隣窮乏化を引き起こさないような交易条件である．

(5.15), (5.16) 式が示すように，交易条件は両国の GDP に影響を及ぼす．交易条件の下落は自国の GDP を上昇させる一方で，相手国の GDP を下落させる．したがって交易条件がその効率的な水準から乖離すると，一方の国の GDP は上昇する一方で，もう一方の国の GDP は下落する．ここから交易条件の効率的な水準の乖離率の2乗が損失関数に含まれる含意は，両国の GDP ギャップの平均値のみの安定化だけではなく，交易条件の変化を通じた近隣窮乏化政策の予防も中央銀行の目的であるということがわかる．また，(5.2), (5.3) 式には産出が現れていたのに対して (5.19) 式には GDP ギャップが現れている．これは自然産出水準は金融政策と無関係に決定され，金融政策がコントロールすべきは名目価格の硬直性を原因とする GDP ギャップの変動であるためである．

(5.19) 式において PPI インフレ率が現れているのも伝統的なケインズ・モデルで仮定される損失関数と対称的である．これは各期 $1-\alpha$ の割合の企業しか最適な価格を選択することができないという企業の価格設定行動に起因する．価格の硬直性がこの経済の厚生損失を生じさせているのであり，その価格の硬直性は企業の価格設定行動をその源泉とすることの現れである．これに対して，伝統的なケインズ・モデルで仮定される損失関数には CPI インフレ率が現れる．(5.2), (5.3) 式には名目貨幣供給残高変化率が現れているが，これは名目貨幣供給残高の変化率が CPI インフレ率のトレンドに影響するためであり，あくまで中央銀行が CPI インフレ率の安定化を念頭に置いているという仮定の現れである．そうすると，(5.19) 式は (5.2), (5.3) 式とも対照的であるといえる．

5.3.2　政策協調の効果

以上では2期間モデルを議論していたが，一般化して，この経済の家計や企業が無限先まで生存すると仮定しよう．そして外生変数である生産性の対数の期待値はゼロ，分散は1であると仮定する．そうすると，この経済での損失が

比較的簡単に解析的に計算できる．いま，両国の中央銀行が協力して (5.19)式を最小化したとしよう．このとき両国の損失，つまり協力解は次式で示される．

$$\sum_{t=0}^{\infty}\beta^t L_t^W = \frac{1}{1-\beta}\left(\frac{\kappa\varepsilon\Gamma_0^2}{4\eta^2\Gamma_1}\right) \tag{5.20}$$

ただし，$\Gamma_0=(1+\eta)(\eta^2-1)$，$\Gamma_1=\eta^2+\kappa\varepsilon(1+\eta)^2$である．

次に，自国の経済の安定化だけに関心を示す中央銀行がまちまちに自国の損失を最少化するようなケースを考える．第5.1節でも述べたように，このケースの均衡はナッシュ均衡と呼ばれる．(5.6) 式と (5.6) 式と対称的な F 国の効用関数のそれぞれに 2 次のテーラー展開を施すことで次式のように，H 国，F 国の中央銀行の損失関数が得られる．

$$L_t = \frac{1}{2}\left(\frac{\varepsilon}{2\lambda}\pi_{H,t}^2 + \widehat{\overline{Y}}_{H,t}^2\right) \tag{5.21}$$

$$L_t^* = \frac{1}{2}\left[\frac{\varepsilon}{2\lambda}(\pi_{F,t}^*)^2 + \left(\widehat{\overline{Y}}_{F,t}^*\right)^2\right] \tag{5.22}$$

ただし，L_t，L_t^* はそれぞれ H 国，F 国の損失である．ここでは (5.19) 式と異なりテーラー展開が施された効用関数は集計していない．

(5.21) 式，(5.22) 式は，自国の中央銀行は自国の PPI インフレ率の安定化と自国の GDP ギャップの安定化にしか関心を示さないことを示している．これは，交易条件の効率的な水準からの乖離率の安定化も中央銀行の役割であることを示す (5.19) 式と対照的である．ナッシュ均衡での両国の損失は次式で示される．

$$\sum_{t=0}^{\infty}\beta^t L_t^{NCW} = \frac{1}{1-\beta}\frac{\Gamma_0^2}{4\eta^2(1+\eta)^2} \tag{5.23}$$

ただし，L_t^{NCW} はナッシュ均衡での経済全体の損失である．

(5.23) 式を (5.20) 式から引くことで政策協調の効果を計ることができる．したがって政策協調の効果は次式で示される．

$$\sum_{t=0}^{\infty}\beta^t(L_t^{NCW}-L_t^W) = \frac{1}{1-\beta}\frac{\Gamma_0^2}{4\eta^2(1+\eta)^2}\left[1-\frac{\kappa\varepsilon(1+\eta)^2}{\Gamma^1}\right] \tag{5.24}$$

(5.24) 式は，$1-\dfrac{\kappa\varepsilon(1+\eta)^2}{\Gamma^1}>0$ であるかぎり政策協調は有効であることを

示している．

それでは，政策協調はつねに有効であろうか．いま，自国財と外国財の代替弾力性 η が 1 であるようなケースを考える．このとき，$\Gamma_0 = 0$ となり，(5.24) 式は次式のように書き直される．

$$\sum_{t=0}^{\infty} \beta^t (L_t^{NCW} - L_t^W) = 0$$

したがって，$\eta = 1$ のときには政策協調の効果は認められない．

この結果は，自国財と外国財の代替弾力性 η が 1 のとき，純輸出はゼロとなり，H 国，F 国のそれぞれが外国に依存しなくなることに起因する．いま，H 国の純輸出を $NX_{H,t} \equiv Y_{H,t} - \dfrac{P_t}{P_{H,t}} C_t$ と定義して，やはり定常状態からの乖離率で表現すると次式が得られる．

$$\frac{NX_{H,t}}{Y_H} = -\frac{\eta - 1}{2} \widehat{Z}_t \tag{5.25}$$

ただし，Y_H は H 国の GDP の定常状態での値である．(5.25) 式の左辺は純輸出の定常状態での GDP 比であることから，(5.25) 式は交易条件の上昇（下落），つまり H 国財価格の F 国財価格に対する相対的な上昇（下落）は，H 国の純輸出を減少させることを意味している．$\eta = 1$ のとき，自国財価格の外国財価格に対する相対的な価格の 1 ％の上昇は自国財需要を相対的に 1 ％下落させると同時に，外国財需要を相対的に 1 ％上昇させる．このとき，価格以外に自国財と外国財を差別する要素はないため，自国財と外国財は完全代替であるといえる．このような完全代替のとき，たとえば，交易条件が下落し，両国で H 国財需要が上昇すると，H 国の所得が上昇し，F 国財需要を上昇させ，F 国の所得も上昇する．両国財需要の上昇は両国の消費を等しく上昇させ，この上昇は両国の所得の上昇と等しいため，貿易収支はゼロになる．$\eta = 1$ のとき (5.25) 式が $\dfrac{NX_{H,t}}{Y_H} = 0$ となるのはこのためである．

$\eta = 1$ を (5.17)，(5.18) 式に代入すると次式が得られる．

$$\widehat{\overline{Y}}_{H,t} = \mathrm{E}_t \big(\widehat{\overline{Y}}_{H,t+1} \big) - \widehat{R}_t + \mathrm{E}_t (\pi_{H,t+1}) - a_{H,t}$$

$$\pi_{H,t} = \beta \mathrm{E}_t (\pi_{H,t+1}) + \frac{\kappa}{2} \widehat{\overline{Y}}_{H,t}$$

1 行目，2 行目の式は，それぞれ $\eta = 1$ のときの H 国の総需要曲線，総供給曲線である．両式の右辺にもはや F 国の変数は表れない．F 国の総需要曲線，

総供給曲線にも同じことがいえるため，$\eta=1$ のとき，H 国，F 国のそれぞれの変数が外国の変数に依存しなくなる．H 国，F 国のそれぞれの変数が外国の変数に依存しなければ，両国の中央銀行の政策が互いに影響し合うことはない．このような状況では，両国の中央銀行が自国の損失の最小化だけを考えれば，それがそのまま両国全体の損失の最小化につながる．このことは，$\eta=1$ を (5.19) 式に代入すると $\hat{\bar{Z}}_t = \hat{\bar{Y}}_{H,t} - \hat{\bar{Y}}_{F,t}$ が得られ，$L_t^W = \frac{1}{2}(L_t + L_t^*)$ となることからも理解できる．つまり，両国全体の損失は両国の損失 (5.21)，(5.22) 式の単純な加重平均となり，両国全体の利害と H 国，F 国それぞれの利害とが一致するということからも理解できよう．

コラム　G7から G20へ移る国際政策協調の舞台

　2008年11月14日，15日，第 1 回20カ国・地域（G20）首脳会合が米国ワシントン D.C. において開催された．先進 7 カ国（G7）と新興経済国12カ国から各国の首脳，欧州連合から欧州委員会委員長の合計20カ国・地域の首脳らが出席し，世界金融危機への対策，将来同様の危機が発生することを回避するための方法が討議された．世界金融危機とはいうまでもなくサブプライム・ローン問題をきっかけとした2007年のアメリカの住宅バブル崩壊に端を発した国際的な金融危機のことである．

　これまでは，こうしたミクロ的，マクロ的を問わず金融問題に関する政策協調の討議は主として G7首脳会合で行われてきた．たとえば，アジア通貨危機に関しては第24回（1998年 5 月），インフレを伴わない経済成長や景気回復については第16回（1990年 7 月），第15回（1989年 7 月），第12回（1986年 5 月），第11回（1985年 5 月），第10回（1984年 6 月），および第 9 回（1983年 5 月），インフレ抑制に関しては第 6 回（1980年 6 月）の，G7首脳会合で討議された．世界金融危機への政策対応に関して，G7のみならずロシア，中国，インド，ブラジル，メキシコなどの新興経済国を含めた首脳会合で討議されたことは，首脳会合の歴史に鑑みるときわめて異例であるといえる．

　この第 1 回の G20首脳会合は，フランス大統領ニコラ・サルコジとイギリス首相ゴードン・ブラウンが働きかけたことで開催にこぎつけた．彼ら

はG7首脳会合の後身である主要8カ国（G8）に新興経済国首脳を加えたG20の開催を画策した．彼らが新興経済国を首脳会合に迎え入れようとした背景には，新興経済国12カ国の世界経済への影響がG7諸国に対して相対的に上昇したことが考えられよう．通貨危機への対応がおおいに議論された第24回G7首脳会議が開かれた1998年時点で新興経済国12カ国のGDPはG7のGDPの23.8％にすぎなかったが，第1回G20首脳会合が開かれた2008年にはこの比率は44.6％にまで上昇した．今日，国際政策協調を考える上で新興経済国12カ国は無視し得ぬ存在となったといえよう．

5.3.3 本節での結論

$\eta > 1$ であれば政策協調に意義が見いだせるが，$\eta = 1$ であればその意義はないという結論は，政策協調はつねに有意義であることを強調する伝統的なケインズ学派の政策的含意と必ずしも相容れない．この政策的含意の違いはスピルオーバー効果の存在に依存する．伝統的なケインジアン・モデルでは (5.1) 式が示すようにスピルオーバー効果の存在が強調される一方，ニュー・ケインジアンのモデルでは自国財と外国財が完全代替，つまり $\eta = 1$ であればスピルオーバー効果は消去されることが示された．伝統的なケインジアン・モデルにおける中央銀行にはつねに交易条件の調整を通じて損失を最小化させる動機が生じる一方，ニュー・ケインジアンのモデルの中央銀行には，交易条件の調整を通じて損失を最小化させる動機がつねに生じるとは限らない．これが，二つのモデルが異なる政策的含意をもつ一番の理由である．

オブズフェルドとロゴフは，第5.1節で紹介した伝統的なケインジアン・モデルを用いた研究が政策協調の効果をことさら強調するのに対して，ミクロ経済学的基礎を重視するニュー・ケインジアンのモデルでは政策協調の効果は限定的であるばかりか，ときとしてその効果がまったく認められないことを示した（Obstfeld and Rogoff (2000)）．政策協調の必要性はスピルオーバー効果の存在に負うところが大きい．しかしミクロ経済学的基礎に基づくニュー・ケインジアンのモデルでは，これまで見てきたとおり，つねにスピルオーバー効果が存在するとは限らない．加えて，伝統的なケインジアンの損失関数が恣意的

である感が否めないのに対して，ニュー・ケインジアンの損失関数は効用関数（ここでは (5.6) 式）から導かれているという点で恣意性は低い．このことは重要である．伝統的なケインジアンが一般物価や CPI インフレ率の安定化が中央銀行の目的であると主張するのに対して，(5.19) 式が示したように，ニュー・ケインジアンは PPI インフレ率の安定化が中央銀行の目的であることを示した．さらに、オブズフェルドとロゴフは，やはりミクロ経済学的基礎に基づき適切な損失関数が選ばれることでスピルオーバー効果が認められても，政策協調に過度に依存することなく経済厚生が改善されることを示した (Obstfeld and Rogoff (2002))．こうした伝統的なケインジアン・モデルが強調した政策協調の効果に対するニュー・ケインジアンの評価は，完全に否定的でないものの，少なくとも懐疑的であると言えよう．

練習問題

問題 1

2 国に拡張されたマンデル＝フレミング・モデルとニュー・ケインジアン・モデルの間では政策協調に関する政策的な含意が異なるが，その理由を述べよ．

問題 2

オブズフェルドとロゴフは，異時点間の消費が不完全代替であれば政策協調の効果が認められる一方で，その効果は限定的であることを示した．その理由として，金融市場の完全性や合理的期待といったニュー・ケインジアンの仮定が関与しているが，どのようなメカニズムが働いて政策協調の効果が拡張されたマンデル＝フレミング・モデルのもとで限定的となるのか議論せよ．

第6章

為替相場の決定要因

この章で学ぶこと

* 国際的な商品裁定に焦点を当てた購買力平価を学ぶ．

* 購買力平価と名目為替相場の乖離の原因の一つに非貿易財の存在があげられることを理解する．

* 国際金融市場での金利裁定が名目為替相場に影響を及ぼすことを学ぶ．

第6章 為替相場の決定要因

為替相場の決定要因に関する議論の歴史は古く，1921年のスウェーデンの経済学者グスタフ・カッセルによる「購買力平価仮説」の発表にまでさかのぼることができる．購買力平価仮説は古い仮説であるものの，現在でもしばしば議論の対象となり，また，第7章で詳述する為替相場決定モデルを議論するうえでも非常に重要な役割を果たす．本章では，購買力平価および購買力平価とならんで基本的かつ重要な為替相場の決定要因である金利平価について議論する．

6.1 購買力平価

外国為替相場とは，ある国の通貨と他の国の通貨とを交換する際の交換比率である．これら通貨間の交換比率は，通貨を交換する際の交換される通貨間の通貨価値の相対的な比率に等しくなっているはずである．貨幣がもつ三つの機能，つまり価値の尺度，交換手段，価値の保存のうち，交換手段に焦点を当てると，通貨の価値とは貨幣を保有することによって交換できる財・サービスの量，つまりその通貨の購買力である．そうすると，外国為替相場が通貨間の通貨価値の相対的な比率であれば，それは通貨の購買力の比率ということになる．さらに，購買力が貨幣を保有することによって交換できる財・サービスの量である以上，購買力とは財・サービスの価格の逆数ということになる．これは，財・サービスの価格が高ければ通貨1単位で購入することのできる財・サービスの量は少なくなり，その通貨の購買力は低くなること，あるいは逆に，財・サービスの価格が低ければ通貨1単位で購入することのできる財・サービスの量が多くなることから理解できよう．これらのことは以下の式で示すことができる．

$$
\begin{aligned}
\text{為替相場} &= \text{通貨間の交換比率} \\
&= \text{通貨間の価値の比率} \\
&= \text{通貨間の購買力の比率} \\
&= \text{当該国の財・サービスの価格の逆数の比率}
\end{aligned} \tag{6.1}
$$

6.1.1 国際商品裁定

購買力平価（Purchasing Power Parity）とは異なる通貨の価値，つまり購

買力の比率を均等にするような名目為替相場を指す．いま，日本とアメリカにコカ・コーラしか消費しない消費者しかいないとしよう．さらに，ニューヨークではコーラが1缶1ドルで，東京ではコーラが1缶110円で売られていて，名目為替相場は80円/1ドルだとする．このとき，ニューヨークのコーラ1缶の円建て価格は80円ということになる．このとき，東京とニューヨークでのコーラ1缶の価格差は30円であり，気の利いた消費者はニューヨークでコーラを仕入れて東京で販売するという商売を始めるかもしれない．このような利鞘を稼ぐ取引を商品裁定というが，とくにこの場合，国境を越えて取引が行われているので**国際商品裁定**（International Commodity Arbitrage）という．

いま，国際商品裁定に関する費用がゼロだとして，消費者はニューヨークでコカ・コーラを仕入れて東京で販売するという商売を始めたとする．そうすると，ニューヨークではコーラが品薄になり，その価格は上昇し，東京ではコーラがだぶつき，価格は下落する．一方で消費者は，ニューヨークでのコーラの仕入れに備え外国為替市場で手持ちの円を売りドルを買うという取引を行うので，円の価値は下落し，ドルの価値は上昇する．つまり円安・ドル高となる．そうすると，やがて東京とニューヨークのコーラの1缶の価格は等しくなってしまう．

このように，国際商品裁定はある商品の価格を等しくしてしまう．ある商品の価格が国内外を問わず等しくなることを**一物一価の法則**（Law of One Price）という．一物一価の法則は，(1)取引される商品がまったく同一であること，(2)貿易可能であること，(3)その市場が完全競争市場であること，(4)取引費用がゼロであることを仮定すると成立する．

これはコカ・コーラの例で，ニューヨークではコーラが消費される一方，東京ではウーロン茶が消費されたりと，消費される商品が異なったり，コーラがニューヨークから東京に輸出ができなかったり，特定の市場参加者がコーラの価格を決定する能力をもっていたり，取引のための航空運賃や税金がかかったりすると，東京とニューヨークのコーラ1缶の価格がおよそ等しくなりそうにないことから理解できよう．

6.1.2 絶対的購買力平価

上記の(1)〜(4)の条件が整えば，国際商品裁定により一物一価の法則が成立することは述べた．これは次式で示すことができる．
$$P_t(i) = S_t P_t^*(i)$$
ただし，$P_t(i)$ はある財 i の自国通貨建て価格，$P_t^*(i)$ はある財 i の外国通貨建て価格，S_t は外国通貨の価値で測った自国通貨の価値，つまり名目為替相場である．いま，自国と外国の経済主体がまったく同じ財を同じ比率だけ消費していると，つまり，財バスケットが両国で同一だとしよう．財には1番目の財から n 番目の財まである，つまり $i \in [1, n]$ だとする．そうするとこの式は，
$$P_t = S_t P_t^* \tag{6.2}$$
と書き直すことができる．ただし，$P_t = \omega(1)P(1) + \omega(2)P(2) + \cdots + \omega(n) \cdot P(n)$ は自国のすべての経済主体が購入あるいは消費する財のバスケット価格，つまり自国の（一般）物価であり，$P_t^* = \omega(1)P^*(1) + \omega(2)P^*(2) + \cdots + \omega(n)P^*(n)$ は外国の（一般）物価，$\omega(i)$ は財 i の財バスケットにおけるシェアである．(6.2) 式は次式のように変形することができる．
$$S_t = \frac{P_t}{P_t^*} \tag{6.3}$$
(6.3) 式を満たすような名目為替相場を**絶対的購買力平価**という．(6.3) 式の右辺の分子は自国の物価，分母は外国の物価であるから，(6.1) 式に注意すれば購買力平価は通貨間の購買力の比率になっていることがわかる．さらに (6.3) 式は $S_t = (P_t^*)^{-1}/P_t^{-1}$ と書き直すことができるので，同じく (6.1) 式に注意することで，購買力平価は自国通貨の価値に対する外国通貨の価値であることがわかる．

6.1.3 相対的購買力平価

絶対的購買力平価が成立するためには，一物一価の法則が成立するための条件(1)〜(4)が成立していて，かつ財バスケットが同一である必要がある．これらの条件のうち(4)取引費用がゼロである，という条件をゆるめて，輸送費や関税といった取引費用 θ が生じるとする．すると (6.2) 式は $P_t = \theta S_t P_t^*$ と書き直

され，この式の両辺の対数をとり1階の差分をとると，次式で示される**相対的購買力平価**が得られる．

$$\Delta s_t = \pi_t - \pi_t^* \tag{6.4}$$

ただし，$v_t \equiv \ln V_t$ は任意の変数 V_t の対数値，$\Delta v_t \equiv v_t - v_{t-1}$ は V_t の変化率，$\pi_t \equiv p_t - p_{t-1}$ および $\pi_t^* \equiv p_t^* - p_{t-1}^*$ はそれぞれ自国および外国のインフレ率である．取引費用 θ は時間を通じて一定であると仮定しているので，(6.4) 式からは消去されている．(6.4) 式は，名目為替相場の変化率は自国と外国のインフレ格差に等しいことを示しているので，購買力平価は，インフレ率が相対的に高い国の通貨は減価し，相対的に低い国の通貨は増価することを示唆している．

6.1.4 購買力平価の限界

それでは，購買力平価はどの程度データと整合的であろうか．図6-1は，円ドル相場の実績値および相対的購買力平価 (6.4) 式に基づく推計値を示している．円ドル相場が変動相場制に移行した1973年には絶対的購買力平価が成立し，その後相対的購買力平価のみが成立していると仮定して，物価指数として日米の**消費者物価指数**（Consumer Price Index；CPI）および日本の**企業物価指数**（Corporate Goods Price Index；CGPI），米国の**生産者物価指数**（Producer Price Index；PPI）を用いて推計している．

実績値も推計値も一貫して円高傾向を示しているという点では一致するものの，実績値と推計値が一致することは稀であり，おおむね相対的購買力平価が名目為替相場よりも過小評価されていることが示されている．ここでは相対的購買力平価に基づいて推計されているため，取引には一定の費用が課されることが考慮されている．しかしなお実績値と推計値が一致をみないのは，一物一価の法則の前提条件(1)〜(3)が仮定として強力であること，言い換えると現実と整合的ではないことを示唆している．たとえば，非貿易財の国際商品裁定は行われにくいため，一物一価の法則は成立しなくなる．また，市場が完全競争状態でなければ，企業は利潤最大化のために価格を設定できるようになり，国内市場と輸出先市場で同じ財について異なる価格が設定されると，一物一価の法則は成立しなくなる．

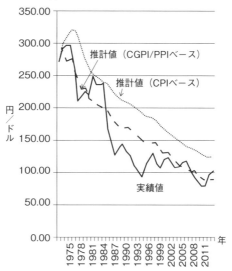

図6-1　円/ドル相場の実績値および相対的購買力平価に基づく推計値（1972-2013年）

(注)　実績値は東京市場の直物相場の年中平均である．推計値（CPIベース）の推計には日米の消費者物価指数の年中平均を，推計値（CGPI/PPIベース）の推計には日本の企業物価指数およびアメリカの生産者物価指数の年中平均をそれぞれ用いている．
(出所)　日本銀行，米国労働省．

コラム　ビッグマック・レート

　イギリスのエコノミスト社は毎年一物一価の法則とマクドナルドのハンバーガー，ビッグマックの価格を用いてビッグマック・レートを公表している．ビッグマック・レートはビッグマックが販売されている各国のビッグマックの価格を等しくするような為替相場である．同社の2014年1月26日の発表によれば，ビッグマック・レートは対ドルで約70.23円，約0.59英ポンドであった．これは，ビッグマックの価格がアメリカで4.62米ドルであったのに対して，日本では310円，イギリスでは2.79英ポンドだったためである．ビッグマック・レートが発表された翌日2014年1月27日の実

際の対ドル相場の終値は102.56円，0.60英ポンドだったので，ビッグマック・レートが実勢を捉えているとはいいがたい．

　一物一価の法則が成立するためには，先に述べたように，(1)取引される商品がまったく同一であること，(2)貿易可能であること，(3)その市場が完全競争市場であること，(4)取引費用がゼロであることの四つが成立していなければならない．ビッグマックはその場で食する食品であり，保存を前提としておらず，また食品，とくに牛肉などの輸出入は規制されていることが多いため，ビッグマックは貿易可能とはけっしていえない．さらに，ビッグマックはマクドナルドが独占的に販売していて，その市場は完全競争市場とはいえない．このため(2)，(3)の条件は成立していない．それに加え絶対的購買力平価が成立するためには，財・サービスバスケットが両国で一致していなければならない．ビッグマックが世界各国の財・サービスバスケットに組み込まれることはあっても，世界各国の財・サービスバスケットがビッグマックで代表できるとは考えにくい．したがってビッグマック・レートが為替相場の実勢を捉えないのは無理もない．

　念のため，他の通貨のビッグマック・レートも見ておこう．たとえばユーロについていえば，ビッグマック・レートが約0.80ユーロであるのに対して，2014年7月27日の実際の対ドル相場の終値は約0.73ユーロであった．その他の主要通貨についていえば，ビッグマック・レートは対ドルで1.10豪ドル，1.43スイス・フラン，1.21カナダ・ドルであったが，2014年7月27日の実際の対ドル相場の終値は1.14豪ドル，0.90スイス・フラン，1.11カナダ・ドルであった．ビッグマック・レートもまったく的外れでなさそうだが，絶対的購買力平価の仮定から考えれば偶然の一致の可能性を完全には排除できない．

6.2　バラッサ＝サミュエルソン効果

　購買力平価には限界があり，その理由の一つが非貿易財の存在であることはすでに述べたとおりである．ここでは，非貿易財の存在が名目為替相場の購買

力平価からの乖離をもたらすバラッサ=サミュエルソン効果について議論する．

6.2.1 非貿易財部門

いま，自国は小国開放経済で，貿易財部門と非貿易財部門から構成されると仮定する．さらに自国の労働市場で両部門間の労働移動は自由であると仮定する．このため，両部門の賃金は等しくなっている．財市場は完全競争市場で，生産要素としては労働のみが投入されているとする．このとき，貿易財部門，非貿易財部門それぞれの利潤は，$P_{T,t}Y_{T,t}-W_tN_{T,t}$ および $P_{N,t}Y_{N,t}-W_tN_{N,t}$ と定義する．ただし，$Y_{T,t}$，$Y_{N,t}$ はそれぞれ貿易財，非貿易財部門の生産量，$N_{T,t}$，$N_{N,t}$ はそれぞれ貿易財，非貿易財部門の労働量，W_t は名目賃金である．両部門は異なる生産技術を保有していて，貿易財部門，非貿易財部門それぞれの生産関数は $Y_{T,t}=A_{T,t}N_{T,t}$，$Y_{N,t}=A_{N,t}N_{N,t}$ で与えられるとする．ただし，$A_{T,t}$，$A_{N,t}$ はそれぞれ貿易財部門，非貿易財部門の生産性である．このとき，両部門の利潤最大化の1階の条件は次式で示される．

$$P_{T,t}=\frac{W_t}{A_{T,t}} \\ P_{N,t}=\frac{W_t}{A_{N,t}} \tag{6.5}$$

ただし，$P_{T,t}$ は貿易財の価格，$P_{N,t}$ は非貿易財の価格である．(6.5) 式は完全競争市場では貿易財，非貿易財にかかわらず価格と限界費用が等しくなることを示している．

国際商品裁定は，非貿易財については行われず貿易財についてのみ行われると仮定する．そうすると，一物一価の法則 (6.2) 式は次式のように書き直される．

$$P_{T,t}=S_tP_t^* \tag{6.6}$$

ここで，外国財はすべて貿易可能であると仮定する．このため (6.6) 式の右辺には外国の一般物価が現れている．

この小国開放経済の一般物価は次式で示されるとする．

$$P_t=\omega_TP_{T,t}+(1-\omega_T)P_{N,t} \tag{6.7}$$

ただし，ω_T は一般物価の財バスケットに占める貿易財のシェアである．

絶対的購買力平価を $S_{PPP,t} \equiv P_t/P_t^*$ と定義して，(6.5)〜(6.7) 式をこの絶対的購買力平価の定義に代入することで，次式が得られる．

$$S_{PPP,t} = \left[\omega_T + (1-\omega_T)\frac{A_{T,t}}{A_{N,t}}\right]S_t \tag{6.8}$$

(6.8) 式は，絶対的購買力平価と名目為替相場の乖離は貿易財部門と非貿易財部門の生産性格差に依存し，貿易財部門の生産性が非貿易財部門の生産性に対して相対的に上昇すると，名目為替相場に対して絶対的購買力平価が相対的に上昇すること，つまり絶対的購買力平価が示唆する自国通貨の価値が名目為替相場が示す自国通貨の価値を下回ることを意味している．絶対的購買力平価と名目為替相場が一致するのは，貿易財部門と非貿易財部門の生産性が一致するときのみに限られる．

それでは，なぜ絶対的購買力平価が示唆する自国通貨の価値は名目為替相場が示す自国通貨の価値を下回るのだろうか．貿易財部門における生産性の上昇は名目賃金を上昇させる．これは財市場が完全競争市場であることと貿易財部門の利潤の定義および生産関数から明らかである．両部門での名目賃金はつねに等しいため，(6.5) 式の 2 行目が示すように，この名目賃金の上昇には非貿易財価格の上昇を伴う．これは，非貿易財部門では生産性は上昇していないため，非貿易財部門では名目賃金の上昇に対しては非貿易財価格の上昇で対処せざるを得ないためである．この非貿易財価格の上昇は，(6.7) 式が示すように，自国の一般物価水準を上昇させる．そうすると，いま外国の一般物価水準に変化はないため，自国の一般物価水準は外国のそれに対して上昇し，絶対的購買力平価の定義 $S_{PPP,t} \equiv P_t/P_t^*$ が示すように絶対的購買力平価は上昇し，名目為替相場と乖離する．貿易財における一物一価の法則を成立させる名目為替相場 S_t と通貨の実質的な購買力を示す為替相場，つまり絶対的購買力平価 $S_{PPP,t}$ と比較すると，貿易財部門の生産性上昇率の高い国では，一般物価水準が外国に比較して相対的に上昇すると同時に絶対的購買力平価が名目為替相場よりも過小評価されることになる．

同様のことは相対的購買力平価についてもいえる．(6.8) 式を対数線形近似して 1 階の差分をとると次式が得られる．

$$\Delta s_{PPP,t} = \Delta s_t + (1-\omega_T)(\Delta a_{T,t} - \Delta a_{N,t}) \tag{6.9}$$

(6.9) 式の左辺は，絶対的購買力平価の変化率，つまり相対的購買力平価である．したがってこの式は，貿易財部門の生産性の成長率が非貿易財部門のそれよりも高ければ，購買力平価の変化率は名目為替相場の変化率を上回ることになる．つまり，相対的購買力平価は名目為替相場以上に減価することを示唆している．図6-1では，相対的購買力平価が名目為替相場よりもおおむね過小評価されていることを示した．(6.9) 式に従えば，その原因の一つとして日本国内の貿易財部門の非貿易財部門に対する相対的に高い生産性成長率があげられる．

こうした，貿易財部門の生産性の上昇が名目為替相場に対して購買力平価の過小評価を招く現象を**バラッサ＝サミュエルソン効果**（Ballasa-Samuelson Effect）と呼ぶ．この効果を分析した最初の一人であるサミュエルソンは，1950年代のドルの名目為替相場は購買力平価よりも過大に評価されていると指摘した（Samuelson（1964））．近年では，人民元の対ドル，対円，対ウォンで名目為替相場が購買力平価よりも過小に評価されていると小川と坂根が指摘している（Ogawa and Sakane（2006））．

6.3 金利平価

金利裁定とは，資金を低金利で借りて，その資金を高金利に運用することによって利鞘を稼ぐ取引であるが，この取引は名目為替相場に影響を及ぼす．いま，二つの資産，円建て資産とドル建て資産があるとしよう．そしてこの二つの資産は完全代替で，収益率以外にこの二つの資産を差別する要素はないことを仮定する．また，資本移動は完全に自由で，投資家は2国間で自由に通貨を売買できると仮定する．円建て資産で運用すると満期には i の率あるいは $(i\times100)$％の利子が支払われ，ドル建て資産で運用すると満期には i^* の率の利子が支払われる．現在は t 期で，いずれの資産の満期も $t+1$ 期であるとしよう．

まず，円建て資産で運用することを考える．t 期に1円の円建て資産を購入すると，満期には元本と利息の和，つまり $1+i_t$ 円を受け取ることになる．この取引は図6-2で示すことができる．

図6-2　円建て資産での運用とその収益

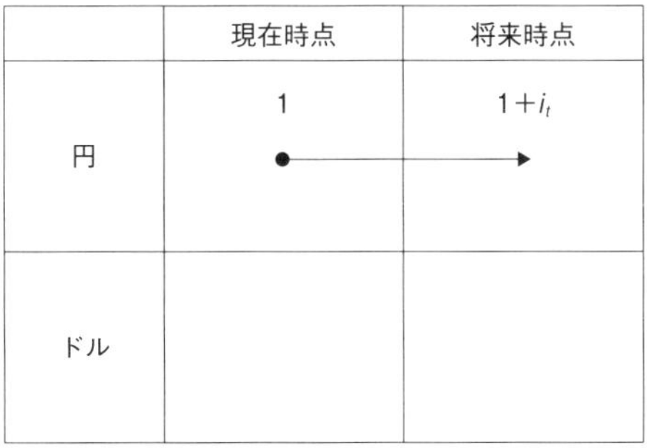

	現在時点	将来時点
円	1	$1+i_t$
ドル		

図6-3　ドル建て資産でのカバー付き運用とその収益

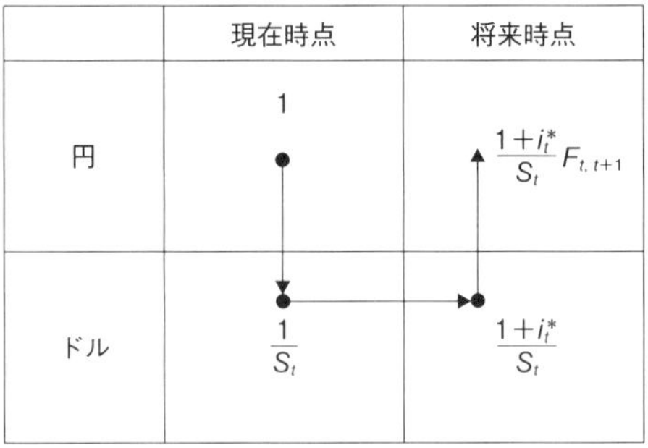

	現在時点	将来時点
円	1	$\dfrac{1+i_t^*}{S_t}F_{t,t+1}$
ドル	$\dfrac{1}{S_t}$	$\dfrac{1+i_t^*}{S_t}$

　ドル建て資産で運用する場合はどうだろうか．いまこの投資家が日本に住んでいるとすると，ドル建て資産で運用する場合，t期にあらかじめ決められた$t+1$期の取引に用いられる為替相場，つまり先物為替相場でドルを売却し円を購入することで為替リスクを回避して運用するケースと，為替リスクを回避せず$t+1$期には$t+1$期の直物為替相場でドルを売却し円を購入する取引とが考えられる．前者を先物為替相場がカバーされるので「カバー付き」，後者は先物為替相場がカバーされないので「カバーなし」と呼ぶことにする．

　まずカバー付き取引を考える．ドル建て資産で運用する場合，まず1円を売却してドルを購入する必要がある．このときドル建てでの元本は$1/S_t$ドルである．そして$t+1$時点には元本と利息の和，つまり$(1+i_t^*)/S_t$ドルを受け取り，これを外国為替市場でt期にあらかじめ決められた$t+1$期の取引に用いられる為替相場，つまり先物為替相場$F_{t,t+1}$で売却し円を購入する．最終的な

102　第6章　為替相場の決定要因

図6-4　ドル建て資産でのカバーなし運用とその収益

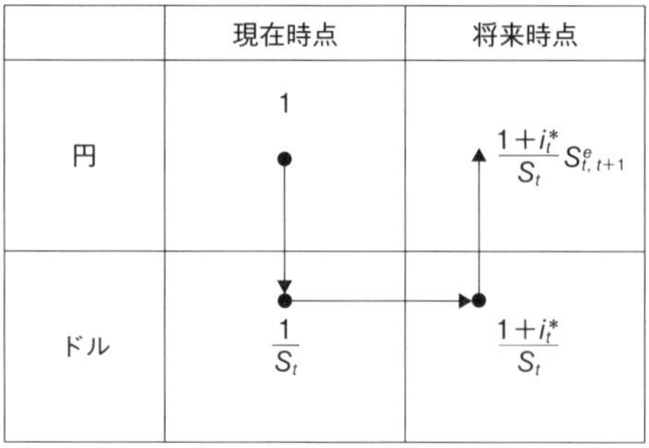

	現在時点	将来時点
円	1	$\dfrac{1+i_t^*}{S_t}S_{t,t+1}^e$
ドル	$\dfrac{1}{S_t}$	$\dfrac{1+i_t^*}{S_t}$

受取額は $(1+i_t^*)F_{t,t+1}/S_t$ 円である．この取引は図6-3で示される．なお，ここでは先物為替相場と直物為替相場を明示的に区別するため S_t を「直物為替相場」と呼ぶことにする．厳密には直物為替相場は取引日の2営業日後に資金決済が行われる為替相場を指すが，ここでは取引時にただちに資金決済が行われることとする．また，先物為替相場も厳密には3営業日以降の特定日に資金決済が行われる為替相場を指すが，ここでは $t+1$ 期に資金決済が行われることとする．

一方，カバーなし取引はどうだろうか．カバーなし取引でもいったん t 期の直物為替相場でドルを購入し，満期には利息と元本の和 $(1+i_t^*)/S_t$ ドルを受け取る．カバーなし取引と異なり，$t+1$ 期には $t+1$ 期の直物為替相場でドルを売却して円を購入するため，最終的な受取額は $(1+i_t^*)S_{t+1}/S_t$ 円となる．ただし，$t+1$ 期の直物為替相場は t 期では明らかでない．円建て資産，カバー付きドル建て資産，カバーなしドル建て資産のいずれで運用すべきかを t 期に検討する場合，$t+1$ 期の直物為替相場は t 期に予想せざるを得ない．そうすると，t 期に予想されるカバーなし取引の最終的な受取額は $(1+i_t^*)S_{t,t+1}^e/S_t$ 円と示すことになる．ただし $S_{t,t+1}^e$ は t 期に予想された $t+1$ 期の直物為替相場である．この取引は図6-4で示される．

6.3.1　金利裁定

いま，投資家には円建て資産での運用，ドル建て資産でのカバー付き運用，ドル建て資産でのカバーなし運用の三つの運用方法が与えられていて，円建て

資産での運用とドル建て資産でのカバー付き運用それぞれの収益に関して次式のような関係が成立していたとしよう．

$$1+i_t < \frac{(1+i_t^*)F_{t,t+1}}{S_t} \tag{6.10}$$

二つの資産は完全代替で，収益率以外に二つの資産を差別する要素はないため，投資家はドル建て資産でのカバー付き運用を選択しようとする．円建て資産での運用は減少するため，円建て資産の利子率 i_t は上昇し，一方でドル建て資産での運用が増加し，ドル建て資産の利子率 i_t^* は上昇する．同時に，外国為替市場では直物の円売り・ドル買いが，先物のドル売り・円買いが行われることになる．したがって直物では円安・ドル高，先物では円高・ドル安になる．つまり S_t が上昇し $F_{t,t+1}$ が下落する．そうするともはや (6.10) 式は成立せず，

$$1+i_t = \frac{(1+i_t^*)F_{t,t+1}}{S_t} \tag{6.11}$$

が成立することになる．つまり，円建て資産での運用とドル建て資産でのカバー付き運用それぞれの収益は等しくなってしまう．これは**金利裁定**（Interest Rate Arbitrage）の結果である．

(6.11) 式は近似的に，次式で示される．

$$i_t - i_t^* = \frac{F_{t,t+1}-S_t}{S_t} \tag{6.12}$$

この式を**カバー付き金利平価**（Covered Interest Rate Parity）式といい，自国と外国の利子率の格差が為替相場変化率に等しくなることを示している．なお，(6.12) 式の右辺の分子 $F_{t,t+1}-S_t$ を「直先スプレッド」といい，$F_{t,t+1}-S_t>0$ のとき「先物プレミアム」，$F_{t,t+1}-S_t<0$ のとき「先物ディスカウント」と呼ばれる．

同様に円建て資産での運用とドル建て資産でのカバーなし運用それぞれの収益に関しても，金利裁定により次式が成立することは容易に理解できよう．

$$1+i_t = \frac{(1+i_t^*)S_{t,t+1}^e}{S_t} \tag{6.13}$$

つまり，円建て資産での運用とドル建て資産でのカバー付き運用それぞれの

期待収益は等しくなる．(6.13) 式もやはり近似的に次式のような**カバーなし金利平価**（Uncovered Interest Rate Parity）式で示される．

$$i_t - i_t^* = \frac{S_{t,t+1}^e - S_t}{S_t} \tag{6.14}$$

(6.14) 式は自国と外国の利子率の格差が予想為替相場変化率に等しくなることを示している．

6.3.2 金利平価による為替相場の決定

金利平価式は為替相場決定にどのような含意を与えるのだろうか．(6.11) 式，(6.13) 式を対数線形近似することで，$i_t - i_t^* = f_{t,t+1} - s_t$ および $i_t - i_t^* = s_{t,t+1}^e - s_t$ が得られる．これらの式を変形することで次式が得られる．

$$s_t = -(i_t - i_t^*) + f_{t,t+1}$$
$$s_t = -(i_t - i_t^*) + s_{t,t+1}^e$$

両式の右辺に注目すると，名目為替相場は，自国と外国の利子率の格差，つまり内外金利差および先物為替相場もしくは予想直物為替相場に依存することが理解できる．2行目の式を前向きに n 回繰り返し代入することで次式が得られる．

$$s_t = -(i_t - i_t^*) - \sum_{k=1}^{n}(i_{t,t+k}^e - i_{t,t+k}^{*e}) + s_{t,t+n}^e$$

したがって名目為替相場は，内外金利差，予想内外金利差の n 期先までの和，n 期先の予想名目為替相場に依存することが理解できる．つまり名目為替相場は，内外金利差に加えて，予想内外金利差の遠い将来までの和や遠い将来の予想名目為替相場に依存するといえよう．

練習問題

問題 1
購買力平価から為替相場が乖離する原因を説明せよ．

問題 2
一物一価の法則が成立しているとする．自国の一般物価水準が120，外国の一

般物価水準が100のときの名目為替相場を答えよ．

問題 3
自国通貨建て金融資産と外国金融資産が完全代替で，資本移動が完全であるとする．自国通貨建て資産および外国通貨建て資産の利子率がそれぞれ3％，4％のときの予想為替相場変化率を求めよ．

第7章

為替相場決定モデル

この章で学ぶこと

* 購買力平価よりも明示的に貨幣の需要と供給の関係から為替相場の決定を考えるマネタリー・アプローチを理解する．

* 危険回避的な投資家による資産選択と為替相場の関係を示したポートフォリオバランス・モデルを理解する．

* ニュースが為替相場におよぼす影響を理解する．

108　第7章　為替相場決定モデル

　為替相場の決定に関して，これまで多くの研究者がそのメカニズムの解明に取り組んできた．本章では，第6章で議論した購買力平価や金利平価をさらに拡張して，様々な側面から為替相場の決定メカニズムについて議論する．本章ではまず，貨幣の需要と供給の関係に焦点を当てたマネタリー・アプローチについて説明した後，危険回避的な投資家による資産選択行動に焦点を当てたポートフォリオバランス・モデルについて議論する．最後に，為替相場の決定に関係すると考えられる様々なニュースが為替相場に与える影響を解説する．

7.1　マネタリー・アプローチ

　第6章で議論したように，購買力平価とは，当該通貨間の価値の比率である．当該通貨の価値がその通貨に対する需要と供給から決まるならば，購買力平価を通貨に対する需要と供給から説明することができる．このように，購買力平価に基づく為替相場決定の考え方は，貨幣面に主眼が置かれている．そして購買力平価よりも明示的に貨幣の需要と供給の関係から為替相場の決定を考えるアプローチが**マネタリー・アプローチ**（Monetary Approach）である．

　いま，世界は自国と外国の対称的な2国で構成されているとしよう．一物一価の法則が成立し，第6章の（6.3）式で示される絶対的購買力平価が成立しているとする．中央銀行は実質貨幣需要を満たすように実質貨幣供給を行い，次式で示される貨幣市場の均衡式が成立しているとする．

$$\frac{M_t}{P_t} = L(Y_t, i_t) \tag{7.1}$$

ただし，M_tは名目貨幣供給残高，P_tは自国の物価，Y_tは自国のGDP，i_tは自国の名目利子率，$L(\cdot)$は実質貨幣需要関数を示す演算子である．(7.1) 式は自国の貨幣需要均衡式であり，外国でも同様の貨幣需要均衡式が成立していると仮定する．両国の名目貨幣供給残高はそれぞれの国の中央銀行が管理し，外生的に所与であるとする．実質貨幣需要関数はここでも産出，つまり所得および名目利子率の関数であり，さらに実質貨幣需要は所得の増加関数，名目利子率の減少関数であると仮定する．

　(7.1) 式および外国の貨幣需要均衡式を (6.3) 式に代入することで，次式

が得られる.

$$S_t = \frac{M_t}{M_t^*} \frac{L(Y_t^*, i_t^*)}{L(Y_t, i_t)} \tag{7.2}$$

ただし，S_t は名目為替相場，*が付された変数は外国の変数である．(7.2) 式は一物一価の法則の成立の仮定のもと，貨幣需要と貨幣供給が明示された結果，名目為替相場は自国と外国の相対的な実質貨幣需要残高に依存して決定されることを示している．外国の名目貨幣供給残高よりも自国の名目貨幣供給残高が上昇すれば，相対的な自国通貨の供給過剰が生じ，名目為替相場は上昇する．つまり自国通貨が減価することになる．一方，外国の名目貨幣供給残高よりも自国の名目貨幣供給残高が減少すれば，相対的な自国通貨の需要超過が生じ，名目為替相場は下落する．つまり自国通貨が増価することになる．

物価が伸縮的であることを強調したマネタリー・アプローチは，**伸縮価格マネタリー・モデル** (Flexible Price Monetary Model) という．一方，短期的には物価が硬直的だが，長期では物価は伸縮的であることを仮定したマネタリー・モデルを**オーバーシューティング・モデル** (Overshooting Model) という．

7.1.1 伸縮価格マネタリー・モデル

先に述べたように，伸縮価格マネタリー・モデルのもとでは物価が完全に伸縮的であることが仮定されている．一物一価の法則が仮定され，絶対的購買力平価はつねに成立する．ここでは簡単化のために，資本移動は完全に自由で，両国の金融資産が完全代替であると仮定する．この仮定は第6章でもみられた仮定である．

(6.3) 式の両辺の対数をとることで次式が得られる．

$$s_t = p_t - p_t^* \tag{7.3}$$

ただし，$v_t \equiv \ln V_t$ は任意の変数 V_t の対数値である．貨幣需要関数を $L(Y_t, i_t) = Y_t^\phi i_t^{-\varphi}$ と定式化し，(7.1) 式共々対数をとることで次式が得られる．

$$m_t - p_t = \phi y_t - \varphi i_t \tag{7.4}$$

ここで，ϕ は貨幣需要の所得弾力性，φ は貨幣需要の利子率弾力性である．外国の貨幣需要関数も自国の貨幣需要関数も同様に定式化されるものとする．

したがって対数をとった外国の貨幣市場均衡式も (7.4) 式同様に示される．

(7.3) 式に (7.4) 式および外国の貨幣市場均衡式を代入することで，次式で示される為替相場決定式が得られる．

$$s_t = m_t - m_t^* - \phi(y_t - y_t^*) - \varphi(i_t - i_t^*) \tag{7.5}$$

(7.5) 式は，名目為替相場は両国の名目貨幣供給残高，産出，名目利子利率それぞれの格差に依存して決定されることを示している．

先にも述べたように，いま完全資本移動および両国資産が完全代替であることを仮定しているため，(6.14) 式で示されるカバーなし金利平価式が成立している．変化率が対数差分で近似できることに注意すると，(6.14) 式は次式の成立を示唆している．

$$i_t - i_t^* = \Delta E_t(s_{t+1}) \tag{7.6}$$

ただし，$\Delta v_t \equiv v_t - v_{t-1}$ は V_t の変化率，$E_t(\cdot)$ は t 期での条件付き期待値を示す演算子である．ここで，期待形成については合理的期待を仮定する．合理的期待の仮定のもとでは，現時点で有効な情報をすべて用いて将来が予想されるため，予想為替相場の対数値は $E_t(s_{t+1})$ と示される．

相対的購買力平価 (6.4) 式を1期すすめると，次式が得られる．

$$\Delta E_t(s_{t+1}) = E_t(\pi_{t+1}) - E_t(\pi_{t+1}^*) \tag{7.7}$$

ただし，$\pi_t \equiv p_t - p_{t-1}$ は自国のインフレ率である．(7.7) 式は，(6.4) 式が両国のインフレ格差が名目為替相場変化率に等しくなることを示すように，両国の予想インフレ率の格差が予想名目為替相場変化率に等しくなることを示している．

(7.6)，(7.7) 式を (7.5) 式に代入することで次式が得られる．

$$s_t = m_t - m_t^* - \phi(y_t - y_t^*) - \varphi[E_t(\pi_{t+1}) - E_t(\pi_{t+1}^*)] \tag{7.8}$$

(7.8) 式は，予想インフレ率の格差が名目利子率の格差を通じて名目為替相場に影響を及ぼすことを示している．

貨幣の中立性 (Money Neutrality)，つまり価格が伸縮的で名目変数の変化が実質変数に影響を及ぼさないことが仮定されると，貨幣成長率とインフレ率は等しくなる．そうすると予想貨幣成長率と予想インフレ率も等しくなる．これは次式で示される．

$$E_t(\pi_{t+1}) = \Delta E_t(m_{t+1}) \tag{7.9}$$

(7.9) 式は外国においても成立する．(7.9) 式を (7.8) 式に代入することで次式が得られる．

$$s_t = m_t - m_t^* - \phi(y_t - y_t^*) - \psi[\Delta E_t(m_{t+1}) - \Delta E_t(m_{t+1}^*)] \qquad (7.10)$$

(7.10) 式は，名目為替相場は現在の名目貨幣供給残高と将来の名目貨幣供給残高および所得それぞれの両国の格差に依存して決定されることを示している．両国の名目貨幣供給残高が名目為替相場に影響を及ぼすとともに，各国の予想貨幣成長率も予想インフレ率や名目利子率を通じて貨幣需要に影響を及ぼすことで名目為替相場に影響を及ぼす．

(7.10) 式より，名目貨幣供給残高の格差の増大は，名目為替相場が上昇して自国通貨が減価することがわかる．また，予想貨幣成長率の格差の増大は名目為替相場を下落させ，自国通貨が増価することがわかる．

7.1.2 オーバーシューティング・モデル

伸縮価格マネタリーモデルでは貨幣の中立性が仮定された．ここではこの仮定を変更して，資産価格は伸縮的である一方，財価格は硬直的であると仮定する．この仮定のもとでは，資産市場は速やかに均衡に達する一方で，財市場は均衡に達するまでには時間を要する．ここでのモデルは財市場が明示的に導入されているため，マンデル＝フレミング・モデルに類似するモデルでもあり，またマンデル＝フレミング・モデルが静学的であるのに対して，このモデルは動学的な要素を持ち合わせているので，「動学的マンデル＝フレミング・モデル」とも，このモデルを考えたドーンブッシュの名前をとって「マンデル＝フレミング＝ドーンブッシュ・モデル」とも呼ばれる（Dornbusch (1976)）．

伸縮価格マネタリー・モデルでは2国モデルを考えたが，ここでは小国開放経済モデルを考える．伸縮価格マネタリー・モデルと同じく自国の貨幣市場均衡式は (7.4) 式と同様に次式で示される．

$$m_t - p_t = \phi y - \psi i_t \qquad (7.11)$$

財価格は硬直的で，このため財市場はつねに均衡するとは限らない．そこで，ここでは自国の GDP と自国財に対する需要 Y_t^D とを区別する．また，単純化のため，自国の GDP は時間を通じて一定であると仮定する．(7.11) 式の自国の GDP の対数値から時間を示す添え字が消えているのはこのためである．

自国財の需要は実質為替相場，所得，および名目利子率の関数であると仮定すると，次式で示される総需要曲線が得られる．

$$y_t^D = \nu q_t + \gamma y - \varsigma i_t + g_t \qquad (7.12)$$

ただし，ν は自国財需要の実質為替相場弾力性，G_t は外生的に決定される政府支出，$Q_t \equiv \dfrac{S_t p_t^*}{p_t}$ は実質為替相場である．ここでは単純化のため外国の物価は時間を通じて一定であると仮定する．このため $q_t = s_t - p_t$ となる．

自国の総供給関数は次式で与えられる．

$$\pi_t = \zeta(y_t^D - y) \qquad (7.13)$$

ただし，$\pi_t \equiv p_t - p_{t-1}$ はインフレ率，$\zeta \in (0, \infty)$ は財市場の調整速度を示すパラメーターである．(7.13) 式は，インフレ率は財市場における超過需要の増加関数であることを示している．したがって物価は財市場の調整速度に依存し，財市場の調整が緩慢であれば物価の変動も緩慢となる．

先に述べたとおり，国際資本移動は完全で，自国通貨建て資産と外国通貨建て資産は完全代替であると仮定するので，ここではカバーなし金利平価 (7.6) 式が成立する．為替相場の予想に関しては完全予見を仮定する（厳密には為替相場の予想に関しては回帰的期待形成を仮定し，かつ回帰的期待と完全予見それぞれの予想値が一致することを仮定する）．このため予想為替相場の変化率は $\Delta s_{t,t+1}^e = \Delta s_t$ と与えられる．

ここで，$\Delta s_t = \pi_t = 0$ が成立するような，つまり名目為替相場の変化率および自国のインフレ率がゼロとなる均衡を，**長期均衡** (Long-run Equilibrium) と定義する．(7.6) 式，(7.11) 式および予想為替相場変化率 $\Delta s_{t,t+1}^e = \Delta s_t$ より $\Delta s_t = 0$ は物価が長期均衡水準 p_0 にあるときにのみ成立することがわかる．これは図7-1において，$\Delta s_t = 0$ 線で示される．また，(7.12) 式，(7.13) 式より $s_t - s_0 = \left(1 + \dfrac{\varsigma}{\lambda \delta}\right)(p_t - p_0)$ が成立するときのみ $\pi_t = 0$ が成立することがわかる．これは図7-1において $\pi_t = 0$ 線で示される．$\Delta s_t = 0$ 線より左側の領域に経済が存在すると，(7.6) 式，(7.11) 式および完全予見の仮定が示すように，名目為替相場は増価する．これは物価の低下に伴って実質貨幣供給残高が上昇し，名目利子率の低下を招き，名目為替相場の増価予想が生じるためである．また，$\pi_t = 0$ 線の下側の領域に経済が存在すると，(7.12) 式，(7.13) 式が示すように，物価は下落する．これは，為替相場の増価が財需要を下落させ，ひいては

図7-1 オーバーシューティング・モデル

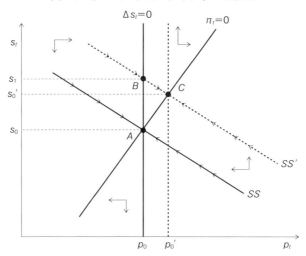

物価を下落させるためである.経済が $\Delta s_t=0$ 線よりも左側,$\pi_t=0$ 線よりも下側に存在するときのこの経済の動学的な経路は,図7-1の左下の矢印の組み合わせで示される.図7-1のそれぞれの領域における動学的な経路は同様の理由で矢印の組み合わせで示されていて,長期均衡に達するまでの名目為替相場と物価の組み合わせは SS 線で示される.なお,図7-1のようなモデルの動学的経路を示した図を**位相図**(Phase Diagram)といい,SS 線のように長期均衡に達するまでの2変数の組み合わせを**鞍点経路**(Saddle Path)と呼ぶ.

図7-1を用いて,予期せぬ名目貨幣供給残高1単位の上昇が名目為替相場および物価に及ぼす影響を見てみよう.いま経済は点 A にあり,名目為替相場と物価はそれぞれの長期均衡水準 s_0, p_0 にあるとする.名目貨幣供給残高の上昇は,(7.11) 式が示すように,長期的には物価を λ だけ上昇させる.この新たな長期均衡での物価を p_0' とすると SS 線は長期均衡点 C を通る SS' で与えられることになる.つまり,SS 線は即座に上方にシフトする.このとき,価格が硬直的で物価は依然として p_0 であるため,短期均衡は点 B で与えられる.名目為替相場は s_1 まで減価する.この後,(7.12) 式および (7.13) 式が示すように,名目利子率の下落は財需要の上昇を通じて物価を緩慢ながら上昇させる.$\Delta s_t=0$ 線は右方にシフトし,均衡は矢印が示すように SS' 線上を移

図7-2 伸縮価格マネタリー・モデルとオーバーシューティング・モデルの動学

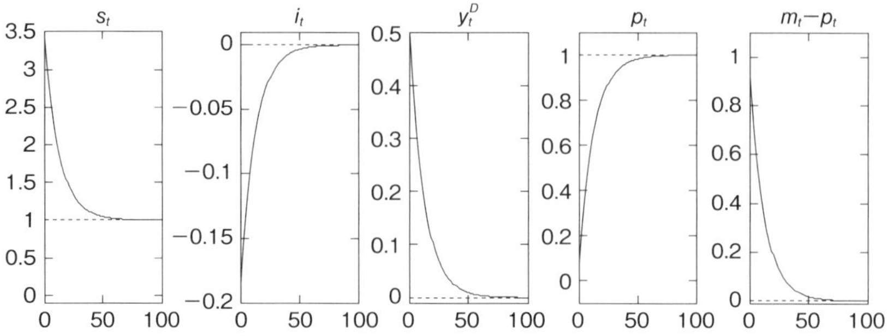

(注) ただし，$\zeta=0.15$，$\nu=0.15$，$\varsigma=0.02$，$\phi=5$ と設定した．

動する．経済はやがて新たな長期均衡点 C に到達し，名目為替相場および物価はそれぞれ s_0', p_0' に達する．なお，長期的に名目為替相場が減価するという結果は長期均衡の条件 $\pi_t=0$ および (7.12) 式，(7.13) 式が示唆する結果と矛盾しない．名目為替相場は名目貨幣供給残高の上昇と同時に一旦 s_0' を超えて s_1 まで減価する．これが名目為替相場のオーバーシューティングである．

伸縮価格マネタリー・モデルとオーバシューティング・モデルの動学的な振る舞いの相違を図7-2に示した．図7-2は，名目貨幣供給残高が第 0 期に 1 ％上昇したときの伸縮価格マネタリー・モデルとオーバーシューティング・モデルの第100期までの動学を示している．伸縮価格マネタリー・モデルの動学との整合性を図るため，この数値解析では合理的期待を仮定している．図は左から順に名目為替相場，名目利子率，国内財需要，物価，実質貨幣需要残高それぞれの対数値を示している（名目利子率を除く）．実線，点線はそれぞれオーバーシューティング・モデル，伸縮価格マネタリー・モデルの動学である．

名目為替相場は，伸縮価格マネタリーモデルではただちに 1 ％上昇し長期均衡まで減価する一方，オーバーシューティング・モデルでは3.43％減価した後長期均衡に向かう．長期均衡では名目貨幣供給残高の上昇幅と同じく 1 ％減価する．これは，実質貨幣供給残高の動学が示すように，オーバーシューティング・モデルでは物価の上昇が緩慢なため，実質貨幣供給残高が上昇し，名目利子率が下落し，名目為替相場の大幅な減価を招くためである．この結果は，実質貨幣供給残高，名目利子率ともに変化しない伸縮価格マネタリーモデルでの

結果と対照的である．

7.2 ポートフォリオバランス・モデル

7.2.1 危険回避的な投資家

　マネタリー・アプローチが実質貨幣供給残高に焦点を当てていたのに対して，資産残高に焦点を当てて為替相場の決定を考えるのが**ポートフォリオバランス・モデル**（Portfolio Balance Model）である．

　いま，自国通貨建て資産と外国通貨建て資産の二つの資産があるとしよう．第6章の金利平価では危険中立的な投資家が仮定されていた．このため，投資収益の期待値が等しければ，自国通貨建て資産，外国通貨建て資産のいずれも無差別となり，投資家はそれぞれの資産の期待収益率が等しくなるように裁定取引を行うと考えていた．ポートフォリオバランス・モデルでは，投資家は危険回避的で，投資家が自国通貨建て資産，外国通貨建て資産のいずれを投資対象として選ぶかは期待収益率ではなく期待効用に依存すると仮定する．この仮定のもとでは，外国通貨建て資産への投資は為替リスクを伴うため自国通貨建て資産への投資とは無差別にならない．これは，外国通貨建て資産へ投資すると満期には外国通貨を売却し自国通貨を購入するが，このときの名目為替相場は，投資を開始したときの期待値と一致しているとは限らないためである（もちろん平均的には一致している）．このため期待収益率は外国通貨建て資産に投資すると外国資産の名目利子率と実現するとは限らない予想為替相場変化率の和に等しくなる．一方，自国通貨建て資産に投資していれば，投資の期待収益率は安全資産に投資している限り外国為替相場取引を行わないので，期待収益率は名目利子率に等しくなる．したがって危険回避的な投資家は，為替リスクを伴う外国通貨建て資産への投資には為替リスクに見合った自国通貨建て資産よりも高い期待収益率を要求する．

　そうすると，ポートフォリオに占める自国通貨建て資産の外国通貨建て資産の比率，つまりポートフォリオバランスの投資家への供給と投資家の需要は次式で示すことができる．

$$\frac{B_t}{S_t B_t^*} = D(i_t - i_t^* - \Delta s_{t,t+1}^e, \sigma) \tag{7.14}$$

ただし，B_t は自国通貨建て資産残高，B_t^* は外国通貨建て資産残高，$D(\cdot)$ はポートフォリオバランスの需要関数の演算子，$S_{t,t+1}^e$ は予想為替相場，σ は為替リスクである．(7.14) 式の左辺，右辺はそれぞれポートフォリオバランスの供給と需要で，ポートフォリオバランスが自国通貨建て資産と外国通貨建て資産の期待収益率の格差 $i_t - i_t^* - \Delta s_{t,t+1}^e$ および為替リスクに依存して決定されることを示している．たとえば，自国通貨建て資産の期待収益率が外国通貨建て資産の期待収益率を上回れば（下回れば），ポートフォリオに占める自国通貨建て資産の比率が上昇（下落）し，あるいは為替リスクが上昇（下落）すれば，ポートフォリオに占める自国通貨建て資産の比率が上昇（下落）する．

ここで，ポートフォリオバランスへの需要，つまり (7.14) 式の右辺を次式のように定式化する．

$$D(i_t - i_t^* - \Delta s_{t,t+1}^e, \sigma) = \exp\{\sigma + \rho(i_t - i_t^* - \Delta s_{t,t+1}^e)\}$$

ただし，ρ は為替リスクに対する自国通貨建て資産と外国通貨建て資産の期待収益率の格差の相対的反応度である．この式を (7.14) 式に代入し対数をとることで次式が得られる．

$$b_t - s_t - b_t^* = \sigma + \rho(i_t - i_t^* - \Delta s_{t,t+1}^e)$$

この式の自国通貨建て資産の収益率である自国の名目利子率について整理すると，次式が得られる．

$$i_t = i_t^* + \Delta s_{t,t+1}^e + \frac{1}{\rho}[(b_t - s_t - b_t^*) - \sigma] \tag{7.15}$$

(7.15) 式は線形近似されたカバーなし金利平価式 (6.13) 式，つまり，

$$i_t = i_t^* + \Delta s_{t,t+1}^e \tag{7.16}$$

と比較すると特徴的である．カバーなし金利平価式では自国通貨建て資産の収益率，つまり自国の名目利子率は外国通貨建て資産の予想収益率，つまり外国通貨建て資産の収益率と予想名目為替相場変化率の和に等しいことが示されていた．しかしポートフォリオバランス・アプローチでは，必ずしも自国通貨建て資産の収益率が外国通貨建て資産の予想収益率に等しくはならない．これは，(7.15) 式の右辺第3項が示すとおりであり，自国通貨建て資産の収益率はポ

ートフォリオバランスに占める自国通貨建て資産の比率が外国通貨建て資産の比率を上回れば（下回れば）上昇（下落）すること，為替リスクが上昇（下落）すれば下落（上昇）することを示している．

　これは投資家が危険回避的であるという仮定に依存する．投資家が危険回避的であれば，期待効用を高めるために投資家は分散投資を選好する．これは複数の資産に投資すると同一のリスクのもとでより高い期待収益が望めるためである．供給されるポートフォリオバランスに占める自国通貨建て資産の比率が高ければ分散投資の機会は損なわれるため，投資家は自国通貨建て資産に対してより高い収益率を要求するようになる．このことは，自国通貨建て資産を自らが望む水準以上に保有せざるを得なくなるので，その分高い収益率を要求すると捉えてもよい．また危険回避的な投資家は，期待収益率が等しければよりリスクの低い資産を選択する．外国通貨建て資産には為替リスクが伴うため，期待収益率が自国通貨建て資産と同じであれば，投資家は自国通貨建て資産を選択する．このため，為替リスクが高ければ自国通貨建て資産を投資家は選好し，自国通貨建て資産の期待収益率が外国通貨建て資産の期待収益率を下回ることを許容する．(7.15) 式がカバーなし金利平価式と一致するのは，ポートフォリオバランスの供給が1，つまりポートフォリオバランスに占める自国通貨建て資産と外国通貨建て資産が等しく，かつ為替リスクがゼロのときに限られる．このとき (7.15) 式の右辺第3項はゼロとなる．

　ポートフォリオバランスは危険回避的な投資家が望む分散投資に制約を及ぼす．このため，直接の為替リスクと併せて (7.15) 式の右辺第3項は**リスクプレミアム**（Risk Premium）と解釈することができる．そうすると，自国通貨建て資産のリスクプレミアムは次式で示すことができる．

コラム　ポートフォリオバランス・モデルと米国の財政赤字

　ポートフォリオバランス・モデルは，政府の予算制約式，貨幣需要関数および国民所得の恒等式と併せて考えることで，政府支出の上昇が為替相場に相反する影響をもたらすことが理解できる．このことは1980年代前半にドル高になり，後半にはドル安になった原因を考える一助となる．

いま，単純化のため金融資産はすべて国債で占められていて，予想為替相場は外生的に与えられているとする．そして政府は財政赤字を国債の発行により賄っているとする．たとえば今期税収以上の政府支出が行われると，政府の国債発行残高は前期のそれよりも増加する．政府支出の増加は国民所得の恒等式を通じて GDP を上昇させる．GDP の上昇は実質貨幣供給残高が一定であると仮定すると，貨幣需要関数を通じて名目利子率を上昇させる．いま，外国で税収以上の政府支出が行われたとしよう．このとき財政赤字は拡大し，この財政赤字を賄うため外国の国債発行残高が増大し，同時に外国通貨建て金融資産残高も増大する．外国通貨建て金融資産残高の増大は (7.17) 式を通じて名目為替相場を下落，つまり外国通貨を減価させる．一方で，政府支出の増加は国民所得の恒等式を通じて GDP を上昇させ，貨幣需要関数を通じて外国の名目利子率を上昇させる．すると (7.17) 式を通じて名目為替相場は上昇し，外国通貨は増価する．

1980年代のアメリカの財政収支は一貫して赤字で，これをファイナンスするために大量の国債が発行された．この国債の大量発行は米国債の利回りを上昇させ，日米間の国債利回りはつねに米国債のほうが高く，また世界的にも高い水準にあった．このため世界的に資本がアメリカに流入し，(7.17) 式が示すようにドルが増価した．一方，アメリカの経常収支は1981年まで黒字で，82年から赤字となり，87年に赤字はピークを迎えた．米国の経常収支の赤字はただちに米国の対外純債務の増加を指す．この対外純債務の増加はやはり (7.17) 式が示すように，ドルの減価を招いた．このように，1980年代の米国で財政収支の赤字に続いて経常収支の赤字が起こったことと，80年代の前半にドル高，後半にはドル安となったことは，ポートフォリオバランス・モデルが示唆するとおりである．

$$i_t - (i_t^* + \Delta s_{t,t+1}^e) = \frac{1}{\rho}[(b_t - s_t - b_t^*) - \sigma]$$

この式の左辺は自国通貨建て資産と外国通貨建て資産の期待収益率の格差，右辺は自国通貨建て資産のリスクプレミアムである．この式は，自国通貨建て資産のリスクプレミアムは自国通貨建て資産の期待収益率を外国通貨建て資

の期待収益率よりも上昇させることを意味している．この式の両辺に－1を乗じることで，外国通貨建て資産のリスクプレミアムが次式で示される．

$$(i_t^* + \Delta s_{t,t+1}^e) - i_t = \frac{1}{\rho}[\sigma - (b_t - s_t - b_t^*)]$$

この式の右辺は，外国通貨建て資産のリスクプレミアムである．すると，自国通貨建て資産であれ，外国通貨建て資産であれ，リスクプレミアムは為替リスクとポートフォリオバランス，つまり供給される自国通貨建て資産と外国通貨建て資産の比率に依存するということがわかる．

7.2.2　ポートフォリオバランス・モデルでの為替相場決定

(7.15) 式を名目為替相場について整理すると，次式が得られる．

$$s_t = \frac{\rho}{1+\rho}(i_t^* - i_t + s_{t,t+1}^e) + \frac{1}{1+\rho}(b_t - b_t^* - \sigma) \tag{7.17}$$

(7.17) 式は，名目為替相場が右辺第1項，つまり自国と外国の名目利子率の格差および予想名目為替相場のみならず，右辺第2項で示されるように，自国通貨建て資産と外国通貨建て資産の供給残高の格差およびリスクプレミアムに依存することを表している．一方，カバーなし金利平価式 (7.16) 式を名目為替相場について整理すると次式が得られる．

$$s_t = i_t^* - i_t + s_{t,t+1}^e \tag{7.18}$$

いうまでもなく，カバーなし金利平価式のもとでは (7.17) 式の右辺第2項に相当する項が現れず，名目為替相場が自国と外国の名目利子率の格差および予想名目為替相場のみに依存して決定されることが示される．

7.3　ニュースの理論

　外国為替相場は，その一方で市場参加者が市場での取引を通じて決定される．これまでは為替相場は所得や金利，マネーサプライといったファンダメンタルズによって決定されることを示してきた．こうしたファンダメンタルズに関する情報は，外国為替を取引する市場参加者に利用されることによって，外国為替取引が行われ，外国為替相場が決定される．こうした外国為替相場決定に影

響を及ぼす情報が市場参加者に伝達される過程で為替相場にどのような影響を与えるか，という点に焦点を当てたのが**ニュース（News）の理論**である．為替相場は，新しい情報，つまりニュースに対して反応する．市場参加者がこれまでに知らなかった情報が流れると，為替相場は変化する．逆に，新しくない情報には，為替相場は反応しない．市場参加者がすでに知っている情報が流れても，為替相場は変化しない．

7.3.1　効率的市場仮説

　資産価格は現在利用可能なすべての情報を利用して決定されるため，裁定取引を生じさせる機会，つまり裁定機会が存在しないと主張する仮説を**効率的市場仮説**（Efficient Market Hypothesis）という．たとえば第6章では，購買力平価や金利平価は裁定取引によって為替相場や予想為替相場変化率が決定されることを示した．財市場や金融市場で裁定機会が生じたという情報をすべての市場参加者が同時に知り得て，その情報が即座に利用されればどうなるだろうか．市場参加者は一斉に裁定取引を行うため裁定機会は即座に失われてしまう．裁定機会が即座に失われると同時に，情報はすべて利用されたため，価格も即座に反応する．財市場であればある財の価格は即座に両国で等しくなり，あるいは金融市場であれば金融資産の期待収益率は即座に等しくなる．したがって，為替相場や予想為替相場変化率も利用可能な情報が即座に反映され，決定されている．

　効率的市場仮説は利用可能な情報の性質に応じて分類される．過去の利用可能な情報をすべて利用して資産価格が決定されていれば，「ウィークフォーム（弱度）の効率的市場仮説」が成立しているという．過去の情報に加えて公的情報もすべて利用して資産価格が決定されていれば「セミストロングフォーム（準強度）」の，それらに加えて私的情報もすべて利用して資産価格が決定されていれば「ストロングフォーム（強度）」の，それぞれ効率的市場仮説が成立しているという．なお，為替相場に関していえば，過去の情報とは過去の為替相場そのものの情報を，公的情報とは公表された利子率，マネーサプライ，GDPなどを，私的情報とは公表されていない一部の市場参加者しか知り得ない為替相場を変化させるにたる情報のそれぞれを指す．

7.3 ニュースの理論

効率的市場仮説のもとでは，市場参加者は合理的期待に基づき将来の予想を行うことが仮定されている．この仮説のもとでは利用可能な情報すべてを用いて予想を行うので，市場参加者が合理的期待形成を行うことを必要とする．それでは合理的期待形成のもとでの為替相場の予測はどのように行われるのであろうか．いま $t+1$ 期の予想為替相場と $t+1$ 期に実現した為替相場の関係を次式で示すことにする．

$$s_{t+1} = s^e_{t,t+1} + \varpi_{t+1} \tag{7.19}$$

ただし，ϖ_t は予測誤差である．合理的期待仮説のもとでの予想為替相場，つまり期待為替相場は次式で示される．

$$s^e_{t,t+1} = \mathrm{E}_t(s_{t+1}) \tag{7.20}$$

(7.20) 式は t 期に利用可能な情報をすべて用いた予想為替相場は合理的期待仮説のもとでの為替相場の予想値，つまり期待為替相場と等しいことを示している．

(7.20) 式を (7.19) 式に代入することで，予測誤差の条件付き期待値について次式が得られる．

$$\mathrm{E}_t(\varpi_{t+1}) = 0 \tag{7.21}$$

(7.21) 式は合理的期待のもとでは系統的な予測の誤りがない，つまり予測誤差にバイアスがないことを示している．たとえば，仮に (7.21) 式の左辺が非ゼロの定数であったとしても，この定数も利用可能な情報として利用されてしまい，やはり予測誤差の条件付き期待値はゼロになってしまう．

ここで，金利平価式を用いて効率的市場仮説が成立する金融市場での先物為替相場と予想為替相場の関係について考えてみよう．第6章では (6.12)，(6.14) 式のように，先物為替相場の変化率と予想為替相場の変化率のそれぞれが自国と外国の利子率の格差に等しいことを示した．(6.12)，(6.14) 式を組み合わせ対数をとることで $f_{t,t+1} = s^e_{t,t+1}$ が得られ，これを (7.19) 式へ代入すると次式が得られる

$$s_{t+1} = f_{t,t+1} + \varpi_{t+1} \tag{7.22}$$

ただし，$f_{t,t+1}$ は先物為替相場の対数値である．(7.21) 式より，(7.22) 式は，効率的市場仮説では t 期に受け渡しがされる $t+1$ 期の先物為替相場は系統的な誤りのない $t+1$ 期の予想為替相場に等しいことを示している．なお，カバ

ーなし金利平価式である (6.14) 式は危険中立的な投資家を仮定していたため，(7.22) 式は合理的期待形成だけが成立すれば成立するものではないことに注意すべきである．

7.3.2 ニュースと為替相場

それではニュースが為替相場にどのような影響を及ぼすのであろうか．ここでは伸縮価格マネタリー・モデルを例にとりあげる．いま，$t+1$ 期の為替相場が次式に従って決定されているとする．

$$s_{t+1} = s_{FM,t+1} + \omega_{t+1} \tag{7.23}$$

ただし，$s_{FM,t}$ は (7.5) 式で示される伸縮価格マネタリー・モデルで決定される為替相場の対数値，ω_t は $E_t(\omega_{t+1})=0$ の攪乱項である．つまり (7.23) 式は，為替相場が伸縮価格マネタリー・モデルで説明できる部分と伸縮価格マネタリー・モデルだけでは説明できない部分とで構成されていることを示している．(7.22) 式を (7.23) 式に代入することで，

$$\varpi_{t+1} = s_{FM,t+1} - E_t(s_{FM,t+1}) + \omega_{t+1}$$

が得られる．ここで，$s_{FM,t+1} - E_t(s_{FM,t+1})$ は t 期には伸縮価格マネタリー・モデルでは予想できなかったニュースである．したがってこの式は，為替相場の予測誤差は為替相場に影響を及ぼすニュースと攪乱項によって説明されることを示している．伸縮価格マネタリー・モデルを仮定すれば，たとえば貨幣供給量のニュースは為替相場決定に関するニュースとなる．そうすると，この式は貨幣供給量に関するニュースに対して為替相場が反応したため，$t+1$ 期に為替相場の予測誤差を生じさせたことを意味している．

練習問題

問題 1

伸縮価格マネタリー・モデルにおいて，他の事情を一定として，外国のマネーサプライが増加したとき，外国の所得が上昇したとき，外国の名目利子率が上昇したとき，それぞれの名目為替相場の変化を示せ．

問題 2
オーバーシューティング・モデルにおいて，財市場の調整速度を示すパラメーター ζ が大きくなるにつれて為替相場および物価の振る舞いがどのように変化するかを論ぜよ．

問題 3
伸縮価格マネタリー・モデルを例に，ニュースが為替相場にどのような影響を与えるかを示せ．

第8章

為替介入と外貨準備

この章で学ぶこと

* 為替介入が為替相場を誘導するメカニズムを理解する．

* 為替介入は国内の貨幣市場に影響を及ぼすことを理解する．

* 外貨準備増減の原因が為替介入の結果であることを理解する．

急激な為替レートの変動は，企業の経営等に悪影響を及ぼし，ひいては経済そのものに悪影響を及ぼす可能性があるとの考えから，政策当局は為替相場が乱高下しないように国際金融市場に自ら参加し，為替相場の安定を図ることがある．これを為替介入といい，日本では財務省の命令のもとで日本銀行が実施することになっている．本章では為替介入のメカニズムや実際，および外貨準備の変化と為替介入の関連について議論する．

8.1 為替介入

通貨当局が為替相場を自らの目標水準に誘導しようとするときは，外国為替市場に介入して，自国通貨と外国通貨の外国為替取引に参加する必要，つまり**外国為替介入**（Foreign Exchange Intervention）を行う必要がある．たとえば，民間経済主体間の外国為替取引において，通貨当局が目標水準とする為替相場を所与として，自国通貨と交換に外国通貨を買いたいという外国通貨需要が，自国通貨と交換に外国通貨を売りたいという外国通貨供給よりも多い場合に，通貨当局が外国為替市場に介入しなければ，外国通貨の超過需要および自国通貨の超過供給が発生する．このような外国為替市場における外国通貨の超過需要および自国通貨の超過供給によって為替相場に対して外国通貨を増価させ，自国通貨を減価させる圧力が働く．なお，外国為替介入は単に「為替介入」としばしば呼ばれる．

8.1.1 為替介入と外貨準備

この圧力を抑えるためには，通貨当局は民間経済主体間の外国為替取引における超過需要・超過供給を相殺するような外国為替取引を行う必要がある．このケースでは，通貨当局は民間部門による外国通貨の超過需要額と等しいだけの外国通貨を売って自国通貨を買う介入を行うことにより，為替相場を目標水準に維持することができる．

為替介入の目的としては，為替相場の変動を抑制しようとする為替相場安定化の目的と，積極的にある目標水準に為替相場を誘導しようとする為替相場誘導の目的とがある．為替相場安定化を目的として為替介入が行われる場合には，

外国為替市場における為替相場の変化の方向に対して逆方向に為替介入が行われる．このように，外国為替市場における為替相場の変化の方向に対して逆方向に行われる為替介入は**抑制介入**（Leaning against the Wind）と呼ばれる．これに対して，ある目標水準に向かって為替相場を積極的に誘導しようとする場合，ときには外国為替市場における為替相場の変化の方向と同方向に為替介入が行われることもある．このように，外国為替市場における為替相場の変化の方向と同方向に行われる為替介入は**促進介入**（Leaning behind the Wind）と呼ばれる．

通貨当局が外国為替市場に介入を行うことは外国通貨の売買を意味するから，外国為替市場介入の結果，通貨当局が保有する外貨準備残高が増減することになる．外国通貨の超過需要による外国通貨増価・自国通貨減価の圧力に対して為替相場を固定しようと外国通貨を売って自国通貨を買う介入を行うと，通貨当局保有の**外貨準備**（Foreign Exchange Reserve）が減少する．逆に，外国通貨の超過供給による外国通貨減価・自国通貨増加の圧力に対して為替相場を固定しようと自国通貨を売って外国通貨を買う介入を行うと，通貨当局保有の外貨準備が増加する．

いま，中央銀行のバランスシートが図8-1のように示されるとしよう．中央銀行は資産として対政府信用および対民間信用を保有し，負債としてハイパワード・マネーを発行している．もし通貨当局が国内信用残高を一定のままに維持するならば，外国通貨の買い介入は外貨準備残高を増加させる．外貨準備残高の増加はそのままハイパワード・マネーの増加に結びつく（図8-2）．外貨売り介入は逆に，外貨準備残高の減少を通じてハイパワード・マネーを減少させる．いずれにせよ国内信用残高を一定に維持するかぎり，外国為替介入はハイパワード・マネーを変化させる．したがって，国内信用残高を一定に維持したままの外国為替介入は国内の貨幣市場に影響を及ぼす．

8.1.2　不胎化政策

外貨買い介入が行われると外貨準備残高は増加するが，このとき，国内信用残高を外貨準備残高の増加分に等しいだけ国債の買いオペを通じて減少させると，この外貨準備残高の増加によるハイパワード・マネーの増加を回避し，ハ

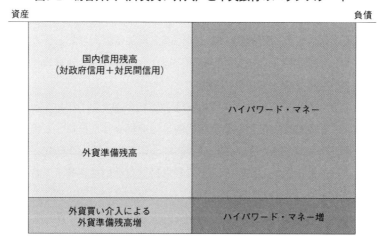

図8-1 中央銀行のバランスシート

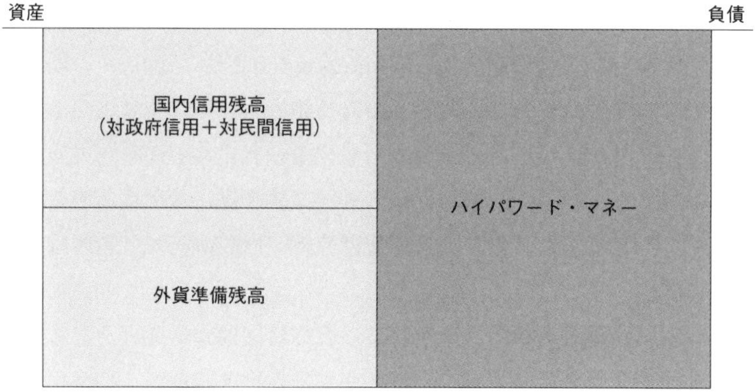

図8-2 為替介入（外貨買い介入）と中央銀行のバランスシート

イパワード・マネーを一定に保つことができる（図8-3）．あるいは，外貨売り介入が行われると外貨準備残高が減少するが，同時に外貨準備残高の減少分だけ，国債の売りオペを通じて国内信用残高を増加させれば，ハイパワード・マネーの減少を回避し，やはりハイパワード・マネーを一定に保つことができる．この外貨準備残高の増減を相殺するように国内信用残高を変化させハイパワード・マネーを一定に維持する政策を**不胎化政策**（Sterilization Policy）という．不胎化政策を伴う外国為替介入は国内の貨幣市場に影響を与えない．

図8-3 不胎化政策を伴う為替介入（外貨買い介入）と中央銀行のバランスシート

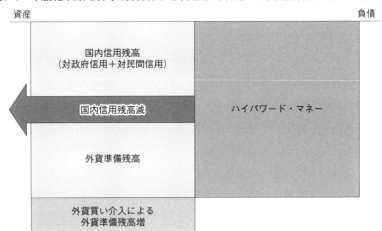

　不胎化政策を伴わない為替介入が実施されるとハイパワード・マネーが変化することから，通貨当局が目標水準とする為替相場と一致するように為替相場のファンダメンタルズが変化する．たとえば，通貨当局が自国通貨を切り上げようとして外国通貨を売って自国通貨を買う為替介入を行うと，外貨準備，そしてハイパワード・マネーが減少して，物価の下落や利子率の上昇を招くことがあり得る．物価の下落は貿易収支を改善する一方，利子率の上昇は金融収支の悪化を通じて自国通貨の増価圧力を与えるようにファンダメンタルズが変化する．このように，不胎化政策を伴わない為替介入は，外国為替市場への介入とともにファンダメンタルズを変化させることによって民間経済主体の行動に影響を及ぼすことを通じて，為替相場を目標水準に誘導することができる．

　それに対して不胎化政策を伴う為替介入が実施されると，ハイパワード・マネーが変化しないため，通貨当局が目標とする為替相場とファンダメンタルズの間の乖離が持続する．たとえば，通貨当局が自国通貨を切り上げようとして外国通貨を売って自国通貨を買う為替介入を実施したとき，ハイパワード・マネーを一定に維持するように外貨準備残高が減少した分だけ国内信用残高を増加させる不胎化政策を同時に行ったとしよう．このとき，通貨当局が目標とする為替相場とファンダメンタルズとは依然として乖離したままなので，通貨当局は外国為替市場に介入し続けなければならない．そうすると外貨準備残高は

さらに減少し，やがて外貨準備が底をつき，通貨当局は為替介入を実施できなくなる．

8.1.3 不胎化政策を伴わない為替介入の効果

通貨当局が外国為替市場に介入することによって，通貨当局が期待するように為替相場が実効的に変化するかどうかは，通貨当局が為替介入に伴う外貨準備残高の変化を不胎化してファンダメンタルズを変化させないか，あるいは外貨準備残高の変化を不胎化せずにファンダメンタルズを変化させるかに依存する．不胎化政策を伴わない為替介入が行われた場合，ハイパワード・マネーは変化し，ひいてはマネーサプライが変化することになる．マネーサプライの変化は為替相場の基本的な決定要因である金利平価や購買力平価を通じて為替相場を変化させる．

たとえば，通貨当局が外国通貨に対して自国通貨を増価させるように為替相場を誘導しようとしているとしよう．このとき，通貨当局は外国為替市場で外国通貨を売って自国通貨を買う介入を行う．この外国通貨売りの為替介入を不胎化しないことによって通貨当局が保有する外貨準備残高は減少し，ハイパワード・マネーおよびマネーサプライが減少する．マネーサプライの減少は，貨幣市場において貨幣の超過需要を生み出し，自国利子率の上昇圧力を生じさせる．この自国利子率の上昇圧力は外国から自国への資本流入を促す．自国への資本流入は外国通貨の売却と自国通貨の購入を伴うため，自国通貨は増価する．また，自国利子率の上昇は投資（あるいは国内支出）を抑制し所得の減少を通じて輸入を減少させ，あるいは国内物価の下落を通じて外国財に対する自国財の相対価格を下落させて，輸出を上昇させ輸入を減少させる．いずれにせよ，この自国利子率の上昇は純輸出を増加させる．純輸出の増加はすなわち貿易収支の改善であるため，外国通貨を売って自国通貨を買う取引が増大する．

こうして，通貨当局が外国為替市場に介入した結果生じた外貨準備残高の変化を不胎化しない限り，マネーサプライの変化による為替相場のファンダメンタルズの変化を利用して為替相場を誘導することになる．通貨当局の為替介入は，為替相場のファンダメンタルズと矛盾しないように為替相場を誘導するので，為替介入は有効である．

8.1.4 不胎化政策を伴う為替介入の効果

それでは,不胎化政策を伴う為替介入はどうだろうか.不胎化政策を伴う為替介入のもとでは,外貨準備残高の変化は国内信用残高が変化することで相殺される.外貨準備残高の変化によるハイパワード・マネー,ひいてはマネーサプライの変化を避けたいと意図したとき,通貨当局は為替介入に伴って不胎化政策を行うことがある.このとき,通貨当局は為替相場のファンダメンタルズを変化させることなく為替相場を誘導することになる.為替介入を行いつつファンダメンタルズを変化させることなく為替相場を変化させる経路は二つある.一つは,民間経済主体の予想為替相場を変化させることを通じて為替相場に影響を及ぼす経路,もう一つは危険回避的な投資家が分散投資の際に考慮するリスクプレミアムを通じて影響を及ぼす経路である.前者の経路は**シグナリング効果**(Signaling Effect)と呼ばれる.

投資家が危険中立的であるとき,不胎化政策を伴う為替介入は民間経済主体の予想為替相場に影響を及ぼさないかぎり,為替相場に影響を及ぼすことができない.これは,第6章の(6.14)式,つまり,

$$i_t - i_t^* = \frac{S_{t,t+1}^e - S_t}{S_t}$$

で示される金利平価式より明らかである.ただし,i_t と i_t^* はそれぞれ自国と外国の名目利子率,S_t は名目為替相場,$S_{t,t+1}^e$ は予想為替相場である.(6.14)式が成立しているかぎり,外国利子率を所与とすれば,自国利子率を変化させることによって,あるいは予想為替相場を変化させることによって,為替介入は現在の為替相場に影響を及ばさざるを得ない.不胎化政策を伴う為替介入は,マネーサプライを変化させないため貨幣市場に影響を及ぼさず,このため自国利子率は変化しない.したがって,(6.14)式において予想為替相場が変化しないかぎり,現在の為替相場は変化しないので,投資家が危険中立的であれば,為替介入は予想為替相場を通じて現在の為替相場を変化させることになる.

予想為替相場はどのようにして変化させることが可能であろうか.通貨当局が外国為替市場に介入した際,介入の結果生じる外貨準備残高の変化が現在において不胎化されて,マネーサプライを変化させることがなくても,将来のマ

ネーサプライを増加させて将来の為替相場に影響を及ぼすことが民間経済主体によって予想されれば，予想為替相場を通じて，現在の為替相場に影響を及ぼすことができる．たとえば，通貨当局が自国通貨を増価させるために外国為替市場に介入すると，外貨準備残高は減少する．この外貨準備残高の減少を一時的に不胎化したとしても，外貨準備残高が尽きれば，もはや通貨当局は外国為替市場に介入することはできない．そうすると，将来において通貨当局が不胎化政策を放棄し，為替介入がマネーサプライに影響を及ぼすようになることが民間経済主体によって予想されるかもしれない．こうして，将来のマネーサプライの変化を民間経済主体に予想させることによって，通貨当局は予想将来為替相場の変化を通じて現在の為替相場に影響を及ぼすことができる．この予想為替相場の変化の現在の為替相場への効果がシグナリング効果である．

　それでは，投資家が危険回避的であるときはどうだろうか．投資家が危険回避的であれば，投資家は期待収益ではなく期待効用に関心を持ち，為替リスクなどからなるリスクプレミアムが資産保有に影響を及ぼす．投資家はリスクプレミアムの軽減のために内外資産に分散投資を行い，それら資産をポートフォリオとして保有する．このとき，為替相場はポートフォリオバランス・モデルによって決定される．第 7 章で述べたとおり，ポートフォリオバランス・モデルでは自国通貨建て，外国通貨建てそれぞれの資産の需給均衡条件が（7.14）式で与えられ，その両辺の対数をとることで（7.15）式，つまり，

$$i_t = i_t^* + \Delta s_{t,t+1}^e + \frac{1}{\rho}[(b_t - s_t - b_t^*) - \sigma]$$

が得られる．ただし，b_t と b_t^* はそれぞれ自国通貨建て，外国通貨建て資産の対数値，s_t は名目為替相場の対数値，ρ は為替リスクに対する自国通貨建て資産と外国通貨建て資産の期待収益率格差の反応度，σ は為替リスク，$\Delta s_{t,t+1}^e$ は予想為替相場変化率である．

　不胎化政策を伴う為替介入は，国内信用残高を変化させることによって外貨準備残高の変化を相殺する．通貨当局が為替介入を行う際，外国通貨建て資産を売買する一方で不胎化政策を行うため，自国通貨建て資産を売買するものとすると，このような不胎化政策を伴う為替介入は，通貨当局が外国通貨建て資産と自国通貨建て資産の「スワップ取引」と同義であるといえる．このため，

通貨当局はマネーサプライを不変のまま維持することができる．

一方で，このような不胎化政策を伴う為替介入は，(7.15) 式の右辺第 3 項のリスクプレミアムに影響を及ぼすことになる．たとえば，通貨当局が自国通貨を増価させるために外国為替市場に介入することを想定しよう．通貨当局は外国通貨建て資産を売って自国通貨建て資産を買うことによって，不胎化政策を伴う為替介入を行うことができる．このような外国通貨建て資産と自国通貨建て資産とのスワップ取引は，民間経済主体が利用可能な外国通貨建て資産の供給残高を増加させる一方，自国通貨建て資産の供給残高を減少させる．したがって (7.15) 式のリスクプレミアムは下落する．この下落は為替相場を下落させ，自国通貨を増価させる．これは，(7.17) 式からも明らかである．

8.2 為替介入の実際

8.2.1 日本の通貨当局の為替介入

日本の通貨当局が外国為替市場にどのように介入していたかを為替相場の動向と比較しながら考察してみよう．日本の財務省は外国為替市場での為替介入を「外国為替平衡操作」と称しており，その実施状況を1991年4月1日以降公表している．図8-4は，円売り・ドル買いの外国為替平衡操作の実施状況および東京市場での対ドル円相場の毎営業日の終値を示している．これら二つのデータを比較することで外国為替介入の効果を考察することができる．なお，日本の通貨当局は円=ドル間だけではなく，円=ユーロ間，ドル=マルク間あるいはドル=インドネシア・ルピー間でも為替介入を行ってきた．

8.2.2 1992年8月までの円買い介入

1991年4月から1992年8月までは，円=ドル間の為替介入はもっぱら円買い・ドル売り介入であった．この間21日にわたって円買い・ドル売り介入が行われている．介入額の合計は約8,300億円であり，介入1回あたりの介入額，つまり平均介入額は約400億円であった．この間，円ドル相場は1991年4月1日の140円60銭から最後の円買い・ドル売り介入が行われた1992年8月11日の

図8-4 円売り・ドル買い介入額と対ドル円相場（1991-2015年）

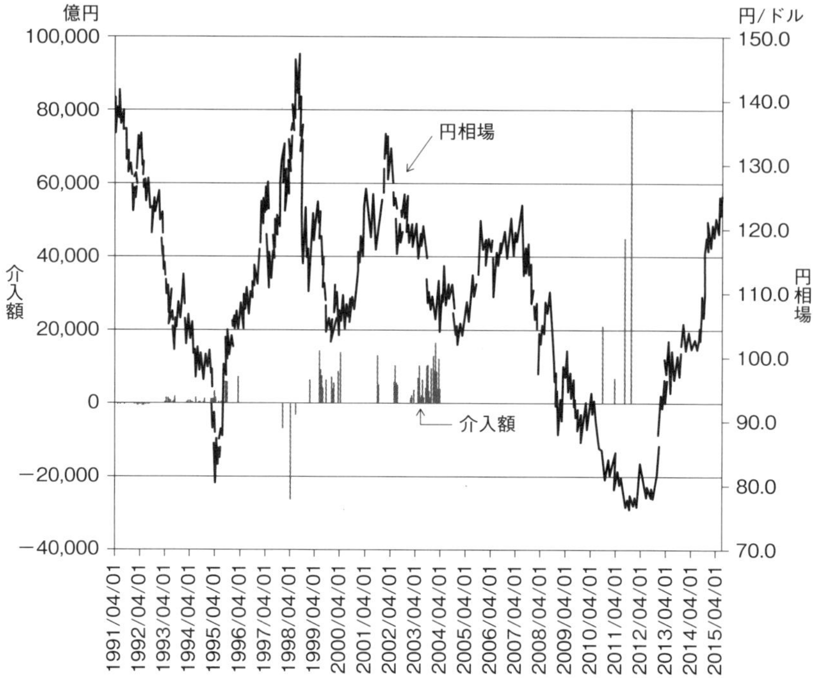

（出所）財務省，日本銀行．

127円91銭にまで円高が進行した．為替介入額と為替相場を比較するだけで為替介入の効果を推し量ることは不可能であるが，当時日本の通貨当局は円安を是正し円高に誘導するように為替介入を行っていたといえよう．

8.2.3 円売り介入のはじまり

一方，1993年4月2日には円売り・ドル買い介入が行われた．この後2011年10月31日に至るまで，円＝ドル間の介入は，1997年12月17日から1998年6月17日までの期間を除き，もっぱら円売り・ドル買い介入である．1993年4月2日以降9月7日まで断続的に円売り・ドル買い介入が行われている．この間に介入は49日にわたって行われ，その総額は約2兆6,000億円であった．円相場はこの間114円から104円10銭にまで円高が進行している．1993年4月2日から9月7日までは平均すると約3.2日おきに介入が行われており，また1日あたり

平均介入額は500億円であったので，進行する円高を食い止めるべくこまめに介入が行われたといえよう．

円高はその後さらに進行し，1995年4月19日に円相場は80円36銭にまで達した．この日を挟んで1994年2月15日から96年2月27日までに103日にわたって介入が行われ，介入額の合計は約8兆5,000億円であった．1994年2月15日から96年2月27日までは平均すると約7.2日おきに介入が行われ，1日あたり平均介入額は約800億円であった．この期間の介入は1993年4月2日から9月7日までの期間の介入と比較すると若干規模が大きく，一方で介入はそれほど頻繁でなかったといえよう．円相場はこの期間の末，1996年2月27日には104円24銭であり，この期間のはじめの1994年2月15日の102円2銭とほぼ同じ水準にまで回復した．

円はその後減価し続け，1997年5月1日には127円38銭まで円安が進行する．しかし，この後一転し円高に向かい，ヘッジファンドがタイ・バーツを売り浴びせる行動を起こしたとされる5月14日から6日後の5月20日には112円42銭まで円は急騰する．その後相場は円安に向かい，12月15日には131円36銭にまで回復する．この2日後の17日および18日，19日には円買い介入が行われた．この3日間の介入額の合計は約1兆600億円，平均すると約3,500億円であり，これまでの平均的な介入額が500～800億円であることからすると大規模な介入であったことがわかる．この3日にわたる介入の後も円は減価を続け1998年4月3日には134円57銭に達した．この6，7日後，つまり9日，10日に円買い・ドル売り介入は行われた．とくに10日の為替介入は大規模で2兆6,000億円に及び，史上3番目の規模の為替介入であった．この後，円はさらに減価し6月15日には146円45銭にまで達する．

8.2.4　ふたたび円売り介入

その後1998年6月17日の円買い・ドル売り介入を最後に，1999年1月12日からは円売り・ドル買い介入が行われるようになる．1999年1月12日から2000年4月3日まで，比較的規模の大きい為替介入が16日にわたって断続的に行われた．介入の総額は約7兆2,000億円で，1日あたりの平均介入額は約4,500億円であった．介入の頻度は平均すると28日おきで，とくに頻繁に行われたともい

いがたい．円売り・ドル買い介入が行われる一方で，円は1998年6月17日の142円から2000年4月3日の104円87銭まで増価し，円高が進行したため円高を食い止めるべく介入が行われたと考えられる．

円はその後減価を続け，円安傾向がしばらく持続し，2001年7月6日には125円74銭まで回復する．その約2カ月後の9月17日から28日にかけて比較的大規模な為替介入が7日間にわたり行われる．また，2002年5月22日から6月28日にかけても比較的大規模な為替介入が7日間にわたって行われた．この期間の為替介入は，ある一定規模の為替介入が特定の期間に集中して行われたのが特徴である．

2003年1月15日からはきわめて頻繁に為替介入が行われるようになる．2004年3月15日まで約3.4日おき，126日にわたり為替介入が行われた．為替介入の総額は約35兆円であり，1日あたりの平均為替介入額は2,800億円であったため，その規模は決して大規模とはいえない．しかし，5,000億円を超える規模の介入もしばしば行われたため，概して大規模でない介入が断続的に行われたともいいがたい．この円は，2003年1月15日の118円10銭から2004年3月15日の110円83銭まで増価し，円高傾向が持続した．円高傾向を食い止めるべく大規模な介入をしばしば行いつつ，こまめに為替介入を行っていたと考えられる．円は2004年3月15日の介入の後，円安傾向に転じ，2006年4月13日には118円41銭，2007年1月19日には121円20銭にまで減価する．この後，為替介入は6年6カ月にわたり行われることなく経過する．

8.2.5 為替介入の再開

2010年9月15日，2兆1,000億円という，1998年4月10日の為替介入に次ぐ規模の大規模な為替介入が行われた．2007年1月19日に121円20銭まで到達した円相場はその後円高傾向となり，この介入が行われる前日の14日には83円22銭にまで円は増価していた．2010年9月15日の為替介入はその矢先に行われた．この大規模な介入の後，円は大きく増価することはなかったものの，じりじりと増価し，2011年3月18日にはその前日に円相場が80円台を割り込み，79円22銭に達したのを受けて約7,000億円の為替介入が行われた．そして8月4日には，円相場がその直前16営業日にわたり80円台を割り込んだのを受けてか4兆

5,000億円の介入が実施された．そして2011年10月31日には約8兆1,000億円，翌11月1日から4日にかけて1日平均約2,500億円の為替介入が行われた．これは8月4日に介入が行われた後も円相場が80円台を回復することなく，10月28日には75円84銭まで円が増価したことが引き金となったといえよう．

この間に実施された為替介入はきわめて大規模であり，かつ継続的に行われていないのが特徴である．この点に関して1997年5月17日から1998年4月10日にかけて行われた為替介入と共通している．なお，2011年11月4日を最後に為替介入は行われていない（2015年9月18日現在）．

8.3 外貨準備保有：原因と動機

8.3.1 外貨準備と為替介入

第8.1節では，為替介入が行われると外貨準備もそれに併せて変化することを示した．たとえば，円売り・ドル買い介入が行われれば，中央銀行が保有するドル建て資産の増加を通じて外貨準備も増加し，円買い・ドル売り介入が行われれば，中央銀行が保有するドル建て資産の減少を通じて外貨準備も減少する．ここでは回帰分析によりこのことを確認する．データとして財務省が発表している「外貨準備残高増減及び外国為替平衡操作」を用いる．それぞれのデータは不均一分散を回避するため，それぞれの平均値からの乖離率に変換する．対数をとることも不均一分散を回避する有力な手段だが，外国為替平衡操作，つまり為替介入はその値がゼロであることが多く，対数をとることができない．そこでここでは，すべての変数についてデータ期間中の平均値からの乖離率に変換するという手法を用いることにした．なお，データ期種は四半期で，データ期間は1991年第2四半期〜2011年第3四半期，標本数は82である．

回帰式および回帰分析の結果は以下のとおりである．

$$y_t = \underset{(0.1506)}{0.0025} + \underset{(0.0885)}{1.1757} x_t + \underset{(1.1949)}{0.9990} z_t + u_t$$
$$u_t = \underset{(0.1207)}{0.0675} u_{t-1} + \varepsilon_t$$
(8.1)

ただし，y_t, x_t, z_t は外貨準備の増減，為替介入額，円の対ドル為替相場それぞ

れの平均値からの乖離率，u_t は誤差項，ε_t は互いに独立の攪乱項，カッコ内は標準誤差である．外貨準備増減の為替相場の変動による変化をコントロールするため，説明変数に為替相場の平均値からの乖離率を含んでいる．誤差項には系列相関が認められる可能性が高かったため，コクラン＝オーカット法で推定した．このため，誤差項には1階の自己回帰過程が仮定されている．自由度修正済み決定係数は 0.72，ダービン＝ワトソン統計量は 2.00 であった．ダービン＝ワトソン統計量は，誤差項が1次の自己回帰仮定に従うときの自己回帰係数の帰無仮説ゼロを検定する統計量である．誤差項に系列相関が認められれば，ダービン＝ワトソン統計量はゼロに近い値をとる一方，系列相関が認められなければ 2 に近い値をとる．ここではダービン＝ワトソン統計量は 2 であるため，誤差項に系列相関が認められるとはいえず，推定量が最小分散推定量ではないとはいえない．

　(8.1) 式の1行目右辺第1項は定数項であり，推定量と標準誤差から t 統計量が 0.0166 であることがわかる．自由度 81 の危険度5％の t 統計量は両側検定であれば 1.9897 であるため，定数項はほとんどゼロと考えて差し支えない．この結果は，データが平均値からの乖離率に変換されていることと整合的である．右辺第3項の円の対ドル相場の係数の推定量の t 統計量は 0.8361 であり，危険度5％で有意にゼロではないとはいえなかった．これは，円相場は外貨準備増減を説明しないことを示唆している．この分析で最も重要な右辺第2項には，為替介入額に対する外貨準備増減の係数が示されている．その推定量と標準誤差から t 統計量は 13.2847 であることがわかり，推定量 1.1757 が危険度5％で有意にゼロではないことがわかる．また，帰無仮説を1としたときの推定量の t 統計量は 1.9853 であり，帰無仮説を棄却できない．この結果は，円売り・ドル買い介入が行われたときには外貨準備が増加し，円買い・ドル売り介入が行われたときは外貨準備が減少し，かつその変化は1対1で対応していることを示唆している．もっと言えば，外貨準備残高の変化の原因はそのまま為替介入に求めることができる．

8.3.2　バッファーストック・モデル

　外貨準備保有の動機を説明するモデルに，フレンケルとジョバノビックのバ

ッファーストック・モデル（Buffer Stock Model）がある（Frenkel and Jovanovic（1981））．いま，政策当局が二つのコストの最小化問題に直面しているとしよう．一つのコストは経済調整コストである．外貨準備を保有していなければ，経常収支の黒字化のためには国内の消費，投資，政府支出を削減する必要がある．しかし，外貨準備を保有していれば，保有する外貨で対外的な支払いを行うことができるため，経常収支の黒字化を図る際，国内支出を削減する必要がない．この国内支出削減を「経済調整コスト」とここでは呼ぶ．すると，外貨準備を保有すると経済調整コストの削減が可能ということになる．二つめのコストは外貨準備保有に対する機会費用である．外貨準備の保有は自国通貨建て資産の売却を伴い，ひいては自国通貨を減価させる．この自国通貨の減価は輸入物価の上昇を通じて自国の物価を平均的に引き上げ，政策当局が保有する資産の実質価値を低下させる．政策当局が外貨準備を保有せずに単に自国通貨建て資産を保有すれば，物価上昇による政策当局が保有する資産の実質価値の低下を招かないため，外貨準備保有には機会費用が伴う．

　この二つのコストのため，通貨当局は，一方で外貨準備を保有する動機をもち，一方で保有しない動機を持つ．そしてある一定の特殊な条件のもとでは，この最小化問題の1階の条件は次式で示される．

$$R_0 = 2^{\frac{1}{4}} C^{\frac{1}{2}} \delta^{\frac{1}{2}} r^{-\frac{1}{4}} \tag{8.2}$$

ただし，R_0は最適な外貨保有残高，Cは経済調整コスト，δは外貨準備保有高の標準偏差，rは外貨準備保有の機会費用である．

　（8.2）式は，最適な外貨準備保有高は経済調整コスト，外貨準備保有残高の標準偏差，外貨準備保有の機会費用に依存して決まることを示している．外貨準備保有高が高ければ，外貨準備残高をこまめに調整するためのコストが削減される．このため（8.2）式は，最適な外貨準備残高がその標準偏差に依存するということを示している．

　このモデルでは，外貨準備を保有することで経済調整コストが削減されるメカニズム，あるいは外貨準備保有が機会費用を生じさせるメカニズムが，第2章や第5章で紹介したミクロ経済学的基礎に基づいたモデルのように明瞭になっていない．しかし，実証分析では（8.2）式が妥当であることが示されている．フレンケルとジョバノビックは，（8.2）式に基づく推定式を1971年から

1975年までの22の先進国のデータを用いて推定し，以下の結果を得た．

$$\ln R = \alpha_0 + \underset{(0.110)}{0.505} \ln \delta - \underset{(0.149)}{0.279} \ln r$$

ここで，R は外貨準備保有残高，α_0 は各国固有の定数，カッコ内は標準誤差で，標本数は110である．したがって標準偏差の対数，機会費用の対数，それぞれの係数の t 統計量は4.591，−1.872であり，それぞれ 5 ％水準，10％水準で統計的に有意であった．いずれの係数も符号は（8.2）式の示唆と一致しており，また係数それ自身もやはり（8.2）式が示唆するところ，つまり0.5および−0.25と近い値をとっている．したがってデータは，経済調整コストやそのために保有する外貨準備残高を調整するためのコスト，外貨準備残高の機会費用に依存して決まることを示している．

コラム　増加を続ける中国の外貨準備

中国の外貨準備の増加が指摘されて久しい．図8-5が示すように，たとえば2002年，日本の外貨準備（金を含む）は約4,700億ドルであったのに対して，中国の外貨準備（金を含む）は約2,900億ドルであった．しかし，2006年，日本の外貨準備が約9,000億ドルであったのに対して，中国の外貨準備は約 1 兆700億ドルと，中国の外貨準備が日本の外貨準備を追い抜き，2014年には日本のそれが約 1 兆2,600億ドルであるのに対して中国のそれは約 3 兆8,400億ドルと，中国の外貨準備は日本のそれの約 3 倍にまで増加している．中国の外貨準備はもはや世界最大であり，日本の外貨準備は中国のそれに大きく水をあけられているため，中国の隆盛や日本の国力の衰退を論じる人も少なくない．

ここで，注意しなければいけないのは第8.1節でも述べたように，外国通貨買い介入，つまり自国通貨の売り介入は外貨準備の増加を伴うということである．第8.3節での日本の外貨準備増減と外国為替平衡操作，つまり為替介入のデータを用いた分析でも，外貨準備増減が為替介入でただちに説明できることが示された．よく知られているように中国は事実上人民元相場をドルに対して固定する政策を採用しており，人民元相場を維持するために自国通貨の売り介入をしばしば行っていることが指摘されている．

中国は，日本のように為替介入のデータを開示していないため，ただちに日本の実証結果を当てはめることはできないが，中国の外貨準備増加の原因をたび重なる人民元売り・ドル買い介入に求めることは決して不自然ではない．外貨準備の増加という現象を捉えて国力の増大がその背景にあると結論づけるのはむしろ乱暴である．

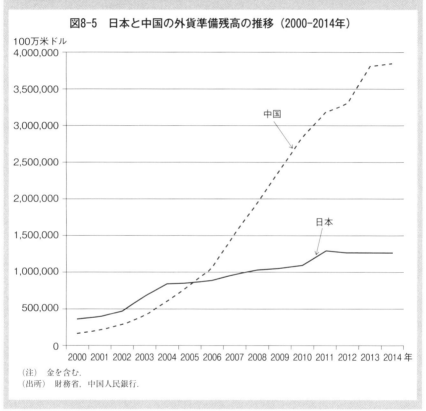

図8-5　日本と中国の外貨準備残高の推移（2000-2014年）

（注）　金を含む．
（出所）　財務省，中国人民銀行．

8.3.3　通貨危機と外貨準備保有

　1997年のタイ・バーツの変動相場制への移行に端を発したアジア通貨危機の後，東アジア諸国では，バッファーストック・モデルが示唆する水準以上に外貨準備が保有されていることが実証分析で示されている．たとえば，アイゼンマンとマリオンは，韓国，中国，タイ，フィリピンでは1997年以降，バッファ

ーストック・モデルによる推計値を上回っていることを示唆した（Aizenman and Marion (2002)）．また，フルードとマリオンは35カ国のデータを用いて，韓国などの一部の新興市場諸国ではバッファーストック・モデルによる推計値以上に外貨準備を保有していることが示した（Flood and Marion (2002)）.

　こうした結果は，これらの国々が自国通貨の減価に備えて外貨準備を保有し，たとえば投機攻撃などの自国通貨に対する減価圧力に対して外貨準備の売却による自国通貨の買い支えを意図していることを示唆している．したがって，フレンケルとジョバノビックが実証分析を行った当時とは異なり，近年では，とくに東アジアや新興市場諸国では，自国通貨への減価圧力に対する備えが外貨準備の保有動機になっている，あるいは為替相場の減価が交易条件の悪化を通じて貿易収支を改善することに着目すると，経常収支の黒字化あるいはその維持が外貨準備を保有する有力な動機になっているといえよう．

練習問題

問題 1
不胎化政策を伴わない為替介入がファンダメンタルズに影響を与えて為替相場を誘導するメカニズムを論じなさい．

問題 2
ポートフォリオバランス・モデルを用いて，ファンダメンタルズに影響を与えることのない為替介入，つまり不胎化政策を伴う為替介入の為替相場を誘導する経路を説明しなさい．

第9章 通貨統合と最適通貨圏の理論

この章で学ぶこと

* 通貨統合のメリットとデメリットについて考える.

* 最適通貨圏の理論について学ぶ.

* 欧州の通貨統合(ユーロ)への道のりと現状についてみる.

1999年1月1日，**欧州連合**（European Union; EU）加盟11カ国で単一共通通貨**ユーロ**（Euro）を導入してから15年が経過し，ギリシャ財政危機に始まる欧州財政危機が発生して，ユーロの価値が乱高下している（図9-1）．欧州財政危機を経験して，ユーロが単一共通通貨として流通しているユーロ圏の内外において，EUの通貨同盟およびユーロ体制の問題点が指摘されている．ユーロ体制が崩壊するとか，ユーロ圏からギリシャを追放すべしとかいった議論があるものの，EUやユーロ圏諸国政府は，その問題点を改善すべく，さまざまな対応を施しつつある．

図9-1には，ユーロの名目実効為替相場の動向が示されている．これを見ると，ユーロが導入された1999年1月1日以降，ユーロは減価し続け，2000年10月に最も低い値となった後，上下しながらも2009年10月までは右上がりのトレンドを示していた．しかし，ギリシャ財政危機が発生した2010年末以降，ユーロは減価してきた．ここで注意すべきことは，ギリシャ財政危機以降ユーロは何度か減価したものの，その間の最低水準のユーロの価値は，ユーロ導入時の1999年初の価値と変わらない水準にしか減価していないということである．

本章では，通貨統合の典型的な例としてユーロを見る前に，通貨統合あるいは通貨同盟がさまざまな為替相場制度の中で厳格な固定為替相場制度として位置づけされることを示したうえで，通貨統合の便益と費用を説明する．そして，通貨統合を成功させるための経済的条件を示す最適通貨圏の理論を解説する．それらを踏まえて，EUにおける通貨同盟およびユーロについて考察する．マーストリヒト条約における**経済通貨同盟**（Economic and Monetary Union; EMU）のタイムスケジュールおよび収斂条件に言及しながら，通貨統合に至るまで道のり，すなわち，**欧州通貨制度**（European Monetary System; EMS），経済通貨同盟の第1段階・第2段階，1999年1月にユーロが導入されて到達した経済通貨同盟の第3段階までの道のりを振り返る．その際，実際のデータを見ながら，通貨統合のための収斂条件の達成状況を確認する．経済通貨同盟のもとでユーロを発行し，共通の金融政策を運営する欧州中央銀行制度とその金融政策を説明する．一方，財政政策は，各国の権限が認められ，分権化したままである．「安定成長協定」のもとで財政赤字をGDPの3％に制限するよう財政規律の遵守が求められているものの，ギリシャをはじめとするユ

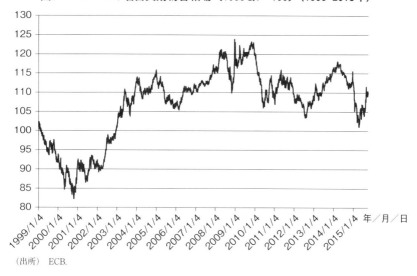

図9-1　ユーロの名目実効為替相場〔1999Q1＝100〕（1999-2015年）

（出所）　ECB.

ーロ圏の中の一部の国では財政赤字が続いていた．EU 諸国が「安定成長協定」における財政規律を強化するために動き出した「財政安定同盟」についても考察する．

9.1　通貨同盟の便益と費用

　通貨統合の便益と費用を整理するに際して，共通通貨への統合によって実現された**通貨同盟**（Monetary Union）と各国通貨が存在するなかでの固定為替相場制度を区別しておく必要がある．確かに，通貨同盟においては，各国で利用されている通貨が共通通貨であるから，為替相場が1対1に恒久的に固定されているという点で，固定為替相場制度と同じである．しかしながら，通貨同盟においては，各国通貨が存在せず，単一の共通通貨のみが存在し，為替相場が1対1に恒久的に固定されていることから，固定為替相場制度と異なり，通貨同盟のもとでの1対1の固定為替相場がより強く信認される．もう一つの相違は，固定為替相場制度においては各国に中央銀行が存在して，その国の通貨を発行しているが，通貨同盟においては各国で流通する通貨が共通通貨である

ところから，各国に共通の中央銀行が一元的に共通通貨を発行，管理している点である．

これらの通貨同盟と固定為替相場制度の区別を考慮に入れた上で，通貨統合の便益と費用を整理しよう（De Grauwe（2014））．

9.1.1 通貨統合の便益

通貨統合の第1の便益として，複数の通貨が単一の共通通貨に統一されることによって，通貨間の交換に関わる取引費用が節約されることがあげられる．ある地域内で複数の通貨が利用されている場合には，単一の共通通貨しか存在しない通貨同盟に比べて，国境を越えて経済取引を行う際して，各国で流通している通貨が異なることから，それらの複数の通貨を交換しなければならない煩雑さという取引費用に加えて，金銭的な取引費用も要する．まず，単一の共通通貨への通貨統合によってこれらの取引費用が節約される．

さらに，貨幣の機能のうち，交換手段の機能および価値尺度としての機能については，利用される通貨の種類が少なければ少ないほど規模の経済が働くことから，これらの機能は高まる．交換手段の機能についていえば，ある一つの通貨をより多くの経済主体が利用すればするほど，その便益が高まるという**ネットワーク外部性**（Network Externalities）が作用する．また，**価値尺度**としての機能についても，複数の価値尺度が存在するよりも単一の価値尺度しか存在しないほうが，価値尺度の効率性が高まる．

通貨統合の第2の便益として，単一の共通通貨に統一されることによって為替相場が存在しなくなり，為替相場の変化に関する不確実性，すなわち**外国為替リスク**（Foreign Exchange Risk）が除去されることがあげられる．固定為替相場制度を採用することによって，固定為替相場制度のもとで為替相場が固定され続けるかぎりにおいて外国為替リスクを除去することができるものの，固定為替相場制度のもとで平価の切下げや切上げが起こると為替相場が突然大きく変化し，必ずしもその外国為替リスクを完全に除去することができない．

また，たとえ固定為替相場制度を採用していたとしても，通貨当局によって固定為替相場制度が維持されるという信認が不十分であって，民間経済主体が将来において平価切下げや固定為替相場制度の放棄を予想している場合がある．

このような状況においては，固定為替相場制度のもとであっても外国為替リスクを完全に除去することができない．さらに，平価切下げが予想されている状況においては，予想平価切下げ率だけ国内金利が外国金利に比較して高くなったり，外国為替リスクを反映して，リスク・プレミアムだけ国内金利が外国金利に比較して高くなることがある．このように，固定為替相場制度のもとでも，将来において平価切下げや固定為替相場制度の放棄が予想されると，国内金利が海外金利よりも高くなり，内外金利差が発生することとなる．このような状況は「ペソ問題」と呼ばれている．

通貨同盟においては，単一の共通通貨が導入されることによって恒久的に為替相場が1対1に固定されることになる．したがって，固定為替相場制度とは異なり，通貨同盟においては為替相場制度に対する信認が不十分となる状況は存在しないことになる．したがって，為替相場制度の変更の可能性に起因する外国為替リスクを含め，外国為替リスクは完全に除去される．「ペソ問題」で現れるような内外金利差も消滅することから，通貨同盟に加盟する以前には自国通貨が相対的に弱かった国では，予想通貨調整率やリスク・プレミアムだけ国内金利を低下させることができる．

9.1.2 通貨統合の費用

通貨統合の費用としては，第1に，最適通貨圏を満たさない状況において通貨同盟を形成したために生じる費用があげられる．通貨統合によって，恒久的に為替相場変動による調整が不可能となる．共通通貨を導入した二つの国と国との間である経済ショックの方向性が異なる，非対称的ショックが発生すると，為替相場以外の手段によってそれら2国間のインバランスを調整しなければならない．後述する最適通貨圏の理論によれば，そのためには大きな費用を要することになる．

たとえば，最適通貨圏の条件を満たさない状況として，労働が国際的に移動せず，財政移転も行われない状況で，ある二つの国の間で非対称的なショックが発生したとしよう．ある二つの国の間で非対称的なショックが発生し，交易条件が変化した場合，これら二国経済でもはや為替相場による調整は利用できない．交易条件の変化に対して為替相場による調整が利用できない場合には，

両国の物価水準の調整によって対応せざるを得ない．すなわち，一方の国ではインフレ的となり，もう一方の国ではデフレ的となる．とりわけ，デフレ的な圧力を受ける国では，GDP の縮小に直面することになる．また，もし労働の国際的な移動性が低いうえ，賃金が下方硬直的であれば，当該国における非自発的失業を増大させることとなる．

通貨統合の第2の費用としては，通貨同盟各国の中央銀行が通貨同盟の統一的な中央銀行に統合されるために，各国の**通貨主権**（Monetary Sovereignty）を放棄せざるをえないことがあげられる．この通貨主権が放棄されることは，各国の金融政策の独立性が放棄されることを意味する．通貨同盟の統一的な中央銀行が各国経済にとって最適な金融政策を運営する限りにおいては問題は発生しないが，各国経済に非対称的なショックが発生したり，あるいは，各国の通貨当局の金融政策の目的関数が異なる場合には，必ずしも通貨同盟の統一的な中央銀行がすべての通貨同盟国にとって最適な金融政策を運営することができるとは限らない．また，中央銀行の機能の一つである，**最後の貸し手**（Lender of Last Resort）についても，各国中央銀行が必要と判断する状況と，通貨同盟の統一的な中央銀行が必要と判断する状況とが一致するかどうかは保証されていない．とりわけ，通貨同盟の統一的な中央銀行がインフレを嫌う政策スタンスをとっている場合には，最後の貸し手に対しては慎重な態度をとる可能性がある．

通貨統合の第3の費用として，通貨主権の放棄に伴って，各国の通貨当局が**通貨発行利益**（Seigniorage）を放棄せざるを得ないことがあげられる．通貨発行利益は政府の財政収入源の一つであることから，通貨発行利益の放棄は一つの財政収入源の放棄につながる．一方，通貨同盟の統一的な中央銀行は，各国中央銀行に代わって通貨発行利益を獲得することができることから，通貨同盟の統一的な中央銀行が獲得した通貨発行利益を，通貨同盟の加盟国にどのように配分するかという問題が生じる．その際，地域統合的な財政当局が存在すれば，通貨発行利益をその財政当局に移転すればよいが，そうでない場合には通貨発行利益の配分問題が現れる．とはいえ，この通貨発行利益配分問題は，通貨同盟に加盟している国々の国際協調によって解決しうる問題でもある．

9.2 最適通貨圏の理論

　いくつかの国の間で，各国の通貨を統合して，共通通貨を導入し，利用することが通貨統合である．その通貨統合に参加し，共通通貨を利用することができることが適している地域を**最適通貨圏**（Optimum Currency Area; OCA）と呼ぶ．最適通貨圏に関しては，さまざまな観点から最適通貨圏に参加できるための基準が提示されている．

　各国通貨を統合して共通通貨を導入するということは，各国で流通している通貨間の為替相場が恒久的に1に固定されることを意味する．そのため，もし各国間であるショックが異なる方向に起こるという，非対称的なショックが発生したならば，もはや為替相場が変動して各国経済間の不均衡を調整することはできない．そのため，まずは，ショックが対称的に発生するのであれば，調整自体が必要なくなる．しかしながら，もしショックが非対称的に発生するのであれば，為替相場以外の手段による調整が必要となる．この調整が為替相場以外の手段によって可能であることが最適通貨圏の基準となる．その一つの手段は，マンデル（Mundell (1961)）によって主張されたように，労働の移動性である．他の一つの手段は，マッキノン（McKinnon (1963)）によって主張された，貿易面における経済の開放度である．最後に，通貨主権とともに財政主権も統合されていることを前提として，あるショックが経済に対してプラスの影響を受けた国から税金を徴して，マイナスの影響を受けた国に補助金を支出するという**財政移転**による調整がある．

9.2.1　ショックの対称性

　あるショックの方向性が異なるという**非対称的なショック**（Asymmetric Shock）が発生した場合，通貨が統合されていると，為替相場以外の手段によって各国間の不均衡を調整しなければならない．しかしながら，各国間で**対称的ショック**（Symmetric Shock）しか発生しないのであれば，共通通貨を導入した国と国との間で調整が行われる必要はない．すなわち，非対称的ショックが発生せず，各国に共通して対称的ショックが発生する地域においては，共

通通貨を導入することが可能となり，最適通貨圏を形成することができる．

いま「自然失業率仮説」が成立する長期的な状況を想定すれば，総需要ショックは長期的なGDP水準には影響を及ぼさず，むしろ総供給ショックが長期的なGDP水準に影響を及ぼすことから，総供給ショックの対称性が注目される．総供給ショックとは，たとえば，生産性ショックや石油ショックなどのように，生産関数に影響を及ぼすショックを意味する．EUの中でも，北海油田を有し原油を産出する国と，原油を輸入し原燃料として利用する国とでは，原油価格の上昇の影響は非対称的なショックをもたらす．

このような総供給ショックの対称性に焦点を当てて，EU諸国が実際に最適通貨圏であるか否かについて実証的な研究が行われている．その代表的な研究がバユミとアイケングリーン（Bayoumi and Eichengreen (1993)）の研究である．それは，1969-1989年の期間におけるGDPと物価水準のデータを用いて，各国の総供給ショックを抽出し，EU諸国の二国間の総供給ショックの相関が計算されている．たとえば，ドイツを中心として，ドイツとの相関を見ると，フランス，オランダ，ベルギー，デンマークにおいては，0.5を超えている．一方，北海油田を抱えるノルウェーとは負の相関となっている．さらに，小川・川﨑（2002）では，1979-1998年の期間における総供給ショックの相関の時系列的な変化を分析して，直近においては総供給ショックの対称性が低下したことを指摘している．

9.2.2 労働の移動性

共通通貨を導入した諸国との間で非対称的ショックが発生した場合，たとえば，ある国で景気後退を引き起こすショックが発生する一方，他の国で景気過熱を引き起こすショックが発生した場合に，景気後退によって生じた失業者が景気過熱の国へ移動することによって，すなわち**労働の移動性**（Mobility of Labor）によってその非対称的なショックに対応することができる．

いま，共通通貨を導入しているある小国開放経済全体の生産関数が収穫逓減，たとえば，コブ＝ダグラス型（$y = AL^{\alpha}K^{1-\alpha}$，ただし，$y$：実質国内総生産GDP，$A$：技術係数，$L$：労働量，$K$：資本ストック，$\alpha$：パラメーター（$0<\alpha<1$））であると想定して，労働が自由に移動できる状況とそうでない状

況とを比較してみよう．この国の企業が利潤最大化を目的として生産活動を営んでいるのであれば，利潤最大化ための1階の条件として，労働の限界生産物が実質賃金 w に等しくなるように労働量と資本量が決定される（$\alpha AL^{\alpha-1}K^{1-\alpha}=w$）．と同時に，資本の限界生産物が実質利子率 r に等しくなるように労働量と資本量が決定される（$(1-\alpha)AL^{\alpha}K^{-\alpha}=r$）．収穫逓減のため，実質賃金が低下すると最適労働量が減少する一方，実質利子率が低下すると最適資本量が減少する．

まず，労働が国際的には移動できないが，資本は国際的に移動できる状況から考察しよう．国際的な資本移動のもとで，国内の実質利子率が外国の実質利子率（r^*）に均等化する．ただし，この国は小国であるから，この国の経済にとって外国の実質利子率は所与である（$r=r^*=\bar{r}^*$）．この状況において，この国においてのみ供給ショックが生じて，技術係数 A が低下したとしよう．技術係数 A が低下すると，労働の限界生産物と資本の限界生産物の両方が低下することに伴って，労働需要と資本需要が減少する．そのため，この国において雇用される労働量と利用される資本量が減少する．

資本については国際的に移動できることから，利用されずに余っている資本は，相対的に収益率の高い外国に流出して，外国で投資される．一方，労働については国際的に移動できないことから，雇用されずに余っている労働者は外国に移動できず，国内で失業状態となる．そのとき，もし賃金が伸縮的に低下すれば，賃金の低下によって非自発的失業は吸収できるが，以前の賃金で働きたいと考えている労働者は自発的失業者として失業する．一方，もし賃金が下方に硬直的であれば，伸縮賃金の場合に比較して，失業は増加し，非自発的失業となる．このように，労働が国際的に移動しない場合には，たとえ資本が国際的に移動したとしても，経済を悪化させるショックによって失業者が増加する．

次に，もし労働も国際的に移動できるのであれば，国内の賃金（w）は所与の外国の賃金率（$\bar{w}^*$）に均等化されることになる．$w=\bar{w}^*$ で水平となるために，この国で雇用される労働者の数は減少するものの，資本と同様に国内で雇用されず，賃金 $w=\bar{w}^*$ で働く意思のある労働者は外国に移動して，職を得ることができる．このように，労働の国際的移動が自由に行われている地域にお

いては，為替相場による調整に頼ることなく，各国間の非対称的なショックを調整することができる．

9.2.3　貿易面における経済の開放度

次に，マッキノン（McKinnon（1963））によって主張された貿易面における**経済の開放度**（Openness of Economy）を考察しよう．経済の生産的側面を不変として，その国だけで発生する需要ショックに注目しよう．ふたたび小国開放経済を想定して，貿易面において経済が開放されているとすると，一物一価の法則より，その国の貿易財の価格は外国の貿易財の価格に均等化する（$p=p^*$）．このような状況においては，需要ショックによって総需要が増減したとしても，総需要が減少したために国内で売れ残っている生産物を外国へ輸出したり，総需要が増加したために不足している生産物を外国から輸入することによって，需要ショックを吸収することができる．

一方，経済が貿易面において開放されておらず，GDPに占める非貿易財の比率が高ければ，需要ショックの吸収を外国に求めることはできない．たとえば，GDPのすべてが非貿易財で占められていれば，国内の総需要と総供給が均等化するところで経済は均衡する．総需要が減少した分だけ生産量が減少することになる．

このように，貿易面において経済が開放されていると，通貨が統合されているとしても，需要ショックを吸収することができる．しかしながら，非対称的な供給ショックについては，貿易面において経済が開放されていることによってその供給ショックを吸収することができない．労働の国際的移動が十分でなければ，依然として，供給ショックによる失業の増大を防ぐことはできない．むしろ，名目賃金率が硬直的である場合に，GDPのすべてが貿易財で，その価格が外国価格に均衡化しているならば，実質的には，実質賃金率が硬直的であることになる．そのため，失業の問題はより深刻となる．

9.2.4　財政移転

労働の移動性や貿易面における経済の開放度が低い状況で，しかも非対称的な供給ショックや需要ショックが発生する場合には，ある国の経済で不況が発

生し，他の国の経済で好況となることがあろう．この国際的な経済状況の相違に対して，好況の国から税金を徴収して，不況の国に補助金として支払うという財政移転が可能であれば，たとえ非対称的ショックが発生したとしても，各国経済間の調整が可能となろう．したがって，**財政主権**（Fiscal Sovereignty）が統合されて，国際的な**財政移転**（Fiscal Transfer）が可能な地域では，最適通貨圏を形成することができる．

国際的な財政移転を可能ならしめるためには，各国の財政主権をある程度犠牲にして，各国の財政主権を統合することが必要である．たとえば，EUの通貨同盟においては，通貨主権は統合されているものの，財政主権は統合されていない．さらにEUにおいては，財政移転を受けることによって財政規律が緩み，モラル・ハザードが誘発されることを防ぐため，リスボン条約によって，天災を除いては財政移転が禁止されていた．しかし，ギリシャの財政危機を経験して，財政危機に直面した国を金融支援する際に財政移転を可能とし，2012年10月金融支援を行うための**欧州安定メカニズム**（European Stability Mechanism; ESM）が設立された．

9.3 ユーロ導入に至るまでの道のり

欧州連合（EU）では，1999年1月1日，単一の共通通貨ユーロがEU11カ国（ドイツ，フランス，イタリア，スペイン，オランダ，ベルギー，オーストリア，フィンランド，ポルトガル，アイルランド，ルクセンブルク）の国際金融取引に導入されたことによって経済通貨同盟の最終段階に入った．EUの**経済通貨同盟**（EMU）は，EU域内の国際貿易取引と国際資本取引の自由化とともに，EU各国通貨を単一の共通通貨ユーロに統合することを目標として進められてきた．そして，その後，EU加盟国が順次ユーロを導入し，2011年1月にエストニアがユーロを導入して，現在，EU19カ国（上記11カ国に加えて，ギリシャ，スロベニア，マルタ，キプロス，スロバキア，エストニア，ラトビア，リトアニア）が**ユーロ圏**を形成している．

経済通貨同盟の形成においては，3段階アプローチが採用された．第1段階（1990年7月～1993年12月）では，域内市場統合が促進され，「人，もの，サー

ビス」の移動の完全自由化が図られた．一方，通貨統合への準備としては中央銀行総裁会議の機能が強化された．第2段階（1994年1月～1998年12月）では，マクロ経済政策の協調が強化され，経済収斂基準が達成されることが要求された．一方，**欧州通貨機構**（European Monetary Institute; EMI）が創設され，単一の金融政策の運営に向けて着実に準備が進められた．1999年1月1日には第3段階に入った．第3段階では，経済通貨統合が促進されて，単一通貨ユーロが導入され，欧州中央銀行による単一の金融政策が実施されている．さらに，2002年1月1日にユーロの紙幣と硬貨が流通しはじめた．ユーロの紙幣と硬貨の流通とともに，各国通貨が回収され，EU諸国内で単一の共通通貨ユーロのみが流通するという完全な通貨同盟が完成した．

　通貨同盟のもとでユーロの安定した価値を実現するために，通貨同盟に参加するための収斂条件が次のように設定された．収斂条件は，①過去1年間，消費者物価上昇率が最も低い3カ国の平均値+1.5%以内であること，②為替相場は，少なくとも2年間，**為替相場メカニズム**（Exchange Rate Mechanism; ERM）の許容変動幅内にあって，切下げがないこと，③金利については，過去1年間，インフレ率が最も低い3カ国の長期金利の平均値+2%以内であること，④国内総生産（GDP）に対して財政赤字が3%以内であり，GDPに対して政府債務が60%以内であること，であった．

　とりわけ，為替相場の安定化は，1979年より欧州通貨制度（EMS）のもとでユーロが導入されるまで，EU諸国はERMを運営してきた．ERMのもとで，EMS参加国通貨の加重平均によって計算される**欧州通貨単位**（European Currency Unit; ECU）を基準として，EMS参加国通貨の二国間為替相場をグリッド方式によって一定の許容変動幅の中に為替相場を安定化させることが義務づけられていた．ユーロの導入によって，ECUはユーロに1対1の比率で移行した．

　ユーロが導入される直前における各国の通貨同盟に参加するための収斂条件の達成状況は，表9-1に示されている．消費者物価上昇率，長期金利，為替相場の安定性の収斂条件は概ね満たされていた．しかし，多くの国で財政赤字と公的財務残高の財政状態については収斂条件を満たしていなかった．財政面における収斂条件が満たされない状況にあったものの，1999年年初よりユーロが

表9-1 ユーロ導入直前(1998年)の収斂条件

	調整消費者物価指数上昇率(%)	長期金利(%)	一般政府財政収支の対名目GDP比(%)	一般政府債務残高の対名目GDP比(%)
基準値	2.7	7.8	−3.0	60.0
ベルギー	1.4	5.7	−1.7	118.1
デンマーク	1.9	6.2	1.1	59.5
ドイツ	1.4	5.6	−2.5	61.2
ギリシャ	5.2	9.8	−2.2	107.7
スペイン	1.8	6.3	−2.2	67.4
フランス	1.2	5.5	−2.9	58.1
アイルランド	1.2	6.2	1.1	59.5
イタリア	1.8	6.7	−2.5	118.1
ルクセンブルク	1.4	5.6	1.0	7.1
オランダ	1.8	5.5	−1.6	70.0
オーストリア	1.1	5.6	−2.3	64.7
ポルトガル	1.8	6.2	−2.2	60.0
フィンランド	1.3	5.9	0.3	53.6
スウェーデン	1.9	6.5	0.5	74.1
イギリス	1.8	7.0	−0.6	52.3

(注) 一般政府財政赤字と一般政府債務残高は,欧州委員会が1998年3月に推定した値.
(出所) European Monetary Institute, *Convergence Report*, 1998.

導入されることとなった.

9.4 欧州通貨同盟における欧州中央銀行制度

　欧州通貨同盟においては,各国中央銀行が欧州中央銀行のもとで一元的な金融政策を行っている.欧州中央銀行は,通貨同盟に参加している各国中央銀行を統合する機関として位置づけられている.**欧州中央銀行**(European Central Bank; ECB)とEU加盟国の各中央銀行から構成される組織は**欧州中央銀行制度**(European System of Central Bank; ESCB)と呼ばれる.欧州中央銀行と各国中央銀行との関係は,欧州中央銀行の政策決定に従って,各国中央銀行が金融調節の政策を遂行するというものである.なお,欧州中央銀行の金融政策に関する最高意思決定機関である理事会には,各国中央銀行総裁も構成員として参加する.なお,ユーロ未導入国の中央銀行は,欧州中央銀行制度のメ

ンバーではあるものの，独自の金融政策の運営が許されているが，ユーロ導入諸国の共通の金融政策の決定および運営には加わることができない．

　欧州中央銀行は，その主要な政策目標を物価安定の維持としている．より具体的には，通貨同盟に参加している諸国の消費者物価指数である**調整消費者物価指数**（Harmonised Index of Consumer Prices; HICP）が中期的に２％を下回ることを目標としている．また，物価安定の維持の政策目標を達成するために，マネーサプライ成長率を重視し，マネーサプライ成長率の参照値を公表する．また，他の金融経済指標についても，マネーサプライ動向とともに，観察することになっている．

　欧州中央銀行は，金融政策を遂行するための金融政策手段として，常設ファシリティと公開市場操作を有している．常設ファシリティは，オーバーナイトの資金を供給・吸収すること，金融政策スタンスに関するシグナルを発出すること，オーバーナイト市場金利の上限および下限を画することをその目的としている．一方，公開市場操作は，金利水準の誘導，市場における流動性の調節，金融政策スタンスに関するシグナルの発出をその目的としている．公開市場操作を実施するに際しては，レポ取引（売戻しあるいは買戻し条件付き売買）を中心としている．

9.5　ユーロ導入後の経済収斂条件の達成状況

　ユーロ導入のための経済収斂条件が，ユーロ導入後にどのように達成されてきているかを見てみよう．

　調整消費者物価指数（HICP）上昇率の収斂条件については，そのインフレ率の収斂状況を図9-2に見ることができる．ユーロが導入される1999年に向けて全体的にインフレ率は低下しながら，収斂していったことが見出される．1999年には，ユーロ圏の中における最大のインフレ率格差は2.0％ときわめて小さくなっていた．ユーロ圏の中で最低インフレ率の３カ国（フランス，オーストリア，ドイツ）における平均インフレ率は0.6％であったのに対して，収斂条件である「最も低い３カ国の平均値＋1.5％」を超えた国は，アイルランド（2.5％），ギリシャ（2.2％），スペイン（2.2％）の３カ国のみであった．

図9-2 ユーロ圏12カ国のHICPインフレ率（1996-2015年）

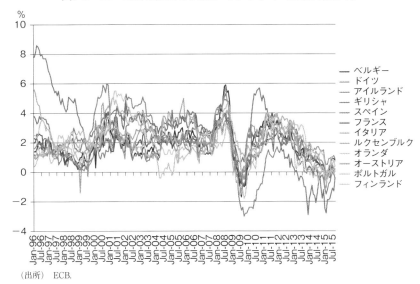

（出所） ECB.

　世界金融危機（リーマン・ショック）が起きた2008年においては，ユーロ圏諸国のインフレ率は全般的に高まったものの，2009年においては世界不況の影響を受けて，いくつかの国でインフレ率がマイナスとなるデフレーションとなっている．

　次に，長期金利（10年物国債の利回り）の収斂条件については，ユーロ圏諸国における長期金利の動向を図9-3に見ることができる．ユーロが導入されてから，ユーロ圏諸国の長期金利の収斂傾向が見られる．ユーロ導入直後の長期金利差は，マーストリヒト条約において設定された通貨同盟に参加するための収斂条件である，「インフレ率が最も低い3カ国の長期金利の平均値＋2％以内であること」をすべての国が十分に満たしていることが明らかである．しかし，世界金融危機（リーマン・ショック）が起きた2008年から2009年にかけて，長期金利の乖離が目立ちはじめている．これは，世界金融危機以降の各国国債のソブリン・リスクの相違を反映している．とりわけ，2009年末のギリシャ財政危機により，ギリシャをはじめとしてポルトガルやアイルランドでソブリン・リスクを反映して，長期金利が急上昇している．一方，安全資産としてみなされているドイツ国債の長期金利は低下傾向にある．

図9-3 ユーロ圏諸国の長期金利〔10年物国債〕(1999-2015年)

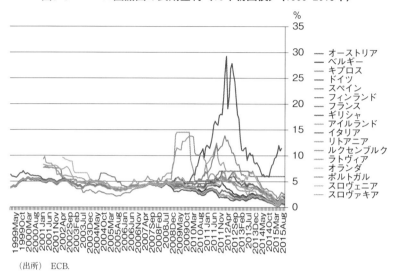

(出所) ECB.

　最後に，財政状態については，マーストリヒト条約において GDP（国内総生産）に対して財政赤字が3％以内であり，GDP に対して政府債務が60％以内であることを収斂条件としている．さらに，**安定成長協定**（Stability and Growth Pact）に従って，ユーロを導入した国の政府は財政赤字を GDP 比で3％以下にすることが求められるとともに，それが遵守できない場合には，是正勧告および制裁措置を受けることになっている．図9-4にはユーロ圏諸国における財政赤字の状況が示されている．ユーロ導入の1999年に向けて各国の財政赤字が減少していった様子が見られる．しかし，ギリシャが2000年以降連続して，ドイツとフランスが2002年以降連続して，そして，イタリアが2001年および2003年以降，3％以上の財政赤字を計上している．また，世界金融危機（リーマン・ショック）が起きた2008年から2009年にかけて，金融部門への資本注入と不況対策のため財政刺激によって各国で財政赤字が増大した．そして，欧州財政危機が発生した2010年から2011年にかけては高い水準の財政赤字で推移している．

　図9-5には，ユーロ圏諸国における政府債務の状況が示されている．収斂条件として GDP に対して政府債務が60％以内であることが要求されているが，

図9-4　ユーロ圏12カ国の財政赤字〔対GDP比〕(1995-2014年)

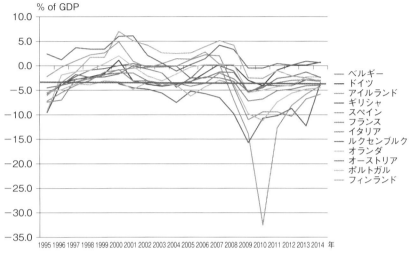

(出所)　Eurostat.

図9-5　ユーロ圏12カ国の政府債務〔対GDP比〕(1995-2014年)

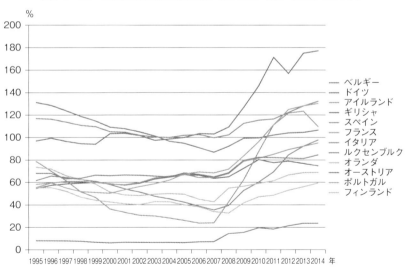

(出所)　Eurostat.

ユーロが導入された1999年において，ベルギー，ドイツ，ギリシャ，スペイン，イタリア，オランダ，オーストリアの7カ国がGDPに対して政府債務が60%を超過していた．上述した世界金融危機時において金融部門への資金注入と景気対策のための財政刺激によって財政赤字が拡大し，その結果，各国において政府債務残高が2008年から2011年にかけて増大した．

9.6 財政規律を求めた「安定成長協定」から「財政協定」へ

　ユーロを導入するための経済収斂条件において財政規律が重視されていたことに加えて，ユーロ導入後においても，各国が健全な財政運営を実行するために**安定成長協定**のもとで各国政府は財政規律の遵守を求められている．「安定成長協定」は，1997年6月7日に制定された二つの理事会規則（財政状態のサーベイランスと経済政策のサーベイランスと協調の強化，および，超過赤字手続きの実行を迅速化・明確化）と1997年6月17日のアムステルダム・サミットで決まった欧州理事会の安定成長協定の決議から構成されている．欧州委員会および閣僚理事会は，加盟国の財政状況を相互に監視するための手段として，「安定計画」の策定をユーロ参加国に義務づけている．その「安定計画」に基づき，欧州委員会および閣僚理事会は，各国の財政状況を調査し，過剰財政赤字と判断された場合には，過剰財政赤字手続きが適用される．

　過剰財政赤字手続きについて，欧州委員会および閣僚理事会が過剰財政赤字と判断した場合には，是正勧告が出される．もし勧告に従わない場合には，制裁措置が当該国に適用され，財政赤字が参照値のGDP比3%を超えた度合いに応じて，GDPの0.2%から0.5%までの制裁措置が科される．当初は無利子の預託金という形をとり，2年経っても超過財政赤字の状態が是正されない場合には，罰則金として預託金が没収されることになる．

　実際に，いくつかの国で過剰財政赤字と判断されるケースがあったにもかかわらず，過剰財政赤字手続きが適用された国はなかった．その一つの理由には，過剰財政赤字手続きが適用されるに際して，自動的に適用されるのではなく，裁量の余地があったことが指摘されている．また，ドイツやフランスが適用される段になった際に，過剰財政赤字の基準が変更されたことも，モラル・ハザ

コラム　ギリシャのユーロ圏離脱

　ギリシャでは，2010年に始まるトロイカ（EU，ECB，IMF）による金融支援策に伴う財政緊縮策に対して反発する動きが顕在化し，2015年には反財政緊縮策を公約としたチプラス政権が誕生した．チプラス首相は，国民投票によって反財政緊縮策の支持を受けたものの，最終的には引き続き金融支援策をうけるために財政緊縮策を続けざるを得なかった．これら一連の動きの中で，ギリシャをユーロ圏から離脱させるとか，あるいは，自らギリシャがユーロ圏から離脱するという議論が沸き起こった．リスボン条約には，EUから離脱する規定は定められているものの，ユーロ圏から離脱したり，離脱させる規定は定められていない．それにもかかわらず，ギリシャにおける反財政緊縮策の動きに関連して，また別の見方としてギリシャ財政危機をユーロ危機から切り離すためにギリシャをユーロ圏から離脱させるという最悪シナリオが議論されている．

　もしギリシャがユーロ圏から離脱して，ユーロ導入前にギリシャ国内で流通していたドラクマを復活させたとしたならば，ドラクマがユーロに対して暴落することは必至である．その場合には，大量に抱えるユーロ建て債務，とりわけユーロ建てのギリシャ国債のドラクマ建てで評価した負担額は相当に増大することが予想される．既存のギリシャ国債の元利払いがドラクマ建てで膨らみ，ギリシャの国家財政の中の国債費をいっそう増大させることとなる．そのような事態になれば，ギリシャの国家財政再建はますますむずかしくなる．

　ドラクマがユーロに対して暴落して，ギリシャの国家財政再建が遠のけば遠のくほど，ドラクマの減価が将来にわたって続くと予想されることになるであろう．すでにギリシャ国内銀行からの預金流出が起こっていると報道されているが，ギリシャ国内の預金者はいっそうドラクマ建て預金を保有することを避けるであろう．そうなれば，ギリシャ国内の銀行への取付けが発生し，信用不安からギリシャ国内における金融危機が深刻化する．それはまたバランスシートを毀損したギリシャ国内の銀行への資本注入を必要として，ギリシャ政府の財政負担をますます増大させ，財政再建は絶

望的な状況になりかねない．

　一方，ギリシャをユーロ圏から離脱させることは，その帰結として，前述したいっそうの危機的状況にギリシャを追い込むことになる．政治的理由からギリシャを EU から離脱させられないとすると，ギリシャを EU 内にとどめたまま，ユーロ圏からギリシャを離脱させると，前述したように，ギリシャ国内で起こりそうなことは，ドラクマの減価・暴落やそれによる財政収支のいっそうの悪化，さらには金融危機である．しかしこのような危機的状況をさらに悪化させたギリシャを EU の一員として見捨てることは，IMF やアメリカなどの国際社会が許さないであろう．

　そうすると，ギリシャをユーロ圏から離脱させ，ギリシャ問題を深刻化させて引き続き救済を続けるよりは，ギリシャをユーロ圏からは離脱させずにとどめる許容条件として，ギリシャ政府とその国民に財政再建を確実に実施させることが EU としては採らざるを得ない選択肢であろう．

ードを生み出す背景となっていた．

　2002年より2004年にかけて3年連続でドイツとフランスの財政赤字が収斂条件の対 GDP 比3％を超えることが2003年に見込まれた際に，これらの国への過剰財政赤字手続の適用に関して問題が発生した．欧州委員会は，過剰財政赤字手続に基づく警告を採択するように，EU 財務相理事会に提案した．しかし2003年11月25日の理事会では，その提案は，特定多数が得られず否決された．そこで，2004年を達成期限としていた両国の3％基準の達成に1年の猶予を与え，過剰財政赤字手続の適用を一時停止することが理事会で合意された．その後，2004年1月13日に欧州委員会が欧州司法裁判所へ提訴したが，2004年7月に棄却の判決が出された．2005年3月20日には，「安定成長協定」が緩和され，財政赤字の算出からの除外項目を設置した．具体的には，東西ドイツの統一などの欧州統合のコスト，研究開発や雇用促進などの経済改革のコスト，年金改革コストを財政赤字の支出項目から除外することとなった．

　一方，財政当局の信認を回復するために，財政規律の確立・強化が検討されている．2011年12月8・9日に開催された EU 首脳会議において，ユーロ圏諸国が中心となって，経済同盟の強化，とりわけ，**財政安定同盟**（Fiscal Stability Union）に向けた動きに基本合意がなされた．ただし，この基本合意に他のEU諸国も賛同する形を取ったが，イギリスは，財政主権の維持にこだわり，この基本合意には賛成しなかった．

その内容は，財政規律を強化するために新しい財政ルールを含む**財政協定**（Fiscal Compact）をつくることに基本合意したことである．財政ルールは，一般政府予算を均衡させなければならないというものである．ただし，マーストリヒト条約で規定されている経済収斂条件の一つである財政赤字の対GDP比を3％以内とするというものではなく，景気悪化のために税収の減少や失業手当の増大によって悪化する財政収支を考慮に入れるために，景気変動に影響を受ける循環的赤字を除いた，構造的赤字についてGDPの0.5％を超えてはいけないとしている．また，この財政ルールを，各国の憲法あるいはそれに相当する法律で規定することも盛り込まれている．

EU諸国では，すでに安定成長協定によって，財政規律の遵守を求めて，過剰財政赤字手続きの実質的な適用を図ることになっていた．実際，ギリシャを含めていくつかの国がその適用の対象となったが，一度も発動されたことはなかった．裁量の余地があったことから一度もその発動がなされなかったという反省から，新しい財政ルールでは，欧州委員会によってある国の財政赤字の上限超過が認められたならば即時に，ユーロ圏諸国の反対がないかぎり，自動的に過剰財政赤字手続きが適用されるよう，自動修正メカニズムを導入することにもなっている．EUではこのようにして実質的な財政規律の強化を図ろうとしている．

以上のように，「財政安定同盟」では，ユーロ圏諸国は，財政規律を強化し，財政再建を進めるための政策協調としての基本合意に留まっていることに注意する必要がある．言い換えると，財政主権の統合を意味するような**財政同盟**（Fiscal Union）にまでは至っていないといえる．

9.7　EU拡大に伴うユーロ導入国

EUで経済通貨同盟が完成した1999年の段階においては，EU11カ国がユーロを導入した．その後，EU加盟国（ギリシャ，スロヴェニア，マルタ，キプ

ロス，スロヴァキア，エストニア，ラトヴィア，リトアニア）が順次ユーロを導入している．一方，EU 加盟国はユーロを導入しないという選択肢も選ぶことができるというアウト・オプト（Out-opt）から，EU 加盟国のうちイギリスとスウェーデンとデンマークがユーロを導入していない．さらに，2004年以降に新たに EU に加盟した中東欧諸国のうち6カ国（ポーランド，チェコ，ハンガリー，ブルガリア，ルーマニア，クロアチア）もまだ通貨同盟に加盟していない．しかし，中東欧諸国の新 EU 加盟国はユーロ導入のための準備を進めている．これらの国々は，マーストリヒト条約における収斂条件を満たしたうえでユーロ導入が認められつつある．

　経済通貨同盟未加盟国がユーロ導入の準備段階に適用する制度としては，為替相場メカニズム（ERM）Ⅱが，1998年まで，すなわちユーロ導入まで運営されていた ERM を引き継いで設立された．ERM Ⅱのもとで，ユーロを導入しようとする国は，自国通貨とユーロとの為替相場を一定の許容変動幅で連動させなければならない．現在，ERM Ⅱの下で為替相場政策を運営している国は，デンマークである．これらの国は，許容変動幅をもって自国通貨をユーロに連動させている．また，他の新 EU 加盟国も自国通貨をユーロに連動させる為替相場政策を採用する傾向にある．

練習問題

問題 1
固定為替相場制度と比較した通貨同盟のメリットとデメリットを整理せよ．

問題 2
最適通貨圏の理論からみて，ショックが非対称的に起こる諸国間ではどのような条件が整えば通貨統合が可能となるか．

問題 3
最近のデータをみて，ユーロ導入のための収斂条件の達成状況を分析せよ．

第10章

国際通貨体制

この章で学ぶこと

* 国際通貨の機能に注目して，国際通貨体制の特徴を学ぶ．

* 異時点間（2期間）モデルを利用して，基軸通貨の慣性を考察する．

* ガリバー型国際通貨体制としての基軸通貨ドル体制について学ぶ．

第二次大戦終了直前の1944年，アメリカ・ニューハンプシャー州のブレトンウッズにおいて，金本位制崩壊後の通貨切下げ競争の反省を踏まえて，ルールとしてドルを基軸通貨として位置づける国際通貨体制，すなわち**ブレトンウッズ体制**（Bretton Woods System）が構築された．しかし，1960年代のアメリカの国際収支赤字によるドルの減価圧力によって，アメリカはドルを金に固定することができなくなり，1971年にはドルの金交換が停止され，いわゆるニクソン・ショックが起きた．これによって，ブレトンウッズ体制は崩壊し，ルールとしてドルが基軸通貨として位置づける国際通貨体制は終焉した．その後は，民間の経済主体が自由に国際経済取引の決済手段としての国際通貨を選択することができるようになった．そうして，ドルは，さらに減価を続け，ニクソン・ショック直前の1ドル＝360円から，2011年10月末には一時的に1ドル＝75円へと，およそ5分の1にその価値を下落させた．しかし，依然として民間経済主体はドルを主要な国際通貨として利用し続けており，現在の国際通貨体制は，事実上の（*de facto*）ドル基軸通貨体制が続いているといえる．たとえば，世界の外貨準備に占めるドルの比率は依然として60％台となっている（図10-1）．

　本章では，現在においても基軸通貨ドル体制が続いているメカニズムを考察する．そのために，まず，国際通貨の機能（交換手段としての機能，価値貯蔵手段としての機能，価値尺度としての機能）に注目して，とりわけ，交換手段としての機能と価値貯蔵手段としての機能を比較しながら，基軸通貨ドル体制を考察する．とりわけ，注目されるポイントは，国際通貨における交換手段としての機能の重要性と交換手段としての機能における一般受容性あるいはネットワーク外部性である．基軸通貨においてネットワーク外部性が作用するためには，いったん基軸通貨となった通貨は，大きな外的ショックが発生しないかぎり基軸通貨であり続けるという慣性が働く．以下では実際に，データ分析を行って，ドル基軸通貨の慣性のシミュレーションを見ながら，考察する．これらの考察を踏まえることによって，基軸通貨ドル体制を「ガリバー型国際通貨体制」としてとらえて，基軸通貨としてのドルおよびユーロや円との関係について考察を進める．

図10-1　世界の外国為替準備の通貨構成（公表ベース）

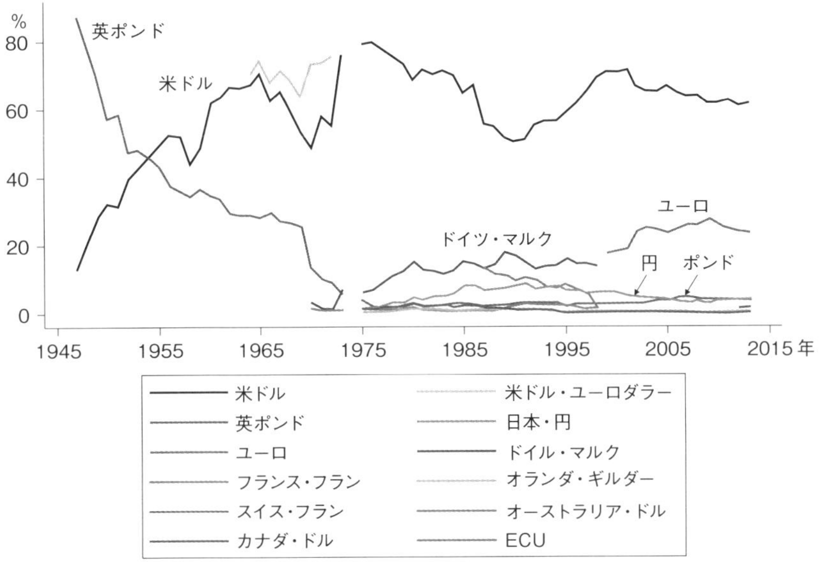
%
80
60
40
20
0
英ポンド
米ドル
ユーロ
ドイツ・マルク
円
ポンド
1945
1955
1965
1975
1985
1995
2005
2015 年
米ドル
英ポンド
ユーロ
フランス・フラン
スイス・フラン
カナダ・ドル
米ドル・ユーロダラー
日本・円
ドイル・マルク
オランダ・ギルダー
オーストラリア・ドル
ECU

（出所）　Eichengreen, Chiţu, and Mehl（2014）.

10.1　国際通貨の機能

国際通貨体制を考察するに際しては，まず，国際通貨の機能や特徴を理解しておくことが必要である．一般に，国内経済では，その国の通貨当局が発行している通貨が独占的に流通していることがほとんどであるため，経済主体は通貨選択の問題に直面しない．一方，国際経済においては，それぞれの通貨当局がそれぞれの自国通貨を発行し，それらの通貨が国際経済取引において利用可能であるので，国際経済取引に際して経済主体は通貨選択の問題に直面する．たとえば，貿易業者は，国際貿易の支払手段としてどの国の通貨を利用するかという通貨選択の問題に直面する．国際経済取引の際の支払手段がルールとしてある特定の通貨に強制されていないかぎり，世界の経済主体による通貨選択の結果として，国際的に流通する通貨が決まってくる．

国内経済取引においても国際経済取引においても，このような支払手段とし

て利用することができる通貨の機能は，「交換手段としての機能」と呼ばれる．交換手段として利用できる通貨を介した交換においては，物々交換において直面する二重の欲求の一致という困難さを解消する．「二重の欲求の一致」とは，2人の間の物々交換において売りたい物と買いたい物が相互に一致する必要があることを意味する．ところが，通貨を介した交換の世界では，通貨を交換と交換の間の媒介として利用することによって，売りたい物の売る時点と買いたい物の買う時点を分離することによって，売りたい物と買いたい物の交換を容易にすることができる．

しかし，一方で，売る時点と買う時点が分離された瞬間から，物を売って得た交換手段としての通貨が，売る時点から買う時点までに，その価値が下がって，買いたい物が十分に買えなくなるという価値貯蔵に関連する問題が発生するかもしれない．したがって，売る時点と買う時点の間において価値が低下しないことが必要となる．すなわち，交換手段としての機能とともに，ある一定期間にわたって価値を貯蔵するための「価値貯蔵手段としての機能」が通貨に伴われる必要がある．

さらに，交換手段として利用される通貨の単位で価格が設定されていると，その価格から必要とされる通貨の量を容易に計算することができる．このような機能は「計算単位としての機能」と呼ばれる．メニューに同じ通貨単位で値段が表示されていると，何が安く，何が高いかが容易にわかる．このように，交換手段としての機能を中心として，価値貯蔵手段としての機能と計算単位としての機能が備わっていると，その通貨は理想的な通貨となる．

国際経済取引（国際貿易取引や国際金融取引）に際して利用される**国際通貨の機能**（Functions of International Currency）においても，同様にこれら三つの機能が要求される．Krugman（1984）は，貨幣の3機能（計算単位としての機能，交換手段としての機能，価値貯蔵手段としての機能）を国際通貨に応用して，国際通貨の機能を整理した．

国際経済取引における契約書に記載される通貨（契約通貨）は，計算単位としての機能に関連している．国際経済取引の決済において利用される通貨（決済通貨）は，交換手段としての機能に関連している．民間経済主体が保有する流動的な対外資産の表示通貨は，価値貯蔵手段としての機能に関連している．

さらに，国際経済取引から派生する外国為替取引においては，「媒介通貨」として第三国通貨が利用される場合がある．外国為替取引において媒介通貨として利用される通貨もまた国際通貨を意味する．たとえば，海外旅行でいくつかの国を訪れるときに，日本円を持っていかずに，成田空港で米ドルを購入して持って行き，そして，それぞれの国でその米ドルと交換に現地通貨に購入することがある．このとき，ドルは，外国為替取引の媒介通貨として利用されている．

国際通貨の場合には，民間経済主体が利用するほかに，政府が為替相場政策と関連して，保有・利用する場合がある．政府が固定為替相場制度を採用しているときには，自国通貨をどれだけの水準で外国通貨に固定するかという，計算単位としての機能を果たしている．たとえば，日本は第二次大戦後から1971年までブレトンウッズ体制のもとで日本円を米ドルに1ドル＝360円で固定していた．また，政府が外国為替市場への介入を目的として保有するならば，交換手段としての機能に関連する．為替相場を1ドル＝360円に固定するためには，外国為替市場に介入する必要があることから，米ドルで介入を行ってきた．さらに，外貨準備として保有される国際通貨は，その価値貯蔵手段としての機能が重要となる．米ドルで介入する場合には，米ドルの外貨準備を保有しておく必要がある．

10.2 交換手段としての機能とネットワーク外部性

このように，民間部門であろうと政府部門であろうと，国際通貨の三つの機能を享受するために国際通貨が保有され，利用される．国内通貨と同様に，国際通貨においてもこれらの機能がすべて備わっていると，その国際通貨は理想的な国際通貨となる．しかし，ルールとしてドルを基軸通貨としていたブレトンウッズ体制が崩壊し，変動為替相場制度に移行した1973年から40年余りを経た現在では，ドルの価値は4分の1から5分の1に低下した．そのような減価が著しいドルが主要な国際通貨として利用され続けているという現実を考えると，これらの機能の中では，価値貯蔵手段としての機能よりも交換手段としての機能のほうが重視されていることがわかる．

国際通貨の基本的な機能である交換手段としての機能は，世界の経済主体が認識するその通貨の一般受容性の程度に依存する．通貨は，財・サービスとは異なり，消費することによって直接に効用は得られない．しかし，通貨を交換手段として利用すると，通貨を媒介とせずに直接的に財と財と交換する物々交換に比較すると，二重の欲求の一致の困難さが解消される．このように通貨は，交換手段としてのサービス，あるいは利便性を提供している．具体的にいえば，物々交換において二重の欲求の一致の困難さを解消するために要する時間を，余暇に利用することができることから，余暇の時間を効用として認識している経済主体の効用を増大させることになる．このように，通貨は直接的な効用とはならないものの，交換のための時間を節約できることによって，経済主体の効用に間接的に影響を及ぼす．このように，経済主体は通貨を交換手段として利用するために保有する．そして，それによって，経済主体の効用および経済厚生が高まる．

　次に，ある通貨を国際通貨として保有・利用する理由を考えると，その理由は，その通貨が一般に国際経済取引の取引相手によって交換手段として受容されていることが重要である．さらに，取引相手も，他の経済主体に通貨を手渡すことによって最終的に財・サービスを購入しようとしている．それゆえ，「一般受容性」とは，財・サービスを購入するために通貨を保有する経済主体が，その通貨を受容して，財・サービス販売しようとしている他の経済主体と出会う可能性に依存する．

　Matsuyama, Kiyotaki, and Matsui（1993）による，**ランダム・マッチング・モデル**（Random Matching Model）を応用した国際通貨に関する理論的分析では，交換の出会いの確率が高い通貨が国際通貨となると論じられ，「規模の経済」が作用することが示唆されている．規模の経済が作用することによって，もっぱらある一つの国際通貨が基軸通貨になることを説明できる．しかし，言い方を換えると，規模の経済が作用し，国際通貨保有からの限界効用が逓増するのであれば，相対的に占有率の高い一つの国際通貨がますます占有率を高め，均衡においては単一の国際通貨となる．

　このように，交換手段としての機能は，一般的に経済主体がその通貨を交換手段として利用する意思があるかどうかに依存することになる．もう少し具体

的にいえば，他の経済主体がその通貨を交換手段として利用する意思があるかどうか，あるいは，何人の他の経済主体がその通貨を交換手段として利用する意思があるかに依存して，各経済主体はその通貨を交換手段として利用するのである．換言すると，その通貨を利用する意図をもつ他の経済主体の人数が増加するにつれて，その通貨の交換手段としての機能が高まる．このように，交換手段としての機能には，他の経済主体の行動が各経済主体の行動に影響を及ぼすという意味で外部性を有する．さらに，外部性を与える他の経済主体の人数が多ければ，その外部性が高まることから，とくに**ネットワーク外部性**（Network Externalities）が作用すると表現される．

10.3 基軸通貨の慣性

　基軸通貨としてのドルの地位は，ドルの価値の下落によって揺らぐといわれて久しい．1973年に変動為替相場制度へ移行してから，ドルの価値は，円に対して趨勢的に低下してきた．にもかかわらず，円はドルと肩を並べるだけの国際通貨としての地位に達していない．言い換えると，ドルの価値が下落しようとも，依然としてドルの基軸通貨としての地位が続いている．このように基軸通貨ドルには慣性が作用しているように見える．基軸通貨の価値が下落しても基軸通貨としての地位が維持されるという意味で，以下では，基軸通貨に**慣性**（Inertia）が存在することを考察しよう．

　現在の基軸通貨としてのドルの状況を考慮に入れると，通貨の3機能（計算として機能，交換手段としての機能，価値貯蔵手段としての機能）を一体として考察する必要がある．とくに，ドルの場合には，交換手段としての機能には優れているが，価値貯蔵手段としての機能に問題が発生している．一方，円は，価値貯蔵手段としての機能には優れているが，いまだ交換手段としての機能に劣っているために，国際通貨としては十分に機能していない．このことから，国際通貨として，交換手段としての地位が問題視される背景には，交換手段としての機能とともに価値貯蔵手段としての機能を無視できないということがあるものの，実際の国際経済取引においては，価値貯蔵手段としての機能がそれほど重視されていないという事実があるように見受けられる．

通貨の3機能のうち，重要な2機能（交換手段としての機能と価値貯蔵手段としての機能）に焦点を当てて，両者の間のどのような関係から基軸通貨が決まるかについて，**効用関数に通貨残高を含むモデル**（Money-in-the-Utility Model）を利用して考察しよう．

前述したとおり，通貨は直接的に効用をもたらすわけではないが，通貨残高を保有することによって交換を容易にすることができる．すなわち，物々交換における二重の欲求の一致を解消することによって，物々交換であれば必要とされる自分の欲求と一致する取引相手を探し出す時間を節約することができ，その時間を余暇に利用すれば，効用を間接的に高めることができる．たとえば，海外旅行した際に，成田空港で円を外貨に両替せずに，外貨をもっていかなかったばっかりに，現地に到着してから，両替所を探すことに無駄な時間を費やした経験はないだろうか．本来ならば，観光に使って，海外旅行の効用を高めることができた時間を失ってしまったという経験はよくあるだろう．

通貨の価値貯蔵手段の機能，言い方を換えれば，通貨価値の減価を考慮に入れるために，異時点間モデル，ここでは現在と将来という2期間に限定した2期間モデルを前提としよう．

効用関数の中に直接に自国通貨残高と外国通貨残高を入れて，次の効用関数を仮定する．

$$U = U\left(c_1, c_2, \frac{M_1}{P_1}, \frac{M_2}{P_2}, \frac{SM_1^*}{P_1^*}, \frac{SM_2^*}{P_2^*}\right)$$

$$= \frac{\left[c_1^\alpha\left\{\left(\frac{M_1}{P_1}\right)^{1-\gamma}\left(\frac{SM_1^*}{P_t^*}\right)^\gamma\right\}^{1-\alpha}\right]^{1-R}}{1-R} + \frac{1}{1+\delta}\frac{\left[c_2^\alpha\left\{\left(\frac{M_2}{P_2}\right)^{1-\gamma}\left(\frac{SM_2^*}{P_2^*}\right)^\gamma\right\}^{1-\alpha}\right]^{1-R}}{1-R}$$

(10.1)

ただし，U：効用，c_1：現在の実質消費，c_2：将来の実質消費，M_1：現在期首の名目自国通貨残高，M_2：将来期首（現在期末）の名目自国通貨残高，M_1^*：現在期首の名目外国通貨残高，M_2^*：将来期首（現在期末）の名目外国通貨残高，P_1：現在の自国物価，P_2：将来の自国物価，S：為替相場，α：実質貨幣残高と比較した実質消費の効用への貢献度，δ：時間選好率，R：異時点間の

消費の代替弾力性の逆数，$\gamma(0<\gamma<1)$：実質外国通貨残高の効用への貢献度.

単純化のため，現在の期首においては名目債権債務残高がゼロと仮定し，そして，"No Ponzi-game condition"（最終期末に債務を残さないという条件）と最適化行動の結果として最終期末に債権を残さないことから，将来の期末においても名目債権債務残高がゼロと仮定する．現在の予算制約と将来の予算制約は以下の（10.2），（10.3）式で表される．現在の予算制約において，所得が消費より大きければ，その差額は債券 B と自国通貨 M_2 と外国通貨 M_2^* によって将来に持ち越す．

$$y_1 = c_1 + \frac{B_1}{P_1} + \frac{M_2}{P_1} + \frac{SM_2^*}{P_1} \tag{10.2}$$

$$y_2 + \frac{(1+r)B_1}{P_1} + \frac{M_2}{P_2} + \frac{S_2 M_2^*}{P_2} = c_2 \tag{10.3}$$

ただし，y_1：現在の実質所得，y_2：将来の実質所得，B_1：現在期末の名目債券残高，r：利子率.

現在と将来の予算制約式を結合すると，以下の異時点間（2期間）の予算制約式が導出される．

$$y_1 + \frac{y_2}{1+r} - \frac{\pi B_1}{P_1} - \frac{(r+\pi)M_2}{P_2} - \frac{(r+\pi^*)SM_2^*}{P_2} = c_1 + \frac{c_2}{1+r} \tag{10.4}$$

ただし，π：自国インフレ率，π^*：外国インフレ率.

なお，導出に際しては，購買力平価（$\Delta \log S = \pi - \pi^*$）が成立していると仮定する．

異時点間（2期間）の予算制約式より，(10.4) 式左辺の第3項と第4項と第5項が可処分所得を減少させる要因となっていることがわかる．すなわち，自国のインフレによって名目債券残高が目減りする部分（第3項），自国のインフレによって実質自国通貨残高が目減りする部分と機会費用（第4項），外国のインフレによって実質外国通貨残高が目減りする部分と機会費用（第5項）だけ，異時点間（2期間）の消費の現在割引価値の合計額 $\left(c_1 + \frac{c_2}{1+r}\right)$ が異時点間（2期間）の所得の現在割引価値の合計額 $\left(y_1 + \frac{y_2}{1+r}\right)$ より少なくなる．

また，効用最大化の結果として，実質自国通貨残高と実質外国通貨残高の最

適な保有比率は，両者の限界代替率（実質自国通貨残高の限界効用と実質外国通貨残高の限界効用の比率）が両者の目減りする率の比率，すなわち，自国通貨減価率と外国通貨減価率の比率が等しくなるように設定される．具体的に，各時点の効用関数がコブ゠ダグラス型であると仮定して，実質外国通貨残高（SM_2^*/P_2）の係数，すなわち，実質外国通貨残高の効用への貢献度を$\gamma(0<\gamma<1)$とすると，実質外国通貨残高の最適保有比率ωは次式で表わされる．

$$\omega = \frac{\dfrac{SM_2^*}{P_2}}{\dfrac{M_2}{P_2}} = \frac{\dfrac{\gamma}{1-\gamma}}{\dfrac{r+\pi^*}{r+\pi}} \tag{10.5}$$

　この式が意味することは，実質外国通貨残高の最適保有比率は，実質外国通貨残高の効用への貢献度γと正の関係があり，外国のインフレ率，すなわち外国通貨減価率と負の関係がある．すなわち，実質外国通貨残高の効用への貢献度が高ければ高いほど，実質外国通貨残高の最適保有比率が高くなる．一方，外国通貨減価率が高ければ高いほど，実質外国通貨残高の最適保有比率が低くなる．ドルは，その価値を趨勢的に減価させてきたにもかかわらず，基軸通貨として世界経済における保有比率を高く維持してきたことは，このモデルでいう実質外国通貨残高の効用への貢献度γが高いことを意味する．

　図10-2は，実質外国通貨残高の効用への貢献度γを所与として，外国通貨減価率と外国通貨の最適保有比率との関係を表したものである．(10.5)式からその関係は双曲線となる．そして，実質外国通貨残高の効用への貢献度γが高ければ高いほど，外国通貨減価率と外国通貨の最適保有比率との関係を表す曲線は，図10-2に示されるように，右上方へシフトするとともに，その傾きは急傾斜となる．

　実質外国通貨残高の効用への貢献度γが高くなれば高くなるほど，外国通貨減価率と外国通貨の最適保有比率との関係を表す曲線が右上方へシフトすることは，実質外国通貨残高の交換手段としての機能あるいは利便性がその効用への貢献度として表される．したがって利便性が高まれば高まるほど，ある所与の外国通貨減価率において外国通貨の最適保有比率が高まることを意味する．

図10-2 基軸通貨の効用への貢献度γの効果

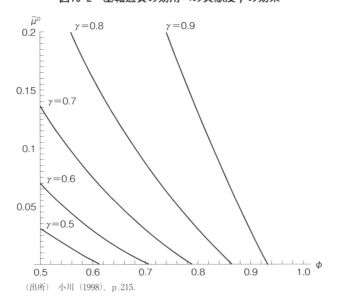

(出所) 小川 (1998), p.215.

　また,実質外国通貨残高の効用への貢献度γが高くなれば高くなるほど,外国通貨減価率と外国通貨の最適保有比率との関係を表す曲線の傾きが急傾斜となることは,その効用への貢献度が高くなれば高くなるほど,ある所与の外国通貨の最適保有比率において,外国通貨減価率の変化に対する実質外国通貨残高の最適保有比率の反応が小さくなることを意味する.すなわち,実質外国通貨残高の効用関数への貢献度,あるいは,交換手段としての機能,利便性が高ければ高いほど,通貨の減価に対するその最適保有比率の反応が小さく,慣性が強まっていることを意味する.ここで述べてきた外国通貨を基軸通貨ドルに置き換えると,基軸通貨ドルの慣性が理論的に説明できる.

10.4 ガリバー型国際通貨システム

　第二次大戦後から1971年まで続いたブレトンウッズ体制において,ドルは基軸通貨として世界各国から認められ,各国の通貨当局が自国通貨をドルに対して固定させるとともに,各国の民間経済主体はドルを国際通貨として利用して

きた．しかし，1971年にブレトンウッズ体制が崩壊し，1973年に総フロート制に移行してからは，1980年代前半のドルの過大評価の時期を除くと，ドルは趨勢的に減価してきた．そのドルの趨勢的な減価の中で，ドルの基軸通貨としての地位は揺らぎ始めているといわれている．

ブレトンウッズ体制と総フロート制との大きな相違の一つは，為替相場制度が固定為替相場制度から変動為替相場制度へ移行したことである．固定為替相場制度のもとでは，たとえばドルが減価し続けようと，通貨価値の実態から乖離した為替相場に固定されることがたびたびあった．一方，変動為替相場制度のもとでは，通貨価値の実態から乖離するミスアライメントはあるものの，趨勢的に通貨価値の実態を反映して為替相場が推移してきた．

このように，ブレトンウッズ体制においては，ドルの減価が抑圧された中で，いわば強制的に過大評価された為替相場でドルが交換されてきた．その中で，世界の通貨当局も民間経済主体もドルを基軸通貨として認めてきたのである．それに対して，総フロート制においては，ドルの減価が外国為替市場に解放され，実現する中で，世界の経済主体はドルの減価を考慮に入れたうえで，ドルの基軸通貨としての地位に再評価を下している．その再評価の結果として，基軸通貨としてのドルが減価しているにもかかわらず，基軸通貨としての地位が維持されるという「慣性」が，基軸通貨ドルに対して作用しているのである．

複数国際通貨システムにおいては，交換手段としての機能と価値貯蔵手段としての機能を比較考慮して，どの通貨を国際通貨として利用するかを自由に選択することができる．このように世界中の経済主体が自由に選択した国際通貨のうち，世界中で支配的に利用される通貨が現れれば，それを基軸通貨とみなすのである．

ドルのように交換手段としての機能は優れているが，価値貯蔵手段としての機能に劣っている国際通貨と，円のように価値貯蔵手段としての機能は優れているが，交換手段としての機能が劣っている国際通貨が世界経済において並存する場合には，世界の経済主体は相対的に重視する国際通貨の機能に基づいて自らの利用する国際通貨を選択する．

もし世界中の経済主体が国際通貨の機能として価値貯蔵手段としての機能を相対的に重視するのであれば，価値貯蔵手段として優れている円が基軸通貨と

して世界中から選ばれているはずである．だれも円を基軸通貨として選択することを妨げることはできない．

コラム　ビットコインは基軸通貨となりうるか？

　ビットコインは，円やドルのように日本銀行や米国連邦準備理事会などの中央銀行が発行する通貨ではない．もともとはインターネット上で買い物をするときに使える仮想の通貨であった．決済において金融機関が仲介せずに，利用者間で直接に決済が行われることがその特徴である．中央銀行のような通貨発行主体が存在せずに，ビットコインが発行される．ビットコインとドルなどの主要国通貨とが交換される取引所が，あたかも外国為替市場のように存在して，ビットコインと主要国通貨との交換レートが形成されている．図10-3に示されているドル/ビットコイン相場の動きは2013年以降，バブルとバブル崩壊のようにきわめて大きな変動を示した．

　ビットコインの取引はすべてネットワークで共有されている電子的な台帳（「ブロックチェーン」という名前が付されている）に記録される．その記録は，センターサーバーに記録されるのではなく，ネットワーク上の利用者の端末に記録される．その意味で，ビットコインの取引は，中央集権的に記録されずに，分散的に記録されている．この記録は公開されているために，取引のすべてが誰にでも観察することが可能となっている．そして，この観察可能なビットコインの取引は，他の利用者によって検証されてはじめて成立するスキームとなっている．同時に，最初にある特定のビットコインの取引を検証した者にビットコインで報酬が与えられる．

　ビットコインの発行の方法には，このビットコインの取引の検証のスキームが活用されている．すなわち，ビットコインの取引を検証すればするほど，それに応じてより多くのビットコインが検証した者に発行される．したがって，ビットコインの新規発行額は，どれだけビットコインの取引が行われて，その取引が検証されたかに依存することになる．ビットコインの取引が無限に行われれば，ビットコインの発行残高が無限大となるかというとそうではない．もしビットコインの発行残高に上限が設定されないと，その発行残高は無限大となり，有限の需要に対して無限大の供給が

行われればビットコインの価値はゼロとなってしまう．そうなることを回避するために，ビットコインの最終的な総発行残高は2,100万ビットコインに限定されている．2014年2月末時点の交換レート（1ビットコイン＝558ドル）でその金額はおよそ117億ドルであって，それほど大きな金額ではない．

　ビットコインが通貨として普及するかどうか，既存の通貨に取って代わるかどうかは，貨幣としての代表的な三つの機能，すなわち計算単位（価値尺度）としての機能，交換手段としての機能，価値貯蔵手段としての機能が，既存の通貨と比較してどれほど十分に機能するかに依存する．長年にわたって趨勢的に通貨価値が減少してきたドルが最大の国際決済通貨となっていることを考慮に入れると，価値貯蔵手段としての機能よりも交換手段としての機能が重要である．

　ビットコインの場合には，ビットコインの取引が検証されてはじめて新しいビットコインが発行されることから，ビットコインの交換手段としての機能とビットコインの総発行残高とが結びついている．換言すれば，ビットコインの取引と無関係に過大にビットコインが発行されることはない．そのため，交換手段としての機能の面からみたビットコインの需要とその供給が連動していることから，この意味でビットコインが減価することはない．すなわち，ビットコインの発行の仕組みから，ビットコインの交換手段としての機能に連動させてその価値貯蔵手段としての機能が保証されている．ただし，ビットコインに対する投機によって，ビットコインの価値がドルなどの通貨に対して変動することは起こりうる．実際，この1年ほどのビットコインの対ドルの交換レートの大きな変動は投機によって発生している．しかし，その投機がなければ，交換手段としての機能と連動した価値貯蔵手段としての機能を有しているのが，ビットコインの通貨としての特徴である．

　問題は，ドルや円などの通貨に比較してそのビットコインがどれほど交換手段としての機能を有するかである．現在のビットコインの総発行残高が最大でも2,100万ビットコイン（およそ200億ドル）に限定されている．ネットワーク外部性の観点から，既存の通貨に対してビットコインの限界

がある．しかも，投機によってビットコインの価値が乱高下したことは最大の問題点であると指摘できる．

＊小川英治「仮想通貨『ビットコイン』は基軸通貨になりうるか」『プレジデント』2014年3月17日号，141-143ページより，一部引用．

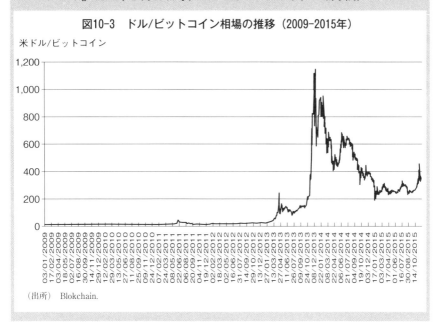

図10-3　ドル/ビットコイン相場の推移（2009-2015年）

（出所）　Blokchain.

しかし，複数国際通貨システムの中で選択肢として複数の国際通貨が存在しているからといって，国際通貨間で有効な競争状態にあるとは必ずしもいえない．ネットワーク外部性が存在するために，利用される国際通貨の供給量が増大すれば増大するほど，その国際通貨の交換手段としての機能が高まるという意味で，国際通貨には規模の経済性が作用する．また，その国際通貨の交換手段としての機能が高まることによって，交換手段としての機能面における国際通貨の質が改善される．

このように，国際通貨の供給量あるいはシェアに応じて国際通貨の機能面における質が変化するので，シェアの異なる国際通貨の間，すなわち，シェアの高い国際通貨とシェアの低い国際通貨との間では異質性が存在する．すなわち，これらの国際通貨は不完全代替となる．いったん高いシェアを持った国際通貨

は，交換手段としての機能の面でその質が改善されて，シェアの低い国際通貨との差別化の程度が増していく．

したがって，ドルのように国際経済取引の利用においてシェアの高い国際通貨が存在する国際通貨システムは，ドルだけが巨人で他の通貨が小人のようであることから，**ガリバー型国際通貨システム**（Gulliver Type of International Monetary System）と呼ぶことができる．このように，ガリバー型国際通貨システムにおいては，国際通貨間の異質性が高いために，同質的な財の市場において実現されるような競争は実現されにくくなる．

基軸通貨ドルに慣性が働いている状況においては，ドルの価値の低下という要因によって，自然に現在のガリバー型国際通貨システムから競争的な国際通貨システムに変化していくことはむずかしい．しかしながら，ドルの価値の低下を抑制するために，基軸通貨ドルに対抗できるほどの競争的な基軸通貨が出現することが必要となる．それは，国際経済取引の利用度においてそれ相応のシェアを持った国際通貨を意味する．

このように有効な国際通貨競争が行われる状況として，ドル一極通貨体制から脱却して，ドルとユーロの二極通貨体制あるいは，ドルとユーロと円の三極通貨体制を実現するべきであるという議論が見られる．

ドルと競争的な基軸通貨が存在する複数基軸通貨体制においては，世界経済における交換手段が複数となることから，交換における効率性が低下するというデメリットがある．また，複数の基軸通貨との間で基軸通貨に対する需要が容易にシフトしやすくなるために，為替相場の不安定性が助長されるという問題点も指摘されている．

しかしながら，ドルと競争的な基軸通貨が他に存在すれば，ドルが独占的に基軸通貨の利益，すなわち通貨発行利益を無制限に享受することはできない．基軸通貨が単独に存在する場合には，基軸通貨国の政府は通貨発行利益を追求するために，基軸通貨を大量に供給し，基軸通貨の価値を低落させる傾向にある．そのため，外国通貨を基軸通貨として利用している世界中の経済主体は，悪影響を受ける．

もし他に有効に競争関係にある複数の基軸通貨が存在するならば，ある基軸通貨発行国の政府が通貨発行利益を追求するあまりに通貨の価値を低下させる

と，世界の経済主体はその基軸通貨を利用・保有することをやめて，他の基軸通貨を利用・保有するようになる．むしろ，その政府が獲得することができる通貨発行利益は小さくなる．したがって，有効な競争関係にある基軸通貨が存在する場合には，基軸通貨国は，むやみやたらと通貨成長率を上昇させて，通貨の価値を低下させることは得策ではないことになる．

このようにして，基軸通貨ドルと有効に競争関係になる通貨を登場させることによって，基軸通貨ドルに対するガバナンスが働き，基軸通貨ドルの価値が低下することを抑制することができる．ガリバー型国際通貨システムにおいては，基軸通貨ドルと他の通貨との間に異質性が高いために，通貨間で有効な競争は行われにくくなっている．通貨間の有効な競争が行われるためには，他の通貨，とくにユーロがドルに匹敵するほどの国際経済取引におけるシェアを確保する必要がある．言い換えれば，ユーロ，さらにいえば円がドルに匹敵する国際経済取引におけるシェアを持った基軸通貨となって初めて，これらの基軸通貨間の有効な通貨競争が行われるのである．

その一つの可能性を含んだ動きとして，1999年のEUにおける単一の共通通貨ユーロの導入とそれ以降のユーロ圏の拡大が期待された．しかしユーロは，ユーロ圏，EUおよびその周辺国における地域経済の基軸通貨とはなりえても，世界経済の基軸通貨とはなりえていない．さらに，2010年以降のギリシャ財政危機をきっかけとして他のユーロ圏諸国への財政危機の波及によって発生したユーロ圏の動揺が，ドルに匹敵する世界経済の基軸通貨へのアプローチをむずかしくしている．

練習問題

問題 1
国際通貨の機能について整理しなさい．

問題 2
ブレトンウッズ体制の崩壊後，ドルの価値が趨勢的に減価しているにもかかわらず，ドルが基軸通貨として利用され続けている理由を説明しなさい．

問題 3

国際通貨体制における国際通貨競争のメリットとデメリットを整理しなさい．

第11章

通貨危機の類型と
その応用

この章で学ぶこと

* 通貨危機の類型を学ぶ.

* 通貨危機の伝染効果について学ぶ.

* 世界金融危機からユーロ危機へのプロセスを学ぶ.

1990年代にいくつかの通貨危機——ESM 危機（1992年），メキシコ通貨危機（1994年），アジア通貨危機（1997年）——を経験した後，2000年代には，アルゼンチンなど個別の国で通貨危機が発生したものの，2000年代前半から2006年まではある程度の収まりを見せていた．しかし，2007-2008年の世界金融危機とその後の世界同時不況の影響を受けて，金融機関への公的資金による資本注入や G20 による財政刺激策の国際協調によって，先進諸国では財政赤字が拡大した．そのような状況の中で，ギリシャ財政危機に端を発した欧州財政危機は，財政主権が統合されていない経済通貨同盟の問題点を浮き彫りにした．

これらの通貨危機は，通貨危機の類型によってそれらの原因が区別される．通貨価値を決定するファンダメンタルズ（基礎的諸条件）が悪化したために通貨危機が発生するという古典的な通貨危機は，ファンダメンタルズに基づく通貨危機モデル（第1世代モデル）によって説明される．また，ファンダメンタルズが悪化していないにもかかわらず，投機家によって通貨危機が発生すると予想されて，投機攻撃を受ける場合に，自己実現的に発生する通貨危機は，自己実現的通貨危機モデル（第2世代モデル）によって説明される．さらに，金融のグローバル化に伴って，金融危機と相互依存して通貨危機が発生する傾向が高まっている．これは，金融危機・通貨危機相互依存モデル（第3世代モデル）として説明される．

本章では，これらの通貨危機のモデル——ファンダメンタルズに基づく通貨危機モデル（第1世代モデル），自己実現的通貨危機モデル（第2世代モデル），金融危機・通貨危機相互依存モデル（第3世代モデル）——を順に説明するとともに，通貨危機の伝染効果と近年におけるギリシャ財政危機に始まるユーロ危機について世界金融危機と関連させながら説明する．

11.1 ファンダメンタルズに基づく通貨危機モデル（第1世代モデル）

11.1.1 基本モデル

ファンダメンタルズ（Fundamentals）に基づく通貨危機モデル（第1世代モデル（First Generation Model））は Krugman (1979) によって最初に定式

化された．このモデルは，その後，Flood and Garber（1984）によって**シャドー変動為替相場**（Shadow Flexible Exchange Rate）（もし変動為替相場制度であれば実現するであろう為替相場）という概念が導入され，展開された．彼らの基本的な考えは，通貨当局が維持しようとする固定為替相場とマクロ経済政策などのファンダメンタルズによって決まる為替相場との間に矛盾がある場合に，投機家が投機攻撃を仕掛けることによって通貨危機が発生するというものである．

ここで，固定為替相場制度のもとにおいて，政府が財政赤字の資金調達のために通貨当局に貨幣を発行させて，対政府信用が成長し続けると想定する．あるいは，他の理由のために通貨当局が対民間信用を成長させると想定する．そうすると，これらの対政府信用や対民間信用の成長は国内信用として成長し続けることになる．もし外貨準備残高に変化が起こらないと仮定すれば，国内信用残高の成長は貨幣供給残高を成長させることになり，物価水準が上昇したり，利子率が低下することによって，自国通貨に対して減価圧力が生じる．

この減価圧力に対抗して通貨当局が固定為替相場を維持しようとするならば，通貨当局は，外国為替市場で外貨を売って自国通貨を買い支える介入を行う必要がある．そして，通貨当局は，国内信用を成長させる限り，外国為替市場に介入し続けなければならず，その結果，外貨準備残高は減少し続けることになる．したがって，国内信用を成長させただけ，自国通貨の減価圧力に対する外国為替市場介入を通じて外貨準備が減少するために，貨幣供給残高には変化が生じない．しかしながら，通貨当局が国内信用を成長させる限り，外貨準備残高は減少し続ける．外貨準備残高が減少し続けて，尽きる時点でもはや通貨当局は外国為替市場に介入することができなくなるため，固定為替相場制度を放棄して，変動為替相場制度へ移行せざるをえなくなる．

ある将来時点に外貨準備が尽きて，固定為替相場制度から変動為替相場制度へ移行することが投機家に予想されている場合，投機家がその将来時点まで待って投機攻撃をしかけるかどうかが問題である．すなわち，投機攻撃によって外貨準備が尽きて，為替相場制度が固定為替相場制度から変動為替相場制度へ移行するタイミングはどの時点となるのであろうか．

外貨準備が尽きる時点で通貨当局が変動為替相場制度に移行すると仮定すれ

ば，ある投機家は，外貨準備が尽きる時点まで投機攻撃を待って，他の投機家が投機攻撃を先にかけて変動為替相場制度に移行してしまうと，投機による利得はもはや得られない．むしろ，固定為替相場制度が維持されている状況において，変動為替相場制度に移行することを予想して投機攻撃をかけ，投機による利得を求める必要がある．投機攻撃のタイミングを決める投機家の意思決定においては，変動為替相場制度のもとで実現するであろう為替相場，すなわちシャドー変動為替相場という概念が重要となる．

そこで，Flood and Garber (1984)，Garber and Svensson (1994) に従って，ファンダメンタルズに基づく通貨危機の基本モデルを説明しよう．いま小国開放経済を想定して，その経済には同質的な貿易可能財しか存在せず，その価格は完全に伸縮的であると仮定する．したがって，つねに一物一価の法則が成立することになる．さらに，国際的な資本移動は完全であり，内外資産は完全代替であると仮定する．完全予見の仮定のもとで，金利裁定を通じてカバーなし金利平価が成立する．ここで，もし変動為替相場制度であれば，伸縮価格マネタリー・モデルに基づいて為替相場が決定される．

しかしながら，固定為替相場制度のもとでは，為替相場は，変動為替相場制度であれば成立するであろう為替相場（シャドー変動為替相場）と異なる水準に固定されている可能性がある．その場合には，民間部門の外国通貨に対する需給は不均衡となるため，通貨当局は外国為替市場に介入して，固定為替相場の水準で需給を均衡させなければならない．外国為替市場介入が不胎化されないことを仮定すれば，外国為替市場の介入は外貨準備を増減させることを通じて，貨幣供給量に影響を及ぼすことになる．

ファンダメンタルズに基づく通貨危機の基本モデルは，次の体系で表すことができる．

$$m_t - p_t = \phi \bar{y} - \psi i_t \tag{11.1}$$

$$m_t = \log M_t = \log(D_t + R_t) \tag{11.2}$$

$$p_t = s_t + p_t^* \tag{11.3}$$

$$i_t = i_t^* + \dot{s}_t^e \tag{11.4}$$

ただし，m：名目貨幣供給残高の対数，p：自国の物価水準の対数，$\bar{y}$：実質国内総生産の対数（完全雇用産出量で時間を通じて一定であると仮定する），i：

自国通貨建て名目利子率，M：名目貨幣供給残高，D：国内信用残高，R：外貨準備残高，s：外国通貨の自国通貨建ての名目為替相場の対数，p^*：外国の物価水準の対数，i^*：外国通貨建て名目利子率，$\dot{s}^e$：予想為替相場変化率，ϕ：貨幣需要の所得弾力性，ψ：貨幣需要の利子率弾力性．

(11.1) 式は実質貨幣残高の需給均衡式を表す．(11.2) 式は名目貨幣供給残高が国内信用と外貨準備から構成されていることを表す．(11.3) 式は財価格の一物一価の法則を表す．(11.4) 式は金利裁定の結果として成立するカバーなし金利平価式を表す．なお，小国の仮定より，外国の物価水準と名目利子率は所与である．

(11.1)，(11.4) 式を (11.3) 式に代入すると，為替相場が次式に従って決定される．

$$s_t = m_t + \psi \dot{s}^e_t - (\phi \bar{y} - \psi i^* + p^*) \tag{11.5}$$

固定為替相場制度のもとにおいては，為替相場は $\bar{s}$ に固定されていて，将来にわたっても固定相場が維持されると民間部門によって信頼されていると仮定する．その場合には，$s_t = \bar{s}$ および $\dot{s}^e_t = 0$ であるから，(11.5) 式は次式のように書き換えられる．

$$\bar{s} = m_t - (\phi \bar{y} - \psi i^* + p^*) \tag{11.6}$$

したがって，(11.6) 式より，名目貨幣供給残高は次式のようにつねに一定となる．

$$m_t = \bar{m} = \bar{s} + (\phi \bar{y} - \psi i^* + p^*) \tag{11.7}$$

そこで，通貨当局が国内信用残高を μ の成長率で成長させると想定する．

$$\dot{D}_t = \mu D_t \tag{11.8}$$

(11.2) 式を変化率で表現すると，次式となる．

$$\frac{\dot{M}_t}{M_t} = \frac{D_t}{M_t} \frac{\dot{D}_t}{D_t} + \frac{R_t}{M_t} \frac{\dot{R}_t}{R_t} \tag{11.9}$$

固定為替相場制度のもとでは，名目貨幣供給残高の成長率は 0 であることと (11.8) 式から，外貨準備残高は次式のように，国内信用の成長とは反対に，減少していくことになる．

$$\frac{\dot{R}_t}{R_t} = -\frac{D_t}{R_t} \mu \tag{11.10}$$

このように，固定為替相場制度のもとで国内信用を一定の成長率で成長させ，外貨準備残高を所与とすると，貨幣供給残高が増大し，物価が上昇する．これは，自国通貨を減価させる圧力を生み出すので，通貨当局は自国通貨を買い支えるために外貨準備残高を減少させることになる．そして，最終的には外貨準備が尽きることとなる．外貨準備が尽きた時点で通貨当局は固定為替相場制度をもはや維持できないことから，変動為替相場制度に移行せざるを得なくなる．

11.1.2 投機攻撃のタイミング

次に，この基本モデルを利用して，**投機攻撃のタイミング**（Timing of Speculative Attack）を考察しよう．前述のように，投機家は，外貨準備が尽きる時点まで投機攻撃を待っていると，投機による利得は得られない．むしろ，変動為替相場制度であれば実現するであろう為替相場（シャドー変動為替相場）が固定為替相場を越えるや否や投機攻撃を行わないと，投機による利得は得られない．投機攻撃によって固定為替相場制度から変動為替相場制度へ移行した後には，外貨準備残高が尽きることから，貨幣供給残高は国内信用残高に等しくなる．そして，為替相場の変化率は国内信用成長率に等しい貨幣供給成長率に等しい．したがって，シャドー変動為替相場s_t^sは次式に従って変化する．

$$s_t^s = \log D_t + \phi\mu - (\phi\bar{y} - \phi i^* + p^*) \tag{11.11}$$

（11.11）式から明らかなように，シャドー変動為替相場は，国内信用残高の変化に対応して変化する．通貨当局が国内信用を成長させている状況（図11-1の上の図の曲線ABC）においては，シャドー変動為替相場は，当初自国通貨高の水準にあったとしても，徐々に減価していくことになる．シャドー変動為替相場と固定為替相場の推移は図11-1の下の図に描かれている．この図では，国内信用の成長に伴って，時点Tでシャドー変動為替相場が固定為替相場を超えて，自国通貨が減価し続けている．

このシャドー変動為替相場が固定為替相場に達した時点Tで投機攻撃が行われることになる．時点Tよりも早い段階で投機攻撃をかけて変動為替相場制度に移行させても，投機家は固定為替相場の水準で自国通貨を買い，シャドー変動為替相場の水準で自国通貨を売らざるを得ないので，投機による利得はマイナスとなる．一方，時点Tを過ぎた遅い段階で投機攻撃をかけて変動為

図11-1　ファンダメンタルズに基づく通貨危機のタイミング

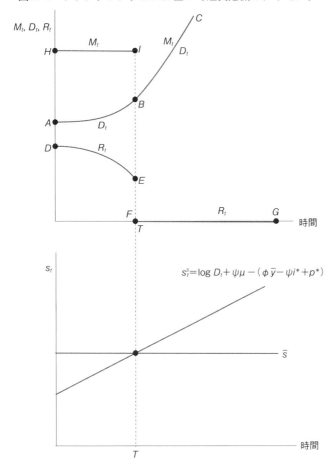

替相場制度に移行させれば，投機家は固定為替相場とシャドー変動為替相場の差だけの投機による利得を得ることができる．したがって，投機家は時点 T 以降に投機攻撃をかければよいことになる．

しかしながら，ある投機家が投機による利得をできる限り大きくするためには，投機攻撃のタイミングを遅らせた場合に，もし他の投機家がその投機家の投機攻撃の直前に投機攻撃をかけて，変動為替相場制度に移行してしまうと，投機による利得はまったく得られないことになる．そのため，個々の投機家は

他の投機家よりも早く投機攻撃をかける必要があり，最終的には時点 T に達するや否や投機攻撃をかけることになる．こうして，投機攻撃のタイミングについては，シャドー変動為替相場が固定為替相場を越えるや否や投機攻撃が発生することになる．

11.1.3 外貨準備と通貨危機

国内信用（Domestic Credit）の成長に対して外貨準備残高（Foreign Reserve）と貨幣供給残高の動向が，図11-1の上の図に描かれている．シャドー変動為替相場が固定為替相場に達する時点 T までは，固定為替相場制度が維持されていることから，国内信用残高の増加に対して外貨準備残高が減少し続ける（点 D から点 E）．一方，国内信用残高の増加が外貨準備残高の減少によって相殺されるために，貨幣供給残高は一定の水準で推移する（点 H から点 I）．しかしながら，シャドー変動為替相場が固定為替相場に達した時点 T で投機攻撃が行われ，これに対して通貨当局が通貨防衛を行うが，外貨準備が尽きてしまう（点 E から点 F）．この時点以降，変動為替相場制度に移行する．外貨準備が尽きているため（点 F から点 G），貨幣供給残高は，国内信用残高に等しく，国内信用成長率と等しい成長率で貨幣供給残高が成長することになる（点 B から点 C）．

このように，ファンダメンタルズに基づく通貨危機モデルにおいては，シャドー変動為替相場の動向と固定為替相場の水準が投機攻撃のタイミングひいては通貨危機のタイミングを決定することになる．シャドー変動為替相場の動向に影響を及ぼす要因の一つとしては，国内信用成長率がある．国内信用成長率が高ければ高いほど，シャドー変動為替相場は固定為替相場水準に達するので，通貨危機のタイミングを早めることになる．また，国内信用成長率に影響を及ぼす財政赤字も大きければ大きいほど，通貨危機のタイミングを早めることになる．

11.2 自己実現的通貨危機モデル（第2世代モデル）

11.2.1 投機家と通貨当局のゲーム

はじめに，Obstfeld（1996）のゲームの設定を利用して，**自己実現的通貨危機モデル**（Self-fulfilling Currency Crisis Model），すなわち**第2世代モデル**（Second Generation Model）を説明しよう．そのゲームの設定は，有限（たとえば，10単位）の外貨準備を保有している通貨当局に対して，2人の投機家が協調せずに投機攻撃をしかけるか，あるいは投機攻撃をしかけないかという状況で，1回限りのゲームを行うというものである．通貨当局は，固定為替相場制度を維持するために，保有している外貨を売って自国通貨を買う為替介入によって投機攻撃に対抗する．現在の自国通貨に対する外国通貨の為替相場を1とする．通貨当局が保有している外貨準備が尽きた場合には，通貨当局は，変動為替相場制度に移行することによって，為替相場が50%だけ減価すると仮定する．一方，投機家はそれぞれ6単位の自国通貨を持っていると想定する．なお，投機を行うためには1単位の費用を要すると仮定する．

投機家が自国通貨を売らない限りは，投機家の利益は0である．一方，1人の投機家だけが自国通貨を売る場合には，通貨当局にはまだ4単位の外貨準備が残っているので，固定為替相場制度は維持される．そのため，自国通貨を売って投機攻撃をしかけた投機家は1単位の費用を要したので，−1単位の損失を被ることになる．もし2人の投機家が同時に投機攻撃をしかけ，10単位の自国通貨が売られれば，通貨当局の外貨準備が尽きることになり，変動為替相場制度に移行せざるを得ない．したがって，為替相場が50%だけ減価することによって，1人の投機家は，自国通貨建てで$5/2 - 1 = 3/2$単位の投機による純利得が得られる．

このような状況の2人の投機家のペイオフ表は表11-1のとおりである．

表11-1から明らかなように，投機家1としては，自分1人で自国通貨を売ることになれば損失を被ることから，もし投機家2が自国通貨を売らないのであれば，自分も自国通貨を売らないのがよく，もし投機家2が自国通貨を売るの

表11-1 ペイオフ表

		投機家2	
		売らない	売る
投機家1	売らない	0, 0	0, −1
	売る	−1, 0	3/2, 3/2

であれば,自分も自国通貨を売るのがよい.このように,表11-1のようなペイオフ表においては,二つのナッシュ均衡が存在することになる.

このように,もし他の投機家が投機攻撃をしかけないと多くの投機家が予想すれば,投機家は投機攻撃をしかけないので,固定為替相場制度が維持される.しかしながら,もし他の投機家が投機攻撃をしかけると投機家の多くが予想すれば,投機家は投機攻撃をしかけ,そして,実際に固定為替相場制度が崩壊し,通貨危機が発生することになる.したがって,前者のようにして通貨危機が発生するならば,投機家が予想することが実現することから,自己実現的に通貨危機が発生したことになる.

11.2.2 自己実現的投機と複数均衡

Obstfeld (1994) は,産出量ショックに焦点を当てたモデルと短期債務の借換に焦点を当てたモデルとを利用して,通貨危機が自己実現的に発生するメカニズムを理論的に説明している.

これら二つのモデルにおいて共通して想定されていることは,政府が異時点間の予算制約のもとで外貨準備を世界市場で自由に借り入れられることである.すなわち,外貨準備の制約は仮定されていないのである.したがって,通貨危機が発生する際に外貨準備水準それ自体が特別な役割を果たすことはない.もう一つの共通の想定は,政府が通貨切下げを行うと固定為替相場制度の信頼が失われるというような固定的な非金銭的費用を要する状況において政府が通貨切下げを回避することも含めて,政府は,インフレ抑制や失業対策などの政策目標をもってマクロ経済政策を行っているということである.

政府として通貨切下げに固定費用を要する場合には,その固定費用を超えない範囲の小さな産出量ショックに対しては固定為替相場を維持することが望ましい.しかし,その範囲を越える大きな産出量ショックが起こったならば,通

貨切下げを行って固定為替相場制度の信頼性を失う費用よりも通貨切下げを行わずにその産出量ショックの影響を受けることの費用が大きくなる．そのため，大きな産出量ショックに直面した場合には政府は通貨切下げを行うという免責条項（Escape Clause）の付いた為替相場政策をとることとなる．

　ここで問題となるのは，免責条項として通貨切下げが行われる範囲は，民間経済主体の予想為替減価率に依存するということである．その理由は以下のように説明される．政府の政策目標であるインフレ率と失業率が短期的にフィリップス曲線の形状をとる一方，予想インフレ率に依存してフィリップス曲線の位置がシフトすると想定する．政府が失業を減少させるためには，民間経済主体が抱く予想インフレ率を所与として，民間経済主体が抱く予想インフレ率よりも高いインフレ率を実際に起こさなければならない．インフレーションは長期的には自国通貨を減価させることになるから，民間経済主体が抱く予想インフレ率の上昇は予想為替減価率を高めることになる．したがって，民間経済主体の予想インフレ率あるいは予想為替減価率に依存して，政府が選択するインフレ率あるいは通貨切下げ率が異なる．さらに，通貨切下げ率への影響は，免責条項として通貨切下げが行われる範囲に対しても影響を及ぼす．

　このように，民間経済主体が，政府にとっての通貨切下げの費用を考慮に入れて，通貨切下げを行ないであろうと予想すれば，免責条項として通貨切下げが行われる範囲は通貨切下げが行われない方向にシフトする．一方，政府が通貨切下げを行うであろうと民間経済主体が予想すれば，免責条項として通貨切下げが行れる範囲は通貨切下げが行れる方向にシフトする．通貨切下げのある均衡と通貨切下げのない均衡の両方が存在する**複数均衡**（Multiple Equilibriums）となっている．このように，ファンダメンタルズに基づいた要因とは無関係に，民間経済主体の予想に依存して，通貨危機が発生することになる．ここに**自己実現的投機**（Self-fulfilling Speculation）が通貨危機を引き起こすことになる．

　短期債務の借換が自己実現的通貨危機にどのような影響を及ぼすかについても同様に分析することができる．自国通貨建て短期債務によって借換が行われると，その自国通貨建て利子率が予想為替減価率を反映することから，予想為替減価率の上昇は政府の債務負担を増大させることになる．政府の債務負担が

増大すると，民間部門によって予想されない通貨切下げおよびインフレーションを引き起こすことによって政府は債務の負担を軽減することで相殺しようとするインセンティブが高まる．民間経済主体がそのような政府の行動を予想すれば，予想為替減価率の上昇によって自国通貨建て利子率がさらに高くなる．そのために，政府は通貨切下げを行うインセンティブをさらに高める．このようにして通貨危機が自己実現的に発生することになる．

自己実現的通貨危機における短期債務の借換の役割に関連して注意すべきことは，外国通貨建て短期債務による借換に対しては何ら支障がないことである．前述した想定において，ファンダメンタルズに問題がないにもかかわらず，自己実現的通貨危機が発生するメカニズムを示すことができた．しかしながら，実際には，外貨準備不足などのファンダメンタルズに問題がある場合には，外国通貨建て短期債務による借換が困難となることがある．その場合には，自己実現的通貨危機とは区別され，ファンダメンタルズに基づく通貨危機の状況となる．

11.3 金融危機・通貨危機相互依存モデル（第3世代モデル）

金融のグローバル化が進展するなか，1994年のメキシコ通貨危機や1997年のアジア通貨危機において通貨危機が発生するとともに，**金融危機**（Financial Crisis）が発生した．このような通貨危機と金融危機との関連は，ファンダメンタルズに基づく通貨危機モデル（第1世代モデル）や自己実現的通貨危機モデル（第2世代モデル）において明示的には考慮されてこなかった．**金融危機・通貨危機相互依存モデル**は，通貨危機と金融危機との関連を考慮に入れる重要性を指摘し，国際的な流動性危機を通じて通貨危機と金融危機が発生すると説明する**第3世代モデル**（Third Generation Model）として登場した．通貨危機と金融危機との相互依存関係に関しては，通貨危機が金融危機を引き起こすという因果関係の説明と，金融危機が通貨危機を引き起こすという因果関係の説明，さらには，通貨危機と金融危機との間には因果関係はなく，共通のマクロ経済環境などの外部要因の変化の結果として通貨危機と金融危機が発生するという説明がある．

通貨危機が金融危機を引き起こす因果関係については，以下のようなメカニズムで説明することができる．通貨危機が発生した場合には，通貨当局が投機攻撃に対抗して自国通貨を買い支えるために外貨準備残高が減少する．投機攻撃が続くと外貨準備が尽きることになるので，通貨当局は通貨切下げを行うか，固定為替相場制度を放棄して，変動為替相場制度に移行せざるを得ない．変動為替相場制度に移行すると，自国通貨が減価しはじめる．したがって，通貨切下げを選択しようとも，固定為替相場制度を放棄しようとも，自国通貨が減価することになる．もし自国の銀行が外国通貨建て債務によって資金を調達する一方，為替リスクを抱えたまま，自国通貨建てで国内にその資金を融資しているならば，自国通貨の減価によってその銀行は債務超過となる．このことから金融危機が発生する可能性がある．

また，外国の経済主体が自国の銀行に預金している場合，通貨危機によって自国通貨の減価を予想して，資金を外国に流出させる場合には，国内の銀行からの預金の引出しが行われ，銀行の流動性危機が発生するかもしれない．もしそれと同時に国内居住者が資本逃避を起こせば，銀行の流動性危機はいっそう深刻になる．そして，流動性危機の発生より銀行取付を通じて銀行システム全体に波及することになると，金融危機が発生することになろう．

一方，金融危機が通貨危機を引き起こす因果関係については，金融危機の発生に際して預金保険機構が十分に整備されていない場合，公的資金投入によって銀行や預金者が救済されるであろう．それらの救済の資金が直接的に国内信用を拡張させることによって調達されるならば，国内信用の拡張は自国利子率を低下させ，外国為替市場で自国通貨を減価させる圧力が発生する．このようにして，通貨危機が発生する可能性がある．

また，銀行や預金者の救済の資金が自国通貨建て国債で調達されるならば，その国債の負担を政府が軽減するためにインフレーションひいては自国通貨の減価を引き起こしたいというインセンティブを高めるかもしれない．政府はそのように行動するであろうと民間経済主体が認識すれば，固定為替相場制度の信頼性が低下し，投機攻撃が起こって，自己実現的に通貨危機が発生するかもしれない．

これらの通貨危機と金融危機との間の因果関係の議論に対して，両者の間に

は因果関係はなく，共通のマクロ経済環境の変化の結果としてこれらの危機が発生する可能性も示唆されている．1990年代前半のラテンアメリカへの資本流入と実質為替相場の増価がアメリカの金利低下という外的要因によって引き起こされたことが実証分析によって示されている (Calvo et al. (1993))．これは世界金利の変動が金融危機と通貨危機を引き起こすことを示唆している．世界金利の低下という外的要因によって大量の資金が銀行を通じて流入し，適切な金融仲介が行われないと，バブルが発生するであろう．そして，世界金利が反転して上昇すると，大量の資金が海外に流出し，それをきっかけとしてバブルが崩壊する．バブル崩壊と同時に，銀行倒産が発生して，預金保険機構が十分ではない国では銀行取付が発生する可能性がある．このように，世界金利の変動とそれによって引き起こされる資金移動によって，大量の資金流出による通貨危機とバブル崩壊による金融危機が同時に発生することになる．

また，Diamond and Dybvig (1983) の**銀行取付モデル**（Bank Run Model）が拡張され，通貨危機と金融危機が同時に発生することが説明されている(Goldfajn and Valdés (1997))．ここでは，銀行が流動性創出機能を発揮することによって，外国から大量の短期資金を引きつける一方で，短期資金を長期資金へ満期変換する際に銀行は銀行取付の可能性を増大させていることが指摘されている．このように二つの側面から銀行の流動性創出機能が金融危機を増幅し，かつ金融危機を引き起こす確率を高めることになる．このような状況で，国内の産出量ショックや世界金利ショックが発生すると，資金が流出することによって通貨危機が発生すると同時に，銀行取付が国内の銀行の間で波及することによって金融危機が発生するであろう．

このように，財政赤字や国内信用などのファンダメンタルズや自己実現的投機の原因から離れて，金融危機と関連させて通貨危機を説明するモデルは，第3世代モデルと呼ばれる．アジア通貨危機についていえば，ドル・ペッグ制度が通貨危機の原因として果たした役割が指摘されている．ドル・ペッグのもとにおける1990年代のドル安・円高からドル高・円安の大きな振幅は，ドルと円のバスケット・ペッグのもとと比較して，ドル安・円高時には予想為替減価が過小に評価されるために過剰な資本流入を生み出す一方，ドル高・円安時には国際競争力の低下から将来収益の低下を通じて資本流出を生み出すであろう．

このように，ドル・ペッグによって通貨危機と金融危機が増幅した可能性がある．

11.4 通貨危機の伝染効果

次に，ある国で通貨危機が発生すると，その直後に他の国でも通貨危機が発生するという通貨危機伝染のメカニズムについての議論について整理しておこう．Eichengreen *et al.* (1996) によれば，通貨危機が伝染するメカニズムとしては，貿易面でのつながりとマクロ経済政策・マクロ経済環境の類似性および金融危機の国際的連鎖が指摘されている．これらは，それぞれ，ファンダメンタルズに基づく通貨危機モデル，自己実現的通貨危機モデル，通貨危機と金融危機との関連に関するモデルを通貨危機の伝染効果に応用したものである．

貿易面におけるつながりによる**通貨危機の伝染効果**（Contagion Effect）は，ファンダメンタルズに基づく通貨危機モデルを応用して説明される．すなわち，ある国で通貨危機が発生すると，通貨の切下げや変動為替相場制度への移行後の通貨の減価が生じる．通貨危機が発生した国の通貨が減価することによって，その国の輸出産業の国際競争力が高まることになる．一方，通貨危機が発生した国と貿易面において競争状態にある他の国では，相対的にその国の通貨が増価し，過大評価されることになる．これは，その国の輸出産業の国際競争力が低下することを意味する．これによって，これまでの固定為替相場ではこの国の貿易収支赤字が増加し，中央銀行の外貨準備残高が減少し，この国の通貨に対しても投機攻撃を受けることになる．

各国間のマクロ経済政策・マクロ経済環境の類似性を原因とする伝染効果は，免責条項の付いた為替相場政策が行われることを指摘した自己実現的通貨モデルを利用することによって説明される．一つの中心的な国の通貨に対して他の国々がそれぞれの自国通貨を固定している状況において，その中心的な国の利子率が上昇するような外生的ショックが発生すると，固定為替相場を維持するためには他の国も利子率を同様に上昇させなければならない．しかしながら，利子率の上昇がそれらの他の国々にとって好ましくない影響を及ぼすことが予想されるならば，固定為替相場を見直すことが必要となる．すなわち，これま

で中心的な国の通貨に対して自国通貨を固定してきた他の国々は，通貨の切下げを行うか，変動為替相場制度に移行することが最適となるかもしれない．このことが投機家によって予想されると，投機家は，中心的な国の通貨に対して自国通貨を固定してきた他の国々のうち，現在の固定為替相場を維持することができない可能性の高い国に対して投機攻撃をしかけることになる．したがって，これらの国々において通貨危機が同時に発生することになる．

　この説明の中における利子率の外生的ショックをもう一つの中心的な国との為替相場の外生的ショックに置き換えることによって，アジア通貨危機における伝染効果の一部を説明することができるかもしれない．1997年の通貨危機に直面したアジア諸国のペッグあるいはクローリング・ペッグの対象通貨は実質的にドルであった．これらのアジア諸国にとってアメリカと並んで日本が主要な貿易相手国であることから，各国通貨の対円の為替相場の変動が輸出産業や貿易収支に影響を及ぼした．とくに，1995年以降の円安への大きな振幅は，これらの国々にとっては，外生的ショックとして輸出産業および貿易収支を悪化させることとなった．このようにして，アジア通貨危機が連鎖的に発生したと説明することもできよう．

　さらに，決済システムを通じて連鎖的に発生する銀行取付が国際金融システムの中で発生する可能性もある．金融仲介機関は，資産と負債の満期構造を変換することによって，長期に資金を固定する運用を嫌う外国投資家に対して流動性資産を提供することができる．こうして，金融仲介機関は外国から資金をより容易に調達することが可能となる．このように流動的な預金を提供することによって，資本流入を増大させることができる．しかし，何らかの外生的な原因によって外国投資家が一斉に預金を引き出すときには，自らの資産を流動化することができない金融仲介機関は流動性不足に陥ることになる．金融仲介機関に対する取付は，外国の投資家が預金を引き出して，外国通貨に交換することから，通貨への取付に発展する可能性がある．これらの危機は，ある国の銀行危機の結果として流動性危機に直面している国際的な投資家が他の国の市場において彼らのポジションを流動化することによって対応すると，他の国に伝染することになる．

11.5 世界金融危機からユーロ圏危機へのプロセス

11.5.1 世界金融危機から財政危機へ

アメリカでは,住宅バブルの中で住宅価格上昇の期待に基づいて,本来,信用リスクがきわめて高いために住宅貸出の対象となり難い低所得者層向けにサブプライム・ローンという形で住宅貸出が行われた.その信用リスクを他に移転することを目的としてサブプライム・ローンを担保とした証券化商品（RMBSなど),さらには,その証券化商品を担保とした証券化商品（CDS）がアメリカの金融機関から欧州の金融機関に売り渡された.これは同時に,アメリカ国内で不足する貯蓄を補うための資金調達手段としての役割を果たした.その資金源は,中近東諸国やロシアなどの石油輸出国の経常収支黒字を欧州の金融機関によって金融仲介する形でアメリカへと流れて行った.その意味では,欧州の金融機関は,石油輸出国の経常収支黒字とアメリカの経常収支赤字との間の国際金融仲介を担った.さらに,これらの国際金融取引を通じて,欧州自体にもこれらの経常収支黒字国から資金が流入し,その資金が欧州における土地等の購入などに向けられ,土地バブルの様相を呈した.

しかし,アメリカで住宅バブルの崩壊によって住宅価格が下落しはじめると,住宅価格上昇期待に隠されていたサブプライム・ローンの高い信用リスクが顕在化した.住宅バブルの崩壊とともに,サブプライム・ローンが不良債権化し,さらには,サブプライム・ローン証券化商品が回収不能となった.これらのサブプライム・ローン証券化商品を多く保有していた欧州の金融機関もまたアメリカの金融機関と同様の影響を受け,**世界金融危機**（Global Financial Crisis）に発展した.

このようにして,欧州の金融機関は,アメリカのサブプライム問題の影響を直接に受け,また,自らの土地バブルの崩壊の影響を受け,バランスシートを毀損させた.さらに,証券化商品一般の中にサブプライム・ローン証券化商品がどれほど含まれているかが不明であることから,欧州の金融機関は**カウンターパーティ・リスク**（Counterparty Risk）に直面した.

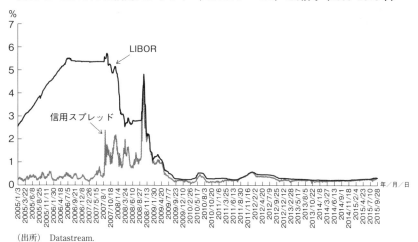

図11-2 LIBORと信用スプレッド（LIBOR − TB）の動向（2005-2015年）

（出所）Datastream.

　欧州の金融機関間のカウンターパーティ・リスクは**ロンドン銀行間取引金利**（LIBOR）に如実に現れた．図11-2に示されている，LIBOR マイナス TB（財務省証券）金利は，安全資産である TB に対して金融機関の信用リスクがリスク・プレミアム（信用スプレッド）としてどれほど上乗せされているかを示している．この**信用スプレッド**（Credit Spread）の推移に基づいて，主に欧州の金融機関が取引を行うロンドン金融市場で，これらの金融機関のリスク・プレミアムが観察される．

　図11-2に示されるように，サブプライム・ローン問題が顕在化した2007年夏以前には，信用スプレッドは0.5％以下であった．しかし，2007年夏には，ドル建て LIBOR の信用スプレッドは2％にまで跳ね上がった．さらに，2008年9月15日のリーマン・ブラザーズ・ショックによって，その信用スプレッドはさらに4.5％にまで跳ね上がることになる．しかし，その直後からアメリカ連邦準備銀行が ECB などと通貨スワップ協定を締結し，ドル建て流動性を供給したことから，信用スプレッドは急速に低下した．しかしながら，そのような中でも，銀行間金融市場で資金の出し手となっていたのは，民間金融機関ではなく，ECB のみであった．

　このようにドル建て LIBOR の信用スプレッドが大きく跳ね上がったことは，

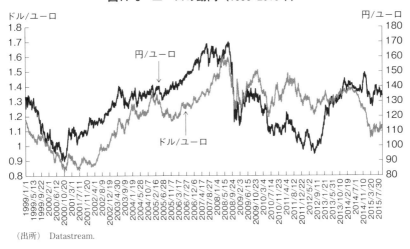

図11-3 ユーロの動向（1999-2015年）

（出所）Datastream.

欧州の金融機関がロンドンの銀行間金融市場でドル資金を調達しようとするときに，きわめて高いリスク・プレミアムを課されていたことを示す．ここに，カウンターパーティ・リスクの高まりから，欧州の金融機関ではドル資金調達が困難となり，流動性不足に陥っている姿が垣間見られる．

　欧州の金融機関がドル資金の調達困難となったことから，図11-3に示されるように，ユーロがドルや円に対して暴落する事態となった．2007年夏にサブプライム・ローン問題が顕在化した当初は，アメリカ発の金融危機はドルの信認を失墜させ，ドルの暴落が懸念された．しかし，実際には，ドルは暴落せず，ユーロが暴落し，さらに，ユーロ圏周辺諸国の通貨も大暴落したのである．

　ユーロは，ユーロ圏はもとよりその周辺国との間の経済取引における決済通貨として第2の基軸通貨としてドルに肩を並べつつあった．しかし，域内およびその周辺国との間の経済取引における決済通貨として利用されているユーロであっても，域外との経済取引における決済通貨としてユーロはいまだ十分に使われていない．欧州域内における基軸通貨とはなっていても，世界経済における基軸通貨とはまだなっていなかったことが，世界金融危機で改めて明らかとなった．

　世界金融危機によって多くの国で，景気回復を目的とした財政刺激政策の国

際協調および世界金融危機の影響を受けた金融機関への資本注入によって，財政赤字が増大した．とくに欧米では，世界金融危機の影響を受けて，経営破綻した金融機関，あるいは，バランスシートを棄損した金融機関を救済するために支出される金融部門支援のための財政支出が増大した．

11.5.2　ギリシャの財政危機からユーロ圏危機へ

このような全般的な財政悪化の状況の中で，ギリシャでは，2014年10月に財政に関する統計処理の不備が指摘され，財政赤字の規模が，2009年見通しで3.7%から12.7%（後に13.6%への再修正）へと上方に修正された（European Commission (2010)）．このような統計処理の不備は，ギリシャの財政赤字の数字そのものの信頼性を損なうだけではなく，財政当局に対する信認をも失墜させた．確かに，IMF (2009a) の試算（2009年5月時点）によると，銀行への資本注入が50億ユーロ，新規融資への政府保証が150億ユーロ，銀行への流動性供給として80億ユーロ，総計280億ユーロが財政負担として政府にのしかかっている．2,391億ユーロ（2008年）のギリシャのGDPと比較すると，GDPの約12%に相当する財政負担が金融部門支援のために支出された．

ユーロ圏諸国全体の2.7%ほどの経済規模（GDP）しかないギリシャの財政危機（Fiscal Crisis）がユーロを暴落させたのは，ギリシャの財政危機そのものの問題よりも，財政主権が統合されていないEUの経済通貨同盟のもと，とりわけリスボン条約で財政移転が禁止されていたために，お互いに財政支援を受けることができないことから，ギリシャから他のユーロ圏諸国への財政危機が波及することが懸念されたからである．たとえば，ギリシャと同様の財政赤字を抱えているポルトガル，イタリア，アイルランド，スペインと合わせると，それらの経済規模（GDP）はユーロ圏諸国の35%にも達する．世界金融危機とその後の世界同時不況の影響を受けて，ギリシャと同様に他のユーロ圏諸国も2008年から2009年にかけて財政赤字を増大させることとなった．すなわち，ユーロ圏諸国全体では，2008年の財政赤字（GDP比）2%から2009年には6.3%へ3倍強に増大した．2009年には，ギリシャの13.5%と並んで，アイルランドの14.3%，スペインの11.2%，ポルトガルの9.4%と高くなった．このように，ギリシャの財政赤字だけが突出しているわけではなく，他のユーロ

圏諸国でも財政赤字が拡大しているのである．このような状況は，ギリシャの財政危機が他のユーロ圏諸国へ波及し，**ユーロ圏危機**（Euro Zone Crisis）に発展する可能性を示していた．

　一国の財政危機は，以下のルートを通じて他のユーロ圏諸国に波及する．第1のルートは，投機家による国債の空売りにより，ギリシャと同程度の財政赤字や国債残高を抱える国の国債に対して投機攻撃がしかけられることである．第2には，国際分散投資を行っている投資家が，ギリシャ国債の値下がりによって，他の国債の分散投資比率が高まるため，それらを売却してポートフォリオ調整を行うことである．第3に，民間部門関与による債務削減によって当該の国債を保有している金融機関のバランスシートが悪化したために，債券価格が暴落する前にその他の国債を売却して，利益を確保しようとする場合，他の国債の価格に影響が及ぶことになる．

　このような状況は，**ソブリン・リスク**（Sovereign Risk）としてその国債利回りに反映されている．第9章の図9-3に示したように，ユーロ圏諸国の国債利回り（10年物）はユーロ圏危機において特異な動きを示した．たとえば，ギリシャの国債利回りは，ギリシャの政権交代により財政収支の統計処理に問題があったことが発覚した2009年11月以降，上昇傾向にある．2012年2月には，ドイツの国債利回りが1.85%であるのに対して，ギリシャの国債利回りは30%近くにまで上昇した．ギリシャ国債のリスク・プレミアムは28%にまで上昇した．また，2011年4月に財政危機に対して金融支援を受けたポルトガルも，2012年1月にはその国債利回りが14%近くに達した．

11.5.3　ユーロ圏危機に対する対応

　ユーロ圏諸国の中で財政危機に陥ったギリシャ，ポルトガル，キプロス，そして世界金融危機の尾を引いていたアイルランドは，欧州連合と欧州中央銀行と国際通貨基金の三者から構成されるトロイカ体制によって金融支援を受けた．

　一般的には，ユーロ圏諸国が陥った財政危機を解決するためには，以下の3点セットが必要となる．その3点セットの核となるのは，ギリシャにおける財政危機の発生および一部のユーロ圏諸国への波及において重要な役割を果たした，失墜した財政規律を回復させることである．財政規律を回復し，強化する

ことが喫緊の課題となる．そのためには，財政危機国の財政再建が重要であり，可視化された財政再建計画の策定と着実な実施が必要となる．それと同時に，財政規律確立とモラル・ハザード防止によって，財政危機の可能性やソブリン・リスクを縮小することが必要となる．

コラム　This time is different?

　過去800年の世界中の金融危機のデータを収集して実証分析を行ったラインハートとロゴフの『国家は破綻する——金融危機の800年』（Reinhart and Rogoff (2009)）がベストセラーとなった．その原文タイトルである"This time is different"は，バブル対バブル崩壊およびその後の金融危機が複数均衡であって，一方の均衡（バブル）から他方の均衡（バブル崩壊およびその後の金融危機）へのシフトは，市場参加者の思惑に依存して起こりうることを象徴的に表現している．"This time is different"と市場参加者が思い続ければバブルは膨らみ続け，そうではないことに気づいた途端にバブルがはじけて，金融危機に発展する．

　ギリシャのソブリン危機に始まった欧州のソブリン危機は，この典型的な例である．ユーロ導入時から，マーストリヒト条約の経済収斂条件の一つである財政赤字の対GDP比がその基準である3％をほぼ一貫して超えていたにもかかわらず，図11-4に示されるように，ギリシャ国債のリスク・プレミアム，すなわちソブリン・リスクはさほど高まっていなかった．しかし，2009年10月にギリシャで政権交代による財政上の統計の不備が公表されると，一気に財政当局の信認が失墜し，ソブリン危機に直面した．そのソブリン危機は，図11-4で示されるように，ギリシャ国債のリスク・プレミアムの急上昇という形で現われた．"This time is different"と思い続けていた市場参加者は，このことがきっかけでその思惑が萎えてしまい，ギリシャ国債への運用に慎重になってしまった．

　このようにして，ギリシャにおいて，いわゆる国債バブルが崩壊し，ソブリン危機に発展した．さらに，"This country is different"という思惑の中，当初はギリシャのみのソブリン危機に焦点が当てられていたものの，

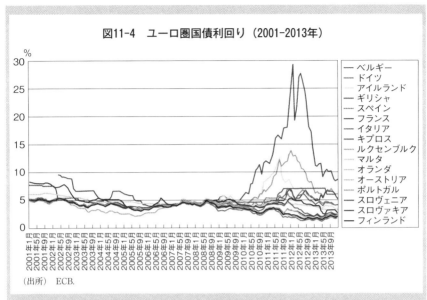

図11-4　ユーロ圏国債利回り（2001-2013年）

（出所）　ECB.

その思惑が変わり，ポルトガルやアイルランド（ソブリン危機というよりは金融危機かもしれない）が経済危機を経験し，さらにはイタリアにおいてもソブリン・リスクが高まってきた．そして，共通通貨ユーロそのものの問題も指摘されながら，ユーロも暴落したのであった．

＊　本コラムは，小川（2012）から引用．

　財政危機解決のための3点セットの第2は，危機管理を現実的に推し進めるために，民間部門の関与を通じて巨額の政府債務をある程度の規模に削減することである．財政危機が深刻な国（ギリシャ）の債務削減が行われることによって，財政再建による財政危機国経済へ及ぶ負担の軽減を施すことが必要である．そして，このような債務削減は，財政再建のために財政緊縮を遂行する危機国政府のインセンティブを与えることになる．一方で，債務危機における貸し手としての民間金融機関の役割の重要性を鑑みて，借り手とともに貸し手にも負担の一部をシェアし，モラル・ハザードの防止につながるともいわれている．

　同時に，3点セットの第3として，債務削減に応じる民間金融機関に対するセイフティネットの提供が必要となる．債務削減による民間金融機関への財政

危機の影響を最小化し，他のユーロ圏諸国への波及を抑制するために，セイフティネットとして欧州金融安定ファシリティ（EFSF）や欧州安定メカニズム（ESM）の設立とそれらの資本増強が進んでいる．セイフティネットとしてEFSFやESMによる財政危機に直面した国債の買上げが期待されている．日本政府はEFSFが資金調達のために発行したEFSF債券を購入する形で欧州の財政危機の鎮静化と世界経済への影響を抑えることに貢献しようとしている．さらに，EFSFやESMで資金が十分ではないことから，これらと協調してECBによる国債買上げも行われる必要があり，実際に国債買上げが行われている．

一方，民間部門関与によるギリシャ国債に対する債務削減については，第1次金融支援においては，まだEFSFのセイフティネットが構築されていなかったために，対応されなかった．そのために，ただギリシャ政府に対して大きな負担を強いるだけとなっていたことから，ギリシャの財政危機への実際の解決が進展しなかった．そのため，2011年になって，民間部門関与による債務削減が検討された．当初は，21%の債務削減が民間金融機関との間で一時は合意がなされたが，その債務削減比率は再検討され，21%（2011年7月）から53.5%（2012年3月）へ引き上げられた．この合意によって，一方的な債務不履行である「無秩序な債務不履行」を回避し，（必ずしもすべての民間投資家の合意が取り付けられたわけではないが）合意のもとで民間部門関与による，いわゆる「秩序だった債務不履行」が実現された．

財政当局の信認を回復するためには，財政規律の確立・強化が検討されている．2011年12月8・9日に開催されたEU首脳会議において，ユーロ圏諸国が中心となって，経済同盟の強化，とりわけ，**財政安定同盟**（Fiscal Stability Union）に向けた動きに基本合意がなされた．しかし，この基本合意に他のEU諸国も賛同する形を取ったが，イギリスは，財政主権の維持にこだわり，この基本合意には賛成しなかった．その内容は，財政規律を強化するために新しい財政ルールを含む**財政協定**（Fiscal Compact）をつくることである．

すでに安定成長協定によって，財政規律の遵守を求めて，過剰財政赤字手続きの実質的な適用を図ることになっていた．実際にはギリシャを含めていくつかの国がその適用の対象となったが，一度も発動されたことがなかった．裁量

の余地があったことから一度もその発動がなされなかったという反省から，新しい財政ルールでは，欧州委員会によってある国の財政赤字の上限超過を認められたならば即時に，ユーロ圏諸国の反対がないかぎり，自動的に過剰財政赤字手続きが適用されるよう，自動修正メカニズムを導入することにもなっている．このようにして実質的な財政規律の強化を図ろうとしている．

「財政安定同盟」については，ユーロ圏諸国は，財政規律を強化し，財政再建を進めるための政策協調としての基本合意に留まっていることに注意する必要がある．言い換えると，財政主権の統合を意味するような**財政同盟**（Fiscal Union）にまでは至っていないのである．

練習問題

問題 1
ファンダメンタルズに基づく通貨危機モデル（第1世代モデル）に従って，国内信用を成長させている国が通貨危機に直面するタイミングを説明せよ．

問題 2
自己実現的通貨危機モデル（第2世代モデル）に従って，複数均衡としての通貨危機を説明せよ．

問題 3
通貨危機がある国から他の国へ波及するメカニズムを説明せよ．

第12章
国際金融アーキテクチャー

この章で学ぶこと

* 世界金融危機に対する IMF 金融支援プログラムの改革を考察する．

* アジアにおける地域金融協力の動きを展望する．

* 通貨危機を予防し，解決するための国際金融アーキテクチャーを考える．

1990年代から2000年代にかけて，各国で国際金融取引の規制や資本管理が緩和される中，**金融のグローバル化**（Financial Globalization）が進展してきた．この金融のグローバル化によって，収益率の差が存在する国と国との間で，大量の資本が瞬時に世界を移動するようになった．このような金融のグローバル化の中で大量の資本が頻繁に移動する状況は，先進諸国のみならず，発展途上国のうちでも新興市場国（Emerging Market Country）と呼ばれる国々においても共通している．

国際資本移動については，すでに第2章において2期間モデルを利用して考察した．各国において，家計が現在から将来にわたって消費と貯蓄の意思決定を行う一方，企業は投資の意思決定を行う．家計と企業は独立してこれらの意思決定を行うので，必ずしも貯蓄と投資が等しくなるとは限らない．国際資本取引が規制されている状況において，国内で投資が貯蓄を上回ると，収益率の高い投資プロジェクトのみに貯蓄が回り，この経済の投資の収益率は高いままの状況が続く．しかしながら，国際資本取引が自由に行われるようになると，その高い収益率をめざして，外国から資本が流入することになる．したがって，収益率を決定する要因は，貯蓄と投資の関係となる．

とりわけ，経済成長が著しく，有望な投資プロジェクトを抱えているものの，その旺盛な投資が国内貯蓄によって調達しきれない新興市場国では，資本流入が多くなる傾向がある．ただし，その資本流入が設備投資および資本蓄積を通じて将来の経済成長につながるかぎりにおいては，その資本流入が先進諸国に比較して多いとしても，また結果として経常収支が赤字となろうとも，その返済能力に問題は生じない．

12.1 金融のグローバル化と資本規制

通常，**国際資本移動**（International Capital Flow）は，直接投資，証券投資，および銀行融資に分類される．**直接投資**は，工場を建設したり企業を買収することから，このような投資は長期的な視点に立って収益を得ることが期待される．一方，短期的にはその資本投下の費用は埋没費用として回収することがむずかしい傾向にある．したがって，直接投資は相対的に大きな変動はなく，

急に資金が回収されたりするという，資本移動の逆流は発生しにくい．

一方，**証券投資**や**銀行融資**は，直接投資に比較すると，短期的に資本投下の費用が埋没するということはない．とりわけ，証券投資や銀行融資が短い満期をもって運用されると，資金の回収も短期的に容易に行うことができ，流動性が高まる．そのため，国際的な金利差が変化したり，当該国の経済状況が悪化したときには，直接投資よりも証券投資や銀行融資のほうが，あるいは，**長期資本**よりも**短期資本**のほうが，その変動が大きく，急に資本流入が止まったり，あるいは資本流出が突然起こることがある．このように，回収されやすい資本に多くを頼っている国では，国内経済になんらかの悪いショックが発生すると，あるいは外国で金利上昇などの収益率が上昇したりすると，突然の資本流出が発生する可能性が高くなる．

国民所得がまだ高くないために国内貯蓄が限られている一方，資本蓄積が十分ではないために将来にわたって急速な経済成長が見込める新興市場国では，外国からの資本流入に頼って資本蓄積を行う必要がある．同時に，先進諸国の投資家が積極的に新興市場国へ対外投資を行うことによって，資本が新興市場国へ大量に流入することになる．しかし，その資本流入の形態を直接投資ではなく，もっぱら短期資本による証券投資や銀行融資に頼っていると，資本流入の突然の停止や資本流出に直面する危険性がある．

また，注意しなければならないのは，先進諸国の投資家や金融機関は直接に新興市場国の企業に資金を貸し付けて運用するだけではなく，新興市場国の地元の金融機関を通じて企業に融資する場合が多い．国際資本移動において地元の金融機関が仲介する場合には，これらの国内金融機関が金融リスク管理能力を有しているとともに，金融リスクに直面する可能性を減らしたり，経営破綻に陥った金融機関を処理し，その金融システム全体への波及を阻止する制度が整備されていることが必要である．

したがって，資本移動に対する規制緩和は，国内の金融制度の整備のスピードに合わせて進める必要がある．資本移動が完全に自由である状況においては，外国から大量に資金が流入すると，それを国内の金融機関が適切な金融リスク管理を行いながら，効率的に運用する金融仲介能力が要求される．その金融仲介能力が十分でない場合には，土地などの資産に過剰投資を行い，資産バブル

を発生させたり，金融リスク管理が十分に行われていないために，資産バブルが崩壊した際には，資産価格の暴落によって大きな損失を被ることになる．

一方，資本が自由に移動するようになると，経済政策や為替相場政策の阻害要因となる可能性がある．第4章で説明したように，自由な資本移動，為替相場の安定，および金融政策の自律性というこれら三つの選択肢は，同時に達成することはできない．あらゆる国の経済は，この**国際金融のトリレンマ**（Trilemma of International Finance; Impossible Trinity）に直面している．自由な資本移動と金融政策の自律性を維持しながら，為替相場を安定化させることは困難である．金融政策を自由に行使することによって経済ファンダメンタルズを変化させると，資本移動を規制しないかぎりは，為替相場が変動せざるを得ない．したがって，自由な資本移動のもとでは，金融政策の自由度を重視すれば，為替相場の安定はあきらめざるを得ない．

このような国際金融のトリレンマの状況にあっては，為替相場の安定を重視すれば金融政策の自律性をあきらめて，外国の金融政策に同調せざるを得ない．あるいは，金融政策において外国の通貨当局と政策協調を行うことになる．もし金融政策の自律性と為替相場の安定の両方を確保しようとするならば，国際資本取引に対してある程度の規制を課して，**資本管理**（Capital Control）を行わざるを得ない．

この資本管理はさまざまな目的から行われる．第1に，前述した国際金融システムのトリレンマ，すなわち，自由な資本移動と為替相場の安定と金融政策の自律性という三つの選択肢をすべて同時に達成することができない状況の中で，金融政策の自律性と為替相場の安定を達成するためには，自由な資本移動を犠牲にしようということがある．第2に，投機攻撃・資本逃避や急激な資本流出入による金融の不安定性の増大を抑えることや，金融機関や企業が外国為替リスクを過剰に取らないことを目的とする，金融機関などに対する「プルーデンシャル規制」として資本規制が導入される場合がある．すなわち，国内の金融危機の防止と解決を目的として資本規制が行われる．第3に，国内の金融危機の防止と解決に類似しているが，自国通貨に対する投機攻撃によって発生する通貨危機の防止と解決を目的として資本管理が行われることが考えられる．金融危機の防止と解決は金融システムに関係するが，通貨危機は通貨防衛のた

めの外貨準備残高の大きな減少とともに通貨の減価に関係する．第4に，人為的な低金利政策を維持する金融抑圧政策を実効ならしめるために資本規制が行われることもある．発展途上国においては金融当局が規制によって金利を均衡水準よりも低い水準に設定して高い経済成長を達成しようとする傾向がある．しかし，金融規制によって金利が低く設定される中で，資本が自由に移動すると，国内貯蓄が相対的に高い金利を求めて外国に流出し，国内の投資に貯蓄が回らないために，資本蓄積が進まない可能性がある．

資本管理の形態としては，行政による直接的管理と市場に依拠した間接的管理に分類することができる．行政による直接的管理とは，資本取引の禁止，量的制限や許認可手続きを通じて資本取引や資本取引に関連する資金の支払いや移転を制限するものである．その際，上述の理由から，直接投資には規制を課さないが，証券投資や銀行融資に規制を課す傾向がある．さらには，長期証券よりも短期証券の取引に規制を課す場合もある．非居住者に対して自国通貨借入の規制を課すことによって，非居住者による国際金融活動を抑制することもある．

一方，市場に依拠した間接的管理は，資本取引の費用を高めることによって資本移動やそれに関連する取引を抑制するものである．それには，流入する資本に課税する課税方式と資本流入額に応じた一定の準備金を中央銀行に預け入れることを要求する準備方式がある．

課税方式の具体例としては，国際金融取引に対する課税や**無利子強制預託制度**（Unremunerated Reserve Requirement）がある．この無利子強制預託制度は，チリで短期資本流入を抑制するために1991年から1998年まで導入されていた．また，それは1993年9月にコロンビアでも導入された．チリの無利子強制預託制度においては，最低1年間，無利子で中央銀行に預託させることを義務づけることによって，短期資本流入を抑制しようとするものであった．

また，課税方式として，外国為替取引に対する課税による資本規制としてトービンが**トービン税**（Tobin Tax）を考案した（Tobin (1978)）．これは，外国為替取引に対して固定率（0.05％程度を想定）で課税することによって短期資本取引の収益率を引き下げて，短期資本取引のみを規制することをねらった資本管理である．しかし，トービン税の問題点としては，すべての国でトービ

ン税を採用していないと回避が可能であること，金融派生商品の取引の発達に伴って回避が可能であることが指摘されている．また，課税方式として，世界各国が外国為替取引に一律に課税するというトービン税が考えられているが，その実効性は，すべての国がトービン税を導入するかどうかに依存する．もしトービン税を導入しない国が現れれば，それが抜け道となって，資本管理に対する効力が発揮されないことになる．

とりわけ，国際資本取引による収益などに対して税制上の優遇措置が採られることによって，金融機関を国内に引き寄せてきた**タックス・ヘイブン**（Tax Haven）の国や地域（バハマ，バミューダ，ケイマン諸島など）は，トービン税を導入することに従わない可能性が大きい．もし世界各国でトービン税が導入されるならば，これらのタックス・ヘイブンの国・地域にもトービン税を導入するような課税の国際協調が必要となる．また，この国際協調を有効ならしめるためには，国際協調を破棄した場合にペナルティを課すなど，何らかの強制力が必要となる．

12.2 為替投機と規制・監督

通貨危機の発生のほとんどは，為替投機がその引き金となる．投機家による**投機攻撃**（Speculative Attack）に対して，通貨当局は自国通貨を防衛するために外貨を売却しなければならない．したがって，その通貨防衛策によって通貨当局が保有する外貨準備残高が尽きてしまうと，もはや通貨当局は外国為替市場に介入することができなくなり，自国通貨の価値が低下することを放置せざるを得なくなる．このように，最終的に通貨当局が自国通貨の価値を低下せざるを得なくなることを投機家は予想して，その通貨を売り浴びせて投機攻撃を仕掛けるのである．

このような投機攻撃は，経済ファンダメンタルズとの関わり方によって，次の2種類に分類できる．一つは，経済ファンダメンタルズと現行の固定為替相場との間に乖離が見られるとき，その乖離を修正する動きを予想して，為替投機が行われる．

変動為替相場制度であったならば経済ファンダメンタルズを反映して実現す

るであろう「シャドー変動為替相場」（第11章を参照）が現行の固定為替相場から乖離していると，投機家は為替投機を行う．とりわけ，固定為替相場に比較してシャドー変動為替相場において自国通貨の価値が低い場合には，外貨準備残高が減少していくことになる．

　経済ファンダメンタルズが改善されないかぎり，通貨当局は外国為替市場に介入し続け，ついには外貨準備残高が尽きて，固定為替相場制度を放棄せざるを得なくなる．投機家はこのことを予想して，投機攻撃を行う．経済ファンダメンタルズを悪化させる主要な要因としては，貨幣発行を伴う財政赤字が指摘されている．

　このように，放漫な金融政策や財政政策が行われることによってマクロ経済政策と為替相場政策との間に矛盾が存在するとき，為替投機が行われる．したがってこのような為替投機は，放漫なマクロ経済政策をチェックすることになるので，その意味では「よい投機」といえよう．

　一方，経済ファンダメンタルズとは関わりなく引き起こされる自己実現的投機による投機攻撃がある．すなわち，たとえ経済ファンダメンタルズが良好だとしても，通貨当局が保有する外貨準備残高が少ない国の通貨を対象として投機家が一斉に投機攻撃を行えば，その通貨当局は通貨防衛に失敗することになる．このように経済ファンダメンタルズと関係なく，投機家による通貨価値低下の予想によって投機攻撃が行われることから，実際に通貨価値の低下が自己実現する．

　とりわけ，**自己実現的投機**（Self-fulfilling Speculation）において問題とされるのは，自らの判断に基づいて為替投機を行うコアとなる投機家と，その投機家の行動を模倣して為替投機を行う取り巻きの投機家とが存在している状況である．そこでは，コアとなる投機家が為替投機を始めると，取り巻きの投機家が追随して為替投機を行う．このような行動は**群衆行動**（Herd Behavior）あるいは**バンドワゴン効果**（Bandwagon Effect）と呼ばれる．投機家がどのような投機を行うかを意思決定する際に重要な要因は，どのような投機を行えば投機の利益が得られると期待できるかであって，ファンダメンタルズから乖離している為替相場がファンダメンタルズに回帰するはずであると考えたとしても，他の多くの投資家がどのように為替投機を行って，その結果として為替

相場がどのように変化するかが問題となる．ケインズの「美人投票」がこれに相当する．真の美人が誰かということが問題ではなく，誰が美人として多くの人たちに認められるかが問題なのである．

　群衆行動においては，群集を先導するコアとなる投機家が重要な役割を果たす．群衆行動においてコアとなる投機家は，それ相応の運用実績をあげていると市場参加者に信じられていることが必要である．そのコアとなる投機家としては，ジョージ・ソロスが率いるヘッジファンド（クォンタム・ファンド）の役割が大きかったと考えられている．

　この**ヘッジファンド**（Hedge Fund）は，オフショアの金融センターを通じて活動していることから，直接的な規制や監督にはほとんど服さず，ディスクロージャー（情報公開）の義務をほとんど負わない投資集団である．ヘッジファンドは，多くの場合，運用資産を担保とした金融機関からの借入れやデリバティブ（金融派生商品）を利用することによって高いレバレッジ（借入金によって投資を行い，借入金利より高い利潤率を得ること）を実現している．そのため，レバレッジの高い業務を行う機関（Highly Leveraged Institution）とも呼ばれている．

　ヘッジファンドによる為替投機が，為替相場を安定化させるか，あるいは，不安定化させるかには，議論の余地がある．為替相場が経済ファンダメンタルズに向かって収斂するという予想に基づいて為替投機が行われているかぎりは，ヘッジファンドによる為替投機は為替相場を安定化させる傾向をもつ．しかし，ヘッジファンドが経済ファンダメンタルズから離れていく為替相場の動きを予想して，利益を得ようとして為替投機を行うと，為替相場は不安定化する．さらに，後者の為替投機に群衆行動が伴うと，為替相場の不安定性が増幅することになる．

　1992年9月，イギリス・ポンドが EMS（欧州通貨制度）の ERM（為替相場メカニズム）から離脱した過程や，1997年7月のタイ・バーツ危機に至る過程においては，ヘッジファンドによる為替投機が大きく関わっていたといわれている．すなわち，通貨危機の際に行われたヘッジファンドの投機攻撃を非難する意見があり，マレーシアのマハティール首相によるジョージ・ソロスに対する批判がその代表格である．

また，ヘッジファンドが金融機関から融資を受けて，レバレッジを効かせているために，ヘッジファンドの破綻が金融機関にまで影響を及ぼしたことも問題視されている．そのため，ヘッジファンドに対する規制・監督やディスクロージャー，および金融機関によるヘッジファンドへの融資に関するディスクロージャーが国際的に検討されている．一方，バーゼル銀行監督委員会からは，銀行とヘッジファンドとの取引に関して報告書が提出され，銀行によるヘッジファンドへの融資に対する監視の必要性が指摘されている．

12.3 国際収支危機管理の国際機関としての国際通貨基金（IMF）

国際通貨基金（International Monetary Fund; IMF）は，第二次大戦後の国際通貨システムの安定化を図るために設立され，国際収支危機に陥った国々に対して金融支援を行ってきた．この従来のIMFの金融支援においては，短期的な国際収支問題に対処するために設計された**スタンドバイ取決め**（Stand-by Arrangements; SBA）（一般的に12～24カ月の期間で，返済期間が3¼～5年），および，経済構造改革を必要とする中長期的な国際収支問題に対処するために設計された**拡大信用供与措置**（Extended Fund Facility; EFF）（期間は3年以内，承認されると4年で，返済期間は4¼～10年）が中心となっていた．

しかし，2007年から2008年にかけて世界金融危機が発生すると，その影響を受けて，国際収支危機に直面する国が増加した．この世界金融危機においては，これまでの国際収支危機とは異なり，多くの国で国際決済通貨としてのドル流動性が不足する事態となり，ドル流動性の供給の重要性が再認識された．また，金融のグローバル化の進展の中，突然の資本流入の停止や急激な資本流出が発生するようになり，クレジット・ライン（融資枠）の拡充が必要となっている．

以下では，国際収支危機管理のための国際機関としてのIMFの側面に注目して，その面での改革を考察する．なお拠出金の配分比率の見直しやSDR構成通貨の変更については，前者がIMFのガバナンス面の改革であり，後者が中国の貿易額拡大を考慮に入れるものであることから，ここでは取り扱わない．

2009年3月，IMFは，コンディショナリティ（Conditionality）を見直し，

表12-1　IMF の金融支援プログラム (2005-2014年)

承認された取決め (2005-14年, 各4月末)

年	取決めの数						取決めの金額 (100万 SDR)[1]					
	GRA				PRGT	合計	GRA				PRGT	合計
	スタンドバイ	EFF	FCL	PLL			スタンドバイ	EFF	FCL	PLL		
2005	6	—	—	—	8	14	1,188	—	—	—	525	1,713
2006	5	1	—	—	7	13	8,336	9	—	—	129	8,474
2007	2	—	—	—	10	12	237	—	—	—	363	600
2008	3	1	—	—	4	8	556	343	—	—	434	1,333
2009	14	—	1	—	13	28	34,249	—	31,528	—	959	66,736
2010	9	2	3	—	11	25	25,248	205	52,184	—	1,961	79,598
2011	6	2	4	1	11	24	39,762	19,599	82,470	413	1,074	143,318
2012	4	2	1	—	10	17	1,204	47,527	3,870	—	1,800	54,401
2013	2	—	2	1	7	12	1,702	—	69,292	4,117	405	75,516
2014	3	5	1	—	3	12	14,009	6,277	3,870	—	119	24,275

実施された取決め (2005-14年, 各4月末)

年	取決めの数						取決めの金額 (100万 SDR)[1]					
	GRA				PRGT	合計	GRA				PRGT	合計
	スタンドバイ	EFF	FCL	PLL			スタンドバイ	EFF	FCL	PLL		
2005	10	2	—	—	31	43	11,992	794	—	—	2,878	15,664
2006	10	1	—	—	27	38	9,534	9	—	—	1,770	11,313
2007	6	1	—	—	29	36	7,864	9	—	—	1,664	9,537
2008	7	2	—	—	25	34	7,507	351	—	—	1,089	8,948
2009	15	—	1	—	28	44	34,326	—	31,528	—	1,813	67,668
2010	21	2	3	—	30	56	56,773	205	52,184	—	3,244	112,406
2011	18	4	3	1	31	57	59,048	19,804	68,780	413	3,345	151,390
2012	13	6	3	1	28	51	20,804	67,331	70,328	413	3,912	162,788
2013	7	5	3	1	25	41	5,130	67,152	73,162	4,117	2,929	152,490
2014	6	7	3	1	18	35	15,763	53,804	73,162	4,117	1,874	148,721

(注)　各数字は丸めのため, 合計とは一致しない.
　　　EFF＝拡大信用供与措置. FCL＝伸縮的融資枠.
　　　GRA＝一般資源勘定. PLL＝予防・流動性融資枠.
　　　PRGT＝貧困削減成長トラスト.
　1)　増加, 減少, 取り消された取決めを含む.
(出所)　IMF, *Annual Report*, 2014.

新しい弾力的な融資枠を導入して，迅速な予防的危機管理に対処するために予防融資などを用意した．これら各種の金融支援額の推移は，表12-1に示されている．

融資枠の規模に関する見直しについては，1994年末に発生したメキシコ通貨危機に際してIMFがメキシコに対して決定した金融支援額は，メキシコの割当額の500％と，すでに大規模なものとなっていた．また，1997年のアジア危機においても，IMFは，タイとインドネシアに対してそれぞれの国の割当額の約500％に相当する金融支援を行うことを決定していた．このようにIMFは危機国の割当額の500％に相当する金融支援を行うようにしたにもかかわらず，通貨危機の規模が拡大したために，IMFは金融支援額の不足という問題に直面したのである．そのため，1997年12月には**補完的準備融資制度**（Supplemental Reserve Facility; SRF）が創設された．このSRFは，巨額の金融支援が可能となるように，融資限度額は設けられていない．ただし，返済期間は１年間と短く，市場金利よりも高い罰則金利が課せられている．

一方，金融危機と通貨危機の同時発生を経験したアジア通貨危機の反省から，流動性不足に起因する通貨危機を予防するために，IMFは1999年に**緊急融資枠**（Critical Credit Line; CCL）を創設したことがある．これまでの金融支援のための融資措置が，すでに通貨危機に陥った国に対するものであったのに対して，CCLは，経済パフォーマンスが良好で，通貨危機には直面していないが，他の国からの通貨危機の伝染を潜在的に受けそうな国に用意された予防措置である．経済パフォーマンスが良好であるという条件が付けられていることから，CCLは流動性危機を予防することに有効だと考えられた．しかし，CCLを事前に申請して，経済パフォーマンスが悪いという理由からその申請が許可されなかった場合に起こりうる通貨危機を懸念して，各国はCCLの申請をしなかったため，CCL自体は廃止された．しかし，その後，改善された形で，健全な政策運営を行う加盟国が危機予防を目的として**融資枠**（クレジット・ライン）を設置することを可能とする融資制度として**予防的融資枠**（Precautionary Credit Line; PCL）が設置された．さらに，2009年4月には伸縮的融資枠（Flexible Credit Line; FCL）が，2010年8月には**予防・流動性融資枠**（Precautionary Liquity Line; PLL）が創設された．

上記の FCL は，非常に強固なファンダメンタルズや政策，政策実施の実績を有する国を対象として，危機の予防および危機の解決の両方にとって有用である．FCL は事前に設定され，資格基準を満たす国に対して，加盟国の要求に応じて承認される．FCL の融資期間は，1 年間または 2 年間（1 年後の継続的な資格の中間レビュー）である．返済期間は SBA の場合と同じである．アクセスはケース・バイ・ケースで，1 回の事前支払で行われる．信用枠を引き出すか，あるいは，予備的なものとして利用するかは弾力的に運用できる．

　一方，PLL は，健全なファンダメンタルズや政策，そのような政策を実施した実績をもつ国が危機の予防と危機の解決の両方の目的に使用することができる．PLL 適格国は，中程度の脆弱性に直面する可能性があり，FCL 資格基準を満たしていないかもしれないが，通常，SBA に関連する大規模な政策調整は必要としない．PLL 契約の期間は半年または 1～2 年のいずれかである．6 カ月の PLL のもとではアクセスがクォータの 250% に制限されている．しかし，地域またはグローバルなストレスなどの外的ショックによる危機の場合には，この制限が例外的にクォータの 500% までとなる．PLL の返済期間は SBA の場合と同じである．

　一方，IMF は，低所得国が世界金融危機の深刻な影響に対処することができるように，上記の金融支援手段とは別に，低所得国に対して融資条件の緩やかな譲許的融資手段を 2010 年 1 月より拡充している．具体的には，**貧困削減・成長トラスト**（Poverty Reduction and Growth Trust; PRGT）のもとで，**拡張融資措置**（Extended Credit Facility; ECF），**緊急融資措置**（RCF），**スタンドバイ融資措置**（SCF）が設置された．

　ECF は，国際収支問題が長引いている国へ金融支援を与えるものである．ECF は，低所得国を中期的に支援するための IMF の主要な手段として**貧困削減成長ファシリティ**（PRGF）を引き継いでおり，より高いアクセスとより譲許的な融資条件とより弾力的なプログラムを実現している．RCF は，緊急の国際収支危機対応に直面した低所得国に限定されたコンディショナリティで，緊急融資するものである．RCF は，IMF の緊急支援の一つであり，高いレベルの譲許性を提供し，広範囲の状況において弾力的に利用されうる．SCF は，短期的な国際収支問題に直面している低所得国へ金融支援を行うものである．

広範囲の状況で支援し,高いアクセスを提供し,金利は低い.また,予防的に利用されうる.これらは,当該国の貧困削減と成長の目標により大きな重点を置いている.

12.4 アジアにおける地域金融協力

アジア通貨危機を経験して,アジアの中でお互いに地域金融協力を行おうという考え方がアジア諸国の間で湧き起こってきた.タイ・バーツ危機に際しては,アジア諸国がIMFによる金融支援を量的に補完した経験を踏まえて,1997年に日本とASEANが**地域金融協力**(Regional Financial Cooperation)のための具体的な形態として**アジア通貨基金**(Asian Monetary Fund; AMF)構想を提唱した.しかし,AMFがIMFと重複すること,そして,AMFが緩やかな金融支援条件を課すことによってモラル・ハザードが誘発されることを理由に,IMFから批判を受けて,実現には至らなかった.その後,マニラ・フレームワークにおける相互のサーベイランスが東アジア諸国間で強化された.さらに,2000年には,**チェンマイ・イニシアティブ**(Chiang Mai Initiative; CMI)によって,IMFの金融支援条件を採用しつつ,東南アジア諸国連合(ASEAN:インドネシア,シンガポール,タイ,フィリピン,マレーシア,ベトナム,ブルネイ,カンボジア,ラオス,ミャンマー)プラス3(日本,中国,韓国)との間で,通貨危機に直面した際には外貨準備を融通しあうという**通貨スワップ協定**(Currency Swap Arrangement)が結ばれることとなった.

アジア通貨危機以降のロシア通貨危機やブラジル通貨危機など世界的な通貨危機に直面した後には,IMFの金融支援条件と矛盾しないかぎりは,IMFは,このような東アジアにおける地域金融協力を評価するようになった.地域金融協力は,IMFを量的に補完するだけではない.地域に密着したサーベイランスを行ったり,仲間内の圧力(Peer Pressure)をかけることが可能となるとともに,各国の事情をよく理解した金融支援条件の策定が可能となることから,地域金融協力はIMFを質的にも補完することができると考えられている.

通貨スワップ協定がもっぱら通貨危機管理を目的としたものであることから,通貨危機を予防するために,財務大臣代理会合において仲間内の圧力によって

相互に監視するサーベイランス・プロセスが行われている．ASEAN＋3財務大臣代理会合において行われている **ASEAN＋3経済レビューと政策対話**（Economic Review and Policy Dialogue; ERPD）と呼ばれる域内経済サーベイランスをCMIの枠組みに統合して，通貨危機の予防と管理の両面において地域金融協力が強化されている．

　アジアにおける地域金融協力は，前述のCMIのほかに，アジア債券に関するイニシアティブがある．これは，東アジアにおいて債券市場を育成することを目的として，2002年12月のASEAN＋3諸国の財務省の非公式セッションにおいて提案された**アジア債券市場育成イニシアティブ**（Asian Bond Market Initiative; ABMI）と東アジア・オセアニア中央銀行役員会議（EMEAP）メンバー中央銀行（オーストラリア，中国，香港，インドネシア，日本，韓国，マレーシア，ニュージーランド，フィリピン，シンガポール，タイの11カ国・地域の中央銀行・通貨当局から構成される）が進めている**アジア債券ファンド・イニシアティブ**（Asian Bond Fund（ABF）Initiative）（2003年6月に設立された ABF1と2004年12月に設立された ABF2）がある．

　当初のCMIのフレームワークの通貨スワップ協定は，ASEANにおいては多国間協定となっていたものの，日本，中国，韓国とASEAN諸国との間は二国間協定となっていたために，二国間通貨スワップ協定の複雑なネットワークという形となっていた．その二国間通貨スワップ協定のネットワーク全体を多国間通貨スワップ協定とする **CMIのマルチ化**（CMI Multilateralization; CMIM）をめざして，その第一歩として集団的意思決定メカニズムを確立し，集団的意思決定手続きが採用されることとなった．2010年3月24日にはCMIのマルチ化契約が発効した．

　CMIのマルチ化契約における各国の貢献額は表12-2に示されている．各国の貢献額の合計は現在，1,200億米ドルとなっている．なお，2012年5月のマニラで開催されたASEAN＋3財務大臣・中央銀行総裁会議において，CMIMのもとでの通貨スワップ協定の全体の規模を1,200億ドルから2,400億ドルに引き上げることが合意された．

　CMIMの主要な目的は，①ASEAN＋3域内国の国際収支や短期資金の流動性の困難への対応，②既存の国際的枠組みの補完である．CMIのマルチ化

表12-2　CMIMにおける各国の貢献額と買入可能総額

			貢献額 (億ドル)		全体に占める 割合（％）	買入乗数	買入可能 総額 (億ドル)	うちIMFデリンク 買入可能額
日中韓			960		(80)		576	132
	日本		384		(32.0)	0.5	192	38.4
	中国	香港を除く中国	342	384	(28.5)	0.5	171	34.2
		香港	42		(3.5)	2.5	21	21
	韓国		192		(16.0)	1	192	38.4
ASEAN			240		(20)		631	126.2
	インドネシア		45.52		(3.793)	2.5	113.8	22.76
	タイ		45.52		(3.793)	2.5	113.8	22.76
	マレーシア		45.52		(3.793)	2.5	113.8	22.76
	シンガポール		45.52		(3.793)	2.5	113.8	22.76
	フィリピン		45.52		(3.793)	2.5	113.8	22.76
	ベトナム		10.0		(0.833)	5	50.0	10.0
	カンボジア		1.2		(0.100)	5	6.0	1.2
	ミャンマー		0.6		(0.050)	5	3.0	0.6
	ブルネイ		0.3		(0.025)	5	1.5	0.3
	ラオス		0.3		(0.025)	5	1.5	0.3
合計			1200		(100)		1207	258.2

（出所）　財務省（http://www.mof.go.jp/international_policy/financial_cooperation_in_asia/cmi/CMI_2104.pdf）．

契約のもと，通貨危機により資金支援が必要な国に対しては，通貨スワップを通じた支援が行われる．契約当事者は，CMIのマルチ化契約の規定に従い，表12-2に示されているように，それぞれの資金貢献額に買入乗数を乗じた金額を上限とした米ドル資金を，現地通貨とのスワップにより買い入れることができる．

さて，アジアの地域金融協力においては，通貨危機を予防するために**サーベイランス**（Surveillance）も重視されている．2011年にASEAN＋3マクロ経済リサーチ・オフィス（ASEAN＋3 Macroeconomic Research Office; AMRO）がCMIMのサーベイランス機関として設立された．AMROは，地域経済の監視・分析を行い，リスクを早期に発見し，改善措置の実施を速やかにし，CMIMの意思決定や通貨スワップ協定の適用を効果的に行うことが期待されている．CMIMのもとで通貨危機管理のためのマルチ化された通貨ス

ワップ協定が迅速に適用されるためには，ASEAN＋3諸国経済に関して日頃からサーベイランスを実施することが必要である．また，そのサーベイランスによって，通貨危機のリスクを早期に発見し，当該国経済の改善に寄与することも期待されている．

一方，CMIMにおける通貨スワップ協定には若干の限界が存在する．たとえば，2008年，韓国ウォンの暴落を止めるためにドル資金を必要とした韓国政府は，CMIMの通貨スワップ協定を利用せずに，アメリカの連邦準備制度と新たに通貨スワップ協定を締結し，実際に米ドル資金を借り入れた．既存のCMIの通貨スワップ協定が利用されなかった最大の理由としては，「IMFリンク」(IMF Link) なる条件がCMIの通貨スワップ協定に存在したからである．このリンクとは，通貨危機に直面してCMIの通貨スワップ協定を実行したい国の政府は，IMFに金融支援を申請し，IMFから提示されるコンディショナリティを受け入れて，そうしてIMFから金融支援を受けて初めて，CMIの通貨スワップ協定が発動されるというものである．これまで，総額の8割の発動について，この「IMFリンク」が制約となることがCMIで決められていた．

なぜCMIの通貨スワップ協定において「IMFリンク」なる条件が課されているのかといえば，政治的な理由はさておき，技術的には，通貨スワップ取決めを発動するためには，事前に日常的にサーベイランスを行って，通貨危機を予防するとともに，通貨危機の発生時には即座に通貨スワップ協定を発動できるようにスタンバイをしておく必要がある．そして，そのような態勢を整えるためには，日常的にサーベイランスを行って，通貨危機を予防するとともに，通貨危機の発生時に即座に通貨スワップ取決めを実施することを用意している常設の機関を設立することが必要である．しかし当初，ASEAN＋3は，CMIの通貨スワップ協定に関連して，そのような常設の機関を設立していなかったのである．そのために，常設機関の代わりにIMFのサーベイランスおよび金融支援の意思決定に頼らざるをえなかったのである．

したがって，CMIにおける通貨スワップ協定を実効的な地域通貨協力を可能とするためには，IMFリンクを撤廃するなり，IMFリンクの制約のかかる金額の総額に対する比率を8割から引き下げる必要がある．そして，IMFリ

ンクを撤廃するとなると，ASEAN＋3の通貨当局が，IMFに頼ることなく，自分たちの判断で通貨スワップ協定を発動することを意思決定する体制を構築しなければならない．それは，日常的に各国経済が通貨危機に陥りそうなのか，実際に陥ったのか，そして，その通貨危機は国際収支危機なのか，国際流動性危機なのかを監視する体制を構築する必要がある．前述したように，同時に，通貨危機を予防するために，実効的なサーベイランスも日常的に実施することも必要となってくる．こうしてこれらを可能とするためには，常設の機関を設立することが必要であることから，AMROが設立されたのである．

コラム　サーベイランスのための地域通貨単位

　CMIMのもとで通貨危機防止のためにサーベイランス・プロセスを強化する必要がある．そのサーベイランス・プロセスにおいて，サーベイランスの対象として，GDP成長率やインフレ率等のマクロ経済変数および金融部門の健全性のほかに，域内の為替相場の変動に注視する必要がある．ASEAN＋3財務大臣会議において研究グループが立ち上げられて，アジアの地域金融協力の強化のための政策課題の一つとして，アジアの地域通貨単位が研究・検討されてきた．

　アジアの地域通貨単位の研究については，アジア開発銀行（ADB）によってアジア通貨バスケットから構成されるアジア通貨単位（ACU）が検討されてきた一方，類似の地域通貨単位としてアジア通貨単位（AMU）およびサーベイランス指標としてAMU乖離指標が計算され，経済産業研究所のウェブサイト（http://www.rieti.go.jp/users/amu/index.html）に発表されている．

　表12-2に示されているCMIMにおける各国の貢献額のシェアに基づいて計算されたAMUのドル・ユーロに対する為替相場と各国通貨のAMU乖離指標は図12-1と図12-2にそれぞれに示されている．図12-1より，AMU，すなわちASEAN＋3通貨の加重平均値は，近年においてドル・ユーロに対して増価傾向にあることがわかる．一方，図12-2より，円は近年においてASEAN＋3通貨の中で2000-2001年の基準年に比較して，

10%以上の過大評価となっていることがわかる．

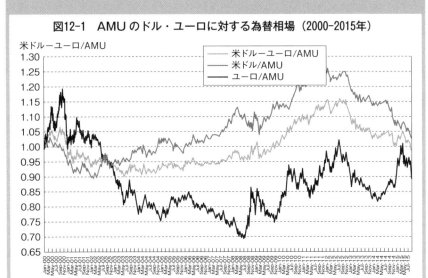

図12-1 AMUのドル・ユーロに対する為替相場（2000-2015年）

（出所）経済産業研究所（http://www.rieti.go.jp/users/amu/index.html#figures）．

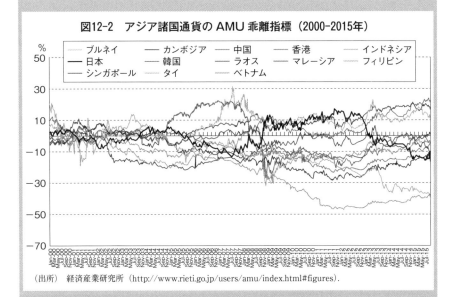

図12-2 アジア諸国通貨のAMU乖離指標（2000-2015年）

（出所）経済産業研究所（http://www.rieti.go.jp/users/amu/index.html#figures）．

2012年5月のASEAN＋3財務大臣・中央銀行総裁会議において，現行のIMFデリンク（IMFに依存しない）の比率は20％から2012年に30％へ引きあげることが決まった．さらに，一定の条件のレビューを前提として，40％へ引き上げることにもなった．さらに，これまでのCMIMの通貨スワップ協定については，危機対応メカニズム（CRM）として，**CMIM安定ファシリティ**（CMIM-SF）と命名された．同時に，CMIM-SFのほかに，危機予防機能として，単一で簡素な仕組みである**CMIM予防ライン**（CMIM-PL）が導入されることが決まった．

その適格要件とコンディショナリティについては，ELDMB（財務大臣・中央銀行総裁代理レベルによる執行レベル会合）において，要請国が作成した経済報告書およびAMRO/ADB/IMFによる分析に基づき，五つの適格分野，すなわち（i）対外ポジションおよび市場へのアクセス，（ii）財政政策，（iii）金融政策，（iv）金融セクターの健全性およびその監督，（v）統計データの妥当性，を柔軟に適用することになる．

CMIM-PLへのアクセス期間は6カ月，更新は3回まで可能とし，最大支援期間は2年とする．満期について，IMFリンク部分は1年，IMFデリンク部分は6カ月とする．半年毎にモニタリングを実施する．原則として，CMIM-PLに対して0.15％のコミットメント・フィーを導入する．各メンバーの引出額（危機予防または危機対応）は，当該メンバーの引出可能総額の範囲内とされている．CMIM-SFおよびCMIM-PLからの二重引出しは禁止されているが，CMIM-PL適用国が危機に陥り，追加的支援が必要な場合には，ELDMBの決定に基づき，CMIM-PLからCMIM-SFへの移行が認められることとなっている．

12.5　頑健な国際金融アーキテクチャーに向けて

国際金融アーキテクチャー（International Financial Architecture）とは，個人や企業や政府が国際金融活動を行う際に利用する制度，市場，および慣行を意味する．すでに述べてきたように，世界経済は，1990年代のメキシコ通貨危機やアジア通貨・金融危機，2000年代の世界金融危機，さらには2010年代の

欧州財政危機とユーロ危機において，何度もの金融危機や財政危機を伴う通貨危機および通貨危機の伝染に直面してきた．これらの通貨危機および金融危機・財政危機に対して頑健な国際金融アーキテクチャーの再構築が必要となっている．

　金融のグローバル化の中で，自由な国際資本移動のもとでは数多くの通貨危機が発生した．危機に際しての資本流出が危機を引き起こしたが，危機前に大量に資本が流入していたことも注意すべき点である．この資本流入は，証券投資とともに，国際銀行融資によってもたらされた．とりわけ，先進諸国の銀行が地元銀行等の地元金融機関に，国際銀行融資の形で大量の資金を融資したのである．

　この大量の国際銀行融資を受けた地元金融機関は，政府や財閥などの直接的・間接的な保証のもとで，十分な金融リスク管理を行わないままに，地元企業あるいは不動産などに融資した．そのため，多くの融資が不良債権化することになった．このような国内金融システムの脆弱性が金融危機を深刻化するとともに，国際銀行融資の引揚げから通貨危機が併発したといえる．したがって，金融機関のリスク管理能力の向上を含めて，国内金融システムの強化が，とりわけ国際資本移動を自由にしている国にとっては，必要である．

　一方，国際資本移動については，自由な国際資本移動がよいのか，あるいは，国際資本移動を規制したほうがよいのか，さまざまな意見がある．たとえば，アジア通貨危機において中国が危機に直面しなかった最大の理由として，国際資本移動に対して規制が残っていたからであるといわれている．

　国際資本移動を自由にしている国は，対外債務における短期債務の比率や外貨建て債務の比率に注意する必要がある．また，資本流入の急増，流入した資本の突然の流出に対しては，特別の注意を払うことが必要である．要するに，自由な国際資本移動のもとではその経済的効果を得ることができるものの，国際資本移動を監視することによってそのリスク管理を図ることが必要である．

　また，これから国際資本移動に対する規制を緩和して，国際資本移動の自由化を進める場合にも，前述したように，国内金融システムの強化を図ったうえで，国際資本移動の自由化を進めることが必要である．国内金融の自由化に続いて，国際資本移動の自由化を図るという自由化の順序が重要となる．

国際金融アーキテクチャーを考えるとき，金融システムおよび国際資本移動と並んで重要なファクターとなるのは，各国が採用する為替相場制度である．通貨危機に耐えられる，維持可能な為替相場制度が選択されることが必要である．しかしながら，維持可能な為替相場制度が何かについては，議論の残るところである．

一つの議論として，為替相場制度の**両極の解**（Two Corner Solutions）が望ましいという考え方がある．すなわち，通貨危機に耐えられる為替相場制度は，自由変動為替相場制度か，厳格な固定為替相場制度（ハード・ペッグ）のいずれかしかないというものである．一方，為替相場のボラティリティ（短期的な変動）やミスアライメント（ファンダメンタルズからの中期的な乖離）あるいは金融政策の自由度を考慮に入れると，これらの中間的な為替相場制度が好ましいとする議論もある．

アメリカのみならず日本などと密接な貿易関係にある東アジア諸国は，ドル・ペッグ制は危険な為替相場制度であるという教訓を得た．アジア通貨危機に直面した多くの東アジア諸国は，危機時に事実上のドル・ペッグ制を放棄して，変動為替相場制度に移行した．しかしながら，危機から経済が回復するにつれて，これらの国の通貨はドルとの連動性を高める傾向にある．貿易関係の観点からは，ドルのみならず円やユーロ等を含む通貨バスケットを参照にした為替相場政策が望まれる．一方，2010年以降におけるユーロ圏諸国の財政赤字によるユーロ危機は，リスボン条約によって財政移転さえも禁止し，財政主権が統合されないまま通貨主権が統合された片肺飛行を続ける通貨同盟の問題点を露呈した．

通貨危機の予防と解決においては，依然としてIMFが重要な役割を果たしている．前節で説明したように，近年の一連の通貨危機の反省を踏まえて，IMFは，そのガバナンスの見直しを図りながら，金融支援制度の改善に取り組んできた．とくに，IMFによる予防的融資枠など危機の予防の措置としてその効果が期待される．さらに，IMFのみによる通貨危機対策に対して，地域金融協力によって補完しようとする動きが東アジアで見られる．それは，チェンマイ・イニシアティブによるASEAN＋3の通貨スワップ協定という形で結実した．また一方で，アジア通貨危機直後に日本とASEANによって提

唱されたアジア通貨基金（AMF）構想について再検討することも必要になってくるかもしれない．

　しかしながら，金融支援それ自体が，通貨危機や金融危機に陥った国の債務者と債権者，主として先進諸国の投資家・金融機関にモラル・ハザード（Moral Hazard）を誘発させるという批判がある．危機に陥った国の債務者や政府は，金融支援を受ける際に厳しいコンディショナリティを受けるうえに，国内経済が停滞するという厳しい状況に陥る．したがって，危機に陥る側はモラル・ハザードを起こすことはないと考えられる．それに対して，先進諸国の投資家・金融機関の側には，金融支援によって，モラル・ハザードを起こすかもしれない．

　このようなモラル・ハザードの防止を通じて通貨危機を予防し，円滑な解決のために民間部門を関与させることが考えられている．その一つとして，金融支援は，すべての金融支援額をまかなうのではなく，その一部に限定することによって，民間債権者に残りの金融支援を負担させるというものである．また，債務のリストラについて民間債務者が合意しなければ，金融支援を行わないということがあげられる．さらに，通貨危機に直面する国の金融機関は，短期対外債務の借換えが困難となる流動性危機に陥ることがあるので，この流動性危機を解消するためには，民間債権者に資金回収に走らないで，借換えに応ずるように，促すことも考えられる．

　しかし，このような民間部門の関与が強制的に行われるのであれば，民間部門は将来のその可能性を憂慮して，たとえ健全であったとしても，新興市場国や発展途上国への投資を抑制させてしまう可能性がある．このことを防ぐためには，民間部門の関与は，リスク・プレミアムが上乗せされるように市場金利が適用されるなど，市場原理に基づいて自発的に行われることが必要となるだろう．リスク・プレミアムが上乗せされる市場金利で金融支援を受けること自体は，危機に陥った国の債務者のモラル・ハザードを防ぐことになる．

練習問題

問題 1
資本管理のメリットとデメリットを説明せよ．

問題 2
IMF 改革の主眼は何かを説明せよ．

問題 3
アジアにおける地域金融協力としての二つのイニシアティブについて，それらの目的とともに説明せよ．

問題 4
地域金融協力と IMF との間の関係について論ぜよ．

参考文献

1 入門書

橋本優子・小川英治・熊本方雄（2007）『国際金融論をつかむ』有斐閣．
永易淳・江阪太郎・吉田裕司（2015）『はじめて学ぶ国際金融論』有斐閣．

2 中級レベルのテキスト

藤原秀夫・小川英治・地主敏樹（2001）『国際金融』有斐閣．
藤井英次（2013）『コア・テキスト国際金融論（第2版）』新世社．
クルーグマン，ポール／オブズフェルド，モリス（山本章子訳）（2014）『クルーグマンの国際経済学 下 金融編』丸善出版．

3 上級レベルのテキスト

河合正弘（1994）『国際金融論』東京大学出版会．
小川英治・川﨑健太郎（2007）『MBAのための国際金融』有斐閣．
藤田誠一・小川英治編（2008）『国際金融理論』有斐閣．

引用文献

＊ 配列は著者のアルファベット順．

Aizenman, Joshua, and Nancy Marion (2002), "The High Demand for International Reserves in the Far East: What's Going on ?" *Journal of the Japanese and International Economies*, vol. 17, pp. 370–400.

Balassa, Bela (1964), "The Purchasing-Power Parity Doctrine: A Reappraisal," *Journal of Political Economy*, vol. 72, pp. 584–596.

Bayoumi, Tamim, and Barry Eichengreen (1993), "Shocking Aspects of European Monetary Integration," in Francisco Torres and Francesco Giavazzi, eds., *Adjustment and Growth in the European Monetary Union*, Cambridge University Press, pp. 193–229.

Benigno, Gianluca, and Pierpaolo Benigno (2006), "Designing Targeting Rules for International Monetary Policy Cooperation," *Journal of Monetary Economics*, vol. 53, pp. 473–506.

Calvo, Guillermo A., Leonardo Leiderman, and Carmen M. Reinhart (1993),

"Capital Inflows and Real Exchange Rate Appreciation in Latin America," *IMF Staff Papers*, vol. 40, no. 1, pp. 108-151.

Diamond, Douglas, and Philip Dybvig (1983), "Bank Runs, Deposit Insurance, and Liquidity," *Journal of Political Economy*, vol. 91, no. 3, pp. 401-419.

De Grauwe, Paul (2014), *Economics of Monetary Union*, 10th edition, Oxford University Press.

Dornbusch, Rudiger (1976), "Expectations and Exchange Rate Dynamics," *Journal of Political Economy*, vol. 84, pp. 1161-1176.

Eichengreen, Barry, Livia Chiţu, and Arnaud Mehl (2014), "Stability or Upheaval? The Currency Composition of International Reserves in the Long Run," Federal Reserve Bank of Dallas, Globalization and Monetary Policy Institute, Working Paper, no. 1715, August.

Eichengreen, Barry, Andrew K. Rose, and C. Wyplosz (1996), "Contagious Currency Crises," NBER Working Paper, no. 5681.

European Central Bank (2004), *Convergence Report*.

European Central Bank (2015), *The International Role of the Euro*, July.

European Commission (2010), *Report on Greek Government Deficit and Debt Statistics*.

European Monetary Institute (1998), *Convergence Report*.

Fleming, J. Marcus (1962), "Domestic Financial Policies under Fixed and under Floating Exchange Rates," *IMF Staff Papers*, vol. 9, no. 3, Nov.

Flood, Robert P., and Peter M. Garber (1984), "Collapsing Exchange-rate Regimes: Some Linear Examples," *Journal of International Economics*, vol. 17, no. 1/2, pp. 1-13.

Flood, Robert P., and Nancy Marion (2002), "Holding International Reserves in an Era of High Capital Mobility," in Susan M. Collins and Dani Rodrik, eds., *Brookings Trade Forum 2001*, Brookings Institution Press.

Frankel, Jeffrey A. (1983), "Monetary and Portfolio-Balance Models of Exchange Rate Determination," in Jagdeep S. Bhandari and Bluford H. Putnam, eds., *Economic Interdependence and Flexible Exchange Rates*, MIT Press, pp. 84-115.

Frenkel, Jacob A., and Boyan Jovanovic (1981), "Optimal International Reserves: A Stochastic Framework," *Economic Journal*, vol. 91, pp. 507-514.

藤原秀夫・小川英治・地主敏樹 (2001)『国際金融』有斐閣.

Gali, Jordi (2008), *Monetary Policy, Inflation, and the Business Cycle: An Introduction to the New Keynesian Framework*, Princeton University Press.

Garber, Peter M., and Lars E. O. Svensson (1994), "The Operation and Collapse of Fixed Exchange Rate Regimes," in G. M. Grossman and K. Rogoff, eds., *Handbook of International Economics*, vol. III, North-Holland, pp. 1865-1911.

Goldfajn, Ilan, and Rodrigo O. Valdés (1997), "Capital Flows and the Twin Crises: The Role of Liquidity," *IMF Working Paper*, 97/87.

International Monetary Fund (2009a), *Fiscal Implications of the Global Economic and Financial Crisis*, Occasional Paper, no. 269.

International Monetary Fund (2009b), *Balance of Payments and International Investment Position Mannual*, 6th ed.

Krugman, Paul R. (1979), "A Model of Balance-of-Payment Crises," *Journal of Money, Credit, and Banking*, vol. 11, no. 3, pp. 311-325.

Krugman, Paul R. (1984), "The International Role of the Dollar: Theory and Prospect," in J. F. O. Bilson and R. C. Marston, eds., *Exchange Rate Theory and Practice*, University of Chicago Press, pp. 261-278.

クルーグマン，ポール（林康史・河野龍太郎共訳）(1998)『通貨政策の経済学——マサチューセッツ・アベニュー・モデル』東洋経済新報社．

Krugman, Paul R., Maurice Obstfeld and Marc J. Melitz (2014), *International Economics: Theory and Policy*, 10th edition, Prentice Hall.

熊本方雄（2008）「為替相場の決定理論」藤田誠一・小川英治編『国際金融理論』有斐閣．

Matsuyama, Kiminori, Nobuhiro Kiyotaki, and Akihiko Matsui (1993), "Toward a Theory of International Currency," *Review of Economic Studies*, vol. 60, no. 2, pp. 283-307.

McKinnon, Ronald I. (1963), "Optimum Currency Areas," *American Economic Review*, vol. 53, no. 4, pp. 717-725.

Mundell, Robert A. (1961), "A Theory of Optimum Currency Areas," *American Economic Review*, vol. 51, no. 4, pp. 657-665.

Mundell, Robert A. (1963), "Capital Mobility and Stabilization Policy under Fixed and Flexible Exchange Rates," *Canadian Journal of Economics and Political Science*, vol. 29, no. 4, Nov.

Nelson, Mark (2001), *International Macroeconomics and Finance: Theory and Econometric Methods*, Blackwell, Chapter 8.

Obstfeld, Maurice (1994), "The Logic of Currency Crises," *Banque de France Cahiers Economiques et Monétaires*, no. 43, pp. 189-213.

Obstfeld, Maurice (1996), "Models of Currency Crises with Self-fulfilling Features,"

European Economic Review, vol. 40, no. 3-5, pp. 1037-1047.

Obstfeld, Maurice, and Kenneth Rogoff (1996), *Foundations of International Macroeconomics*, MIT Press.

Obstfeld, Maurice, and Kenneth S. Rogoff (2000), "Do We Really Need a New International Monetary Compact?" *NBER Working Paper*, no. 7864.

Obstfeld, Maurice, and Kenneth S. Rogoff (2002), "Global Implications of Self-Oriented National Monetary Rules," *Quarterly Journal of Economics*, vol. 117, pp. 503-535.

小川英治（1998）『国際通貨システムの安定性』東洋経済新報社.

小川英治（2012）「複数均衡としての欧州ソブリン危機とその解決策」『世界経済評論』vol. 56, no. 2, pp. 19-23.

小川英治編（2015）『ユーロ圏危機と世界経済——信認回復のための方策とアジアへの影響』東京大学出版会.

小川英治・日本経済研究センター編（2015）『激流アジアマネー——新興金融市場の発展と課題』日本経済新聞出版社.

小川英治・川﨑健太郎（2002）「ユーロ圏における最適通貨圏の再検討」一橋大学商学部ワーキングペーパー, 52号.

Ogawa, Eiji, and Michiru Sakane (2006), "Chinese Yuan after the Chinese Exchange Rate System Reform," *China and World Economy*, vol. 14, issue 6, pp. 39-57.

大谷聡・渡辺賢一郎（2004）「東アジア新興市場諸国の外貨準備保有高について」『金融研究』第23巻第4号, pp. 187-216.

Reinhart, Carmen M., and Kenneth S. Rogoff (2009), *This Time is Different: Eight Centuries of Financial Folly*, Princeton University Press（村井章子訳『国家は破綻する——金融危機の800年』日経BP社, 2011年）.

Samuelson, Paul A. (1964), "Theoretical Notes on Trade Problems," *Review of Economics and Statistics*, 46, pp. 145-154.

関根栄一（2015）「中国の金融改革——外国企業のビジネスチャンス」小川英治・日本経済研究センター編『激流アジアマネー』日本経済新聞出版社.

Tobin, James (1978), "A Proposal for International Monetary Reform," *Eastern Economic Journal*, vol. 4, issue 3-4, pp. 153-159.

索　引

A〜Z

ABMI　→アジア債券市場育成イニシアティブ
AMF　→アジア通貨基金
AMRO　→ASEAN＋3マクロ経済リサーチ・オフィス
AMU　→アジア通貨単位
　——乖離指標　225
CCL　→緊急融資枠
CMI　→チェンマイ・イニシアティブ
　——安定ファシリティ　227
　——予防ライン　227
　——のマルチ化（CMIM）　222
CRM　→危機対応メカニズム
ECB　→欧州中央銀行
ECF　→拡張融資措置
ECU　→欧州通貨単位
EFF　→拡大信用供与措置
EFSF　→欧州金融安定ファシリティ
EMI　→欧州通貨機構
EMS　→欧州通貨制度
EMU　→経済通貨同盟
EPRD　→ASEAN＋3経済レビューと政策対話
ERM　→為替相場メカニズム
ESCB　→欧州中央銀行制度
ESM　→欧州安定メカニズム
EU　→欧州連合
FCL　→伸縮的融資枠
G20　88
G7　88
HICP　→調整消費者物価指数
IMF　→国際通貨基金
　——リンク　224
IT バブル　34
LIBOR　→ロンドン銀行間取引金利
PCL　→予防的融資枠
PLL　→予防・流動性融資枠
PRGF　→貧困削減成長ファシリティ
PRGT　→貧困削減・成長トラスト
RCF　→緊急融資措置
SBA　→スタンドバイ取決め
SCF　→スタンドバイ融資措置
SRF　→補完的準備融資制度
This time is different　204

ア　行

アジア債券市場育成イニシアティブ（ABMI）　222
アジア債券ファンド・イニシアティブ　222
アジア通貨基金（AMF）　221
アジア通貨単位（AMU）　225
ASEAN＋3経済レビューと政策対話（ERPD）　222
ASEAN＋3マクロ経済リサーチ・オフィス（AMRO）　223
アブソープション　31
安定成長協定　158, 160
鞍点経路　113
異時点間取引　20
異時点間のオイラー方程式　23
位相図　113
一物一価の法則　93
インフレーション・ターゲティング　65

欧州安定メカニズム（ESM）　153, 206
欧州金融安定ファシリティ（EFSF）　206
欧州中央銀行（ECB）　155
欧州中央銀行制度（ESCB）　155
欧州通貨機構（EMI）　154
欧州通貨制度（EMS）　144
欧州通貨単位（ECU）　154
欧州連合（EU）　144
オーバーシューティング・モデル　109, 111

カ行

外貨準備　5, 127
　——残高　190
　——保有　137
外貨への需要・供給　14
回帰的予想　58
外国為替介入　5, 49, 126, 133
外国為替管理　62
外国為替市場　15
外国為替相場　→為替相場
外国為替取引　12
外国為替ブローカー　15
外国為替リスク　146
　カウンターパーティ・リスク　199
拡大信用供与措置（EFF）　217
拡張的財政政策　46, 50
拡張融資措置（ECF）　220
過剰財政赤字手続き　160
価値貯蔵手段としての機能　168
カバー付き金利平価　101, 103
カバーなし金利平価　40, 101, 103
貨幣の3機能　168
貨幣の中立性　110
ガリバー型国際通貨システム　180
カレンシー・ボード制度　65
為替介入　→外国為替介入

為替相場　11, 16
　——の安定　56, 154
為替相場メカニズム（ERM）　154
為替相場メカニズム（ERM-II）　164
為替投機　214
間接的管理　213
完全予見　23
機会費用　139
危機対応メカニズム（CRM）　227
企業の最適化問題　80
企業物価指数　96
危険な投資家　115
基軸通貨（ドル）の慣性　171, 175
共通通貨　145
協力解　75
ギリシャの財政危機　202
ギリシャのユーロ圏離脱問題　161
緊急融資措置（RCF）　220
緊急融資枠（CCL）　219
銀行取付モデル　196
銀行融資　211
金融緩和政策　44, 49
金融危機　194
金融危機・通貨危機相互依存モデル　194
金融収支　3, 5
金融政策　44
　——の自律性　56
金融のグローバル化　210
金融派生商品　5
金融リスク管理能力　211
金利裁定　103
金利平価　100
　カバー付き——　101, 103
　カバーなし——　101, 103
クローリング・ペッグ制度　68
群衆行動　215
経済収斂基準　154

経済通貨同盟（EMU） 144, 153
経済の開放度 149, 152
計算単位としての機能 168
経常勘定取引の交換性 65
経常収支 2, 3, 20, 25
限界代替率 24
交易条件 82
公開市場操作 156
交換手段 146
　　——としての機能 168
購買力平価 92
　　絶対的—— 94
　　相対的—— 95
効用関数 22
　　——に通貨残高を含むモデル 172
効率的市場仮説 120
　　ウィークフォームの—— 120
　　ストロングフォームの—— 120
　　セミストロングフォームの—— 120
合理的期待 73, 79
国際金融アーキテクチャー 227
国際金融のトリレンマ 57, 64, 212
　　中国の—— 66
国際経済取引 12
国際資本移動 210
　　自由な—— 56
国際収支 2
国際商品協定 93
国際通貨基金（IMF） 216
国際通貨の機能 167, 168
国内支出 31
国内総生産（GDP） 21
国民総生産（GNP） 21
誤差脱漏 5
固定為替相場制度 49, 50, 145
古典派の二分法 73
コンディショナリティ 217

サ　行

サーベイランス 223
最後の貸し手 148
財政赤字 35
財政安定同盟 162, 206
財政移転 149, 153
財政危機解決のための3点セット 205
財政協定 163, 206
財政主権 153
財政政策 44
　　拡張的—— 46, 50
財政同盟 207
最適通貨圏 147, 149
債務削減 206
先物ディスカウント 103
先物プレミアム 103
サブプライム・ローン 199
三極通貨体制 180
直先スプレッド 103
シグナリング効果 131
自国財と外国財の代替弾力性 82
自己実現的通貨危機モデル 191
自己実現的投機 193, 215
市場の清算条件 82
自然失業率仮説 150
実質為替相場 16
資本移転等収支 2, 4
資本管理 62, 212
資本取引勘定の交換性 65
資本の限界生産物 29
主観的割引因子 22
証券投資 5, 211
小国開放経済 39
　　——モデル 21
常設ファシリティ 156
消費 26
消費者物価指数 96

240　索　引

消費と労働のトレードオフ　79
伸縮価格マネタリー・モデル　109
伸縮的融資枠（FCL）　219
人民元オフショア市場　68
人民元改革　66, 67
信用スプレッド　200
スタンドバイ取決め（SBA）　217
スタンドバイ融資措置（SCF）　220
スピルオーバー効果　74
静学的予想　40
政策協調　72, 84, 88
生産可能性フロンティア　32
生産者物価指数　96
政府支出　27
制約付き最適化問題　23
世界金融危機　199
絶対的購買力平価　94
総供給曲線　83
総供給ショック　150
総需要曲線　82
相対的購買力平価　95
促進介入　127
その他投資　5
ソブリン・リスク　203
損失関数　76

タ　行

第1次所得収支　4
第2次所得収支　4
第1世代モデル　184
第2世代モデル　191
第3世代モデル　194, 196
対外純資産残高　7
対称的ショック　149
タックス・ヘイブン　214
短期債務の借換　194
短期資本　211
地域金融協力　221

チェンマイ・イニシアティブ（CMI）　221
中国の外貨準備　140
長期均衡　112
長期資本　211
調整消費者物価指数（HICP）　156
直接的管理　213
直接投資　5, 210
通貨間の交換に関わる取引費用　146
通貨危機　184
　——と金融危機との間の因果関係　195
　——の伝染効果　197
　——モデル　184, 191, 194
通貨主権　148
通貨スワップ協定　221
通貨統合　149
　——の費用　147
　——の便益　146
通貨同盟　65, 145
通貨の一般受容性　170
通貨発行利益　148
定常状態　83
投機攻撃　214
　——のタイミング　188
投資　29
トービン税　213
ドル・ペッグ制度　68
ドル基軸通貨体制　166

ナ　行

ナッシュ均衡　75
2期間モデル　172
二極通貨体制　180
ニクソン・ショック　56, 166
二重の欲求の一致　168
日本の経常収支黒字　9
ニュー・ケインジアン　72, 77, 84

ニュースの理論　120
ネットワーク外部性　146, 171

ハ 行

媒介通貨　169
バッファーストック・モデル　138
バラッサ＝サミュエルソン効果　96, 100
バンドワゴン効果　215
美人投票（ケインズ）　216
非対称的なショック　149
ビッグマック・レート　96
ビットコイン　177
非貿易財　96
貧困削減・成長トラスト（PRGT）　220
貧困削減成長ファシリティ（PRGF）　220
ファンダメンタルズに基づく通貨危機モデル　184, 188
フィリップス曲線　193
複数均衡　193
複数国際通貨システム　176
不胎化政策　49, 128
双子の赤字　47
プルーデンシャル規制　212
ブレトンウッズ体制　166
ブロックチェーン　177
米国の財政赤字　117
ペソ問題　147
ヘッジファンド　216
変動為替相場制度　44, 46, 56, 169
　シャドー――　185, 215
貿易・サービス収支　3
ポートフォリオバランス・モデル　115
補完的準備融資制度（SRF）　219
本邦対外資産負債残高　7

マ 行

マーストリヒト条約　157
マサチューセッツ・アベニュー・モデル　43
マネタリー・アプローチ　108
マンデル＝フレミング＝ドーンブッシュ・モデル　111
マンデル＝フレミング・モデル　39, 57
　動学的――　111
ミクロ経済学的基礎　77
無差別曲線　25
無利子強制預託制度　213
名目価格の硬直性　73
名目為替相場　16, 93
免責条項　193
モラル・ハザード　230

ヤ，ラ 行

融資枠（クレジット・ライン）　219
ユーロ（Euro）　65, 144, 153
ユーロ圏　153
　――危機　203
抑制介入　127
予算制約式　22
予防的融資枠（PCL）　219
予防・流動性融資枠（PLL）　219
ラグランジュ未定乗数法　23
ランダム・マッチング・モデル　170
リーマン・ブラザーズ・ショック　200
リスボン条約　153
両極の解　229
労働の移動性　149, 150
ロンドン銀行間取引金利（LIBOR）　200

【著者紹介】
小川英治（おがわ　えいじ）
1957年、北海道に生まれる。一橋大学大学院商学研究科博士後期課程単位取得の上、退学。博士（商学）。
現在、一橋大学大学院商学研究科教授。
編著書：Sahoko Kaji and Eiji Ogawa, eds., *Who Will Provide the Next Financial Model? Asia's Financial Muscle and Europe's Financial Maturity*, Springer, 2013. 小川英治・日本経済研究センター編『激流アジアマネー──新興金融市場の発展と課題』日本経済新聞出版社、2015年。小川英治編『ユーロ圏危機と世界経済──信認回復のための方策とアジアへの影響』東京大学出版会、2015年。

岡野衛士（おかの　えいじ）
1970年、大阪市に生まれる。2005年、一橋大学大学院商学研究科博士後期課程修了。博士（商学）。
現在、名古屋市立大学大学院経済学研究科教授。
主要論文："How Important is Fiscal Policy Cooperation in a Currency Union?" *Journal of Economic Dynamics and Control*, 38, January 2014, pp. 266-286.

〈サピエンティア〉
国際金融
2016年5月5日発行

著　者──小川英治／岡野衛士
発行者──山縣裕一郎
発行所──東洋経済新報社
　　　　〒103-8345　東京都中央区日本橋本石町1-2-1
　　　　電話＝東洋経済コールセンター　03(5605)7021
　　　　http://toyokeizai.net/

装　丁………橋爪朋世
印刷・製本……丸井工文社
©2016 Ogawa Eiji and Okano Eiji　　Printed in Japan　　ISBN 978-4-492-65477-4

本書のコピー、スキャン、デジタル化等の無断複製は、著作権法上での例外である私的利用を除き禁じられています。本書を代行業者等の第三者に依頼してコピー、スキャンやデジタル化することは、たとえ個人や家庭内での利用であっても一切認められておりません。
落丁・乱丁本はお取替えいたします。